本书为广东外语外贸大学所承担省“211工程”三期重点学科建设项目“人文学中心建设——比较文化视野的文学通化研究”系列成果之一

本书为广东外语外贸大学引进人才科研启动项目（编号：GD－2011）研究成果

人文学丛书 第三辑

主编 栾栋

全球化与文化身份认同

张平功 主编

暨南大学出版社
JINAN UNIVERSITY PRESS

中国·广州

图书在版编目（CIP）数据

全球化与文化身份认同/张平功主编. —广州：暨南大学出版社，2013.11
（人文学丛书·第三辑）
ISBN 978-7-5668-0815-8

Ⅰ.①全… Ⅱ.①张… Ⅲ.①文化社会学—研究 Ⅳ.①G05

中国版本图书馆CIP数据核字（2013）第247874号

全球化与文化身份认同
主　　编：张平功

丛书策划：史小军
责任编辑：陈绪泉
责任校对：黄多多

地　　址：中国广州暨南大学
电　　话：总编室（8620）85221601
营销部（8620）85225284　85228291　85228292（邮购）
传　　真：（8620）85221583（办公室）　85223774（营销部）
邮　　编：510630
网　　址：http://www.jnupress.com　http://press.jnu.edu.cn
排　　版：广州市天河星辰文化发展部照排中心
印　　刷：佛山市浩文彩色印刷有限公司
开　　本：787mm×960mm　1/16
印　　张：17.75
字　　数：295千
版　　次：2013年11月第1版
印　　次：2013年11月第1次
定　　价：39.80元

总序

栾 栋

克服“单面人”生产和突破“块垒式”教学，探索宽基础、大口径、深层次培养通识通才的途径，是世界所有高校的重大难题，也是广东省建设文教大省不可回避的关隘之一。从2003年12月起，我们以省普通高校人文社会科学重点研究基地外国文学文化研究中心为依托，进行了集约性融通的尝试，一系列成果聚焦于“人文学中心建设——比较文化视野的文学通化研究”。2008年底，我们以此为题，获省“211工程”三期重点学科建设项目立项，一个融通人文学科的核心实践在广东外语外贸大学拉开序幕。2012年底，该工程经省发改委、教育厅、财政厅组织专家审核，顺利通过验收，这一项“从无到有的创制”首战告捷。

何谓人文学？从学科脉络上讲，她是研究文史哲互根的学问；从学术本质上看，她是求索中西学融会的艺术；从学理辐射而论，她是探讨教科文贯通的方略；从学丛变数展望，她是文科大类场域趋通的津渡。我们将之作为文学化感通变的“核心加速器”，从“比较文化视野”多向度运作，以推动中外语言文学的通化性研究。这是我们创新团队数十年的精心设计，是我校长期师资建设和学术积累的集成绽放，是我校的比较文学在本科、硕士、博士学位授权点和博士后流动站配套后的新拓展，尤其是我校作为省属涉外型重点大学对“明德尚行，学贯中西”校训的认真践履。

“人文学中心”是广东省文科基地（外国文学文化研究中心）重点项目建设的一个工作站。本中心面向海内外招聘学术带头人和教研骨干，大力推动国内外同行间的多向交流，旨在打破近代以来人文领域分科治学人为分界的局限，同时坚守合理的规则，以具有长远规划、长期积累和趋向性影响的重大项目实施，带动人文主干学科的多面建设。

从省文科基地已经完成的“人文学研究”成果和全校人文力量的整合情况来看，以“人文学中心建设——比较文化视野的文学通化研究”为题，全面推进省“211 工程”三期重点学科建设项目的效率日益加强。广东外语外贸大学的人文人为学校、全省和全国高教界践履这一历史使命作出了突出的成绩。这个工程已经如期结项，然而其积极的成果还在源源不断地涌现，科研成果的实践性转化也在与时俱进地展开。

本团队积极进行中外语言文学的教研改革，力求在人文学探索上有较大的突破，把中心建成教学科研、学术交流和资料信息的综合平台，努力实现省内领先、国内出色的目标，扩大在国际学术界的知名度。增强实力，协调运作，承担对本学科发展具有中长期导向作用的重大课题，使本中心成为国内外有一定影响力的人文学高层次人才培养基地和文史哲通化研究的资料中心。

“人文学丛书”是“人文学中心”建设的一个信息窗口，她将本项目的水平标高展现给社会。“人文学丛书”也是“文学通化研究”的一个交流平台，她把本团队融贯文史哲和勾兑中西学的成败利钝呈现出来，与学界同仁品鉴。这套丛书包含三个方面的内容，其一是人文学原理与方法探要，其二是中外文史通义问题求索，其三是中外文学通化现象研究。毋庸讳言，这样一套丛书的编著，连同上述“人文学中心”建设的重大任务，都属于既“吃螃蟹”又“尝蜘蛛”的艰险行动。但是全球化的历史潮流迫使我们斗胆进取，面对国际教科文演变的一道难题，中国的人文学者总得交出自己的答卷。

“人文学丛书”第一辑的 10 部著作已于 2011 年问世，第二辑 10 部著作在 2012 年出版发行。第三辑即本系列 15 部著作整装待发。本辑的第一本是张进教授的《历史诗学通论》。“历史诗学”问题是一个跨越学科语际和时代国别界线的理论和实践问题，关系到当前文艺发展的命脉和全局，但目前尚没有一部打通如上界线的“通论”性质的专题著述。《历史诗学通论》旨在打通学科界线、时代界线和国别界线，对古今中外的“历史诗学”思想资源进行综合比较和通化研究。在文学与史学相贯通的基础上，打通人学与史学、文本学和审美学之间的学科壁垒，对论题展开科际整合研究；在综合古今相关思想资料的基础上，通过历史诗学形态的历史比较研究，揭示其历史演替和范式转换的过程；在跨越国别语际界线的意义上，对中国、英美和俄苏的历史诗学作宏观统照，通过对相关思想的文化比较研究，阐发历史诗学的思想内涵和多重取向，进而实现对历史诗学问题向心式挖掘与横向性贯通相统一的研究目标。在综合比较基础上的通论研究和通化研究是本书的基本特色。

第二本是张进教授的《新历史主义文艺思潮通论》。新历史主义是20世纪70年代末期以来崛起于英美等国的一种跨学科、超国界、多流派的文艺文化批评运动。80年代末，这一“外生”批评运动与中国文艺文化领域“内生原发”的历史文学书写活动策应互动，渐次演变成一种声势浩大的新历史主义文艺思潮，至今仍方兴未艾。它所提出的问题涉及历史哲学观念和历史理性精神的价值取向，关乎文艺文化发展的命脉和全局。本书在当代世界文论和国内文艺的实践背景上，通过对历史文学、历史转向和新历史主义及其间复杂关系的具体研究，以及历史哲学、批评流派与创作实践之间的对勘互证，全方位、立体式地考察这一思潮的精神风貌、思想谱系、文学观念、创作实践、批评探索和价值效应等问题，探索历史理性与人文精神、诗性智慧与历史逻辑的深层对话和整合会通的可能途径，规范和引导历史文学的理论与实践，推动新历史主义文艺思潮在中国文化传承创新过程中发挥出更大的正能量。全方位的会通研究是本书在内容和方法上的主要特色。

第三本是冯晓莉老师的《人文通识教育新论》。人文通识早先被理解为对一般人文知识的撷取。20世纪末叶，人文精神的讨论将之推进到人文思想的层面，近十多年渐次成为国内外高校教育改革和教学研究的重要内容。本书以“人文学”研究为主脉，以当前中国高校的通识教育改革为切入点，全面而深入地探讨了人文通识教育的关键问题，包括人文通识教育的人文学内涵、中西方人文通识教育的历史渊源、外语类大学人文通识教育的实践经验、全球化背景下加强人文通识教育的现实意义等方面。本书内容分为三大部分，共十二章。三大板块分别聚焦于人文通识教育的历史演变、人文通识教育的案例分析、人文通识教育的多向突围。其中关于广东外语外贸大学人文学建设的跟踪研究，可谓人文学前沿的实录和通识教育创新的亮点。

第四本是李安博士的《乔叟文学思想研究》。杰弗里·乔叟（Geoffrey Chaucer，约1343—1400）是中世纪向文艺复兴转变时期的文学翘楚，是英国文学史上里程碑式的人物。他在英语文学中的历史地位，一如但丁之于意大利文学。面对法、意文化的碰撞和思想新潮的冲击，乔叟可谓第一个自觉用本民族语言进行创作的英国作家。乔叟在西方世界很受关注，相关研究颇为活跃。国内的兴趣点主要集中于《坎特伯雷故事集》和《特罗勒斯与克丽西德》两部作品。再早一点的作品几乎被学界忽略。本书作者力求全面观照乔叟的文学思想，将其早期诗歌和后来的作品作整体理解，不仅深入释读《公爵夫人之书》、《声誉之宫》、《百鸟议会》，而且细致剖析作家同期短诗和法语文本《玫瑰传奇》的翻译活动。从意气风发的王室家臣到沉郁顿挫的海关税收官，乔叟经历了始而高举理想、继则怀疑迷惘、最终重立信念的过程。《乔叟文学思想研究》生动地再现了诗人在基督教传统和人文主义过渡中的矛盾性格，扼要地勾勒出了他在贵族阶层理想与历史批判眼光之间的取舍过程。乔叟的诗作曾借女神立言：“因此我——自然女神——宣判，我不会撒谎；/我不会对任何阶层有所偏袒。”李安博士赞赏诗人博大的胸怀和对新世界的憧憬，其知人论世的严谨治学和以意逆志的诗学情采，都为本书增色不少。

第五本是陈穗湘教授的《莫里哀戏剧话轮研究》。作者从莫里哀戏剧的对话话语层面，尤其是话轮交替层面突显实现人际意义的语言手段，揭示语言手段所折射出来的社会层面的人际意义。本书的核心是人物的社会身份决定人物采用的语言手段以及非语言手段，譬如：手势语、肢体语言（非语言手段由剧作家对演员的演出指示。反之，语言手段的选择反映人物身份以及社会地位，换言之，人物语言特征取决于人物的社会地位）。本书着重分析了权势者和弱势者人物的语言特征，聚焦于两组人物的对话：主人与仆人、父亲与孩子。莫氏戏剧中的主人和父亲代表权势者，而仆人和孩子象征弱势群体。主仆呈对立关系，主人主宰仆人，仆人唯有服从主人。观察这两组人物采用的语言策略，人物的性格特征也可见一斑。

第六本是袁兆文博士的研究成果——《〈恶之花〉及其现代性研究》。自《恶之花》问世以来，层出不穷的研究大都集中在诗学角度，本书作者重点关注“诗”与“思”融通视域下的思想文化特征。循《恶之花》由诗向思的推进，本研究揭示了波德莱尔精神世界的纠结，揭示了诗人所展现的悖谬的现代性样态，揭示了启蒙现代性与审美现代性的矛盾冲突。作者给我们勾勒出了波德莱尔症结的历史看点，即现代社会深层的现代性焦虑。正如栾栋所言："波氏诗作和波氏焦虑是互为表里的同一个文化现象，其中隐含着现代性张力，昭显出现代性历史阵痛在'这一个'作者身上的种种表现。美与丑交织，美与恶同源，美与资本勾结，美与进步错位。《恶之花》的发表象征了审丑的崛起，同时提出了审恶的话题。这本书是思想文化演变的重要节点。而且，《恶之花》引出的审丑论为矫治审美贵族化倾向作出了深一层的解说；《恶之花》体现的应和论为万物相似性作出了神秘性的诠释。"概言之，《恶之花》是人类文明史上的奇葩，在意识上是审丑文艺的生发和扬厉，在创作上是象征方法的凝练和凸显，在思想上是现代主义的溃疡和痼疾，在文化上是自由情感的红杏出墙，在心理上是欲念根底的沉渣泛起，在人性上是精神提升的反面推力。袁兆文的《〈恶之花〉及其现代性研究》在这些方面有明显的突破，其深度和创新程度值得学界关注。

第七本是杨劼博士的《白璧德人文思想研究》。这本著作借鉴栾栋先生人文学思想中的"檃栝理论"，从"文史哲互根"和多元文化涵养通和的思路，深入地论述了白璧德学说的核心思想。白璧德非常关注现代社会分裂人格的问题，提倡内在超越的生命哲学，主张以"人之法则"克制"物之法则"的僭越，并且殚精竭虑地推进二者的调和。他借鉴东方体验、省思的方法，洞察内在超越的生命根源。其"更高意志"是"知性直觉"所感悟到的始源事实，也是一种超越庸常的"道德想象"。在美国崛起的时代背景下，白璧德的人文构设有引领美国和世界文化的理论诉求，其思想有着和平的人文旨归。万物相檃栝，宇宙本超然。作者把工具理性纳入人文理性之中观照，对白璧德学说的研究，多了几分多元文化生态的意味，增加了许多现实性的考量。从这个角度重新审视"五四"学人和"五四"文化，对当今中国梦的构建无疑具有积极的作用。

第八本是雷晓敏博士的《苦闷文学反思——以厨川白村与鲁迅为枢纽》。厨川白村与鲁迅都是各自民族的脊梁，也都是人类文学文化的翘楚。他们在文学本质及其功能问题上有着惊人的吻合。本书从两位思想家的内在联系和时代背景等方面爬梳剔抉，深层次地解读了中日文化交流中这一奇特的"共鸣"现象。作者从《苦闷的象征》中挖掘出了厨川白村隐性的思想源头，即他对马克思主义部分元素的吸收。将苦闷问题与命运问题、人文精神问题统合圆观，特别是把这些问题与厨川白村和鲁迅的多舛人生以及艰难的奋斗经历交叉互证，新见迭出，妙趣横生。值得称道的还有文学理论方面的多元探索。从模仿说、实证说、象征说一直到檃栝思想，作者对文艺理论的钻研可谓锲而不舍，如剥笋，似观澜，又像登山，给读者展现的是丰富多彩的学术进路。读者或可从中领悟到这样的看点："文学是'为人生'活动的写照，文学也是'非人生'事物的提炼，在出生入死和钩深致远的意义上，文学是多面神，是九头怪，是星云曲。人类不可无文学，因为她是想象的摇篮；文学不能弃人类，因为人类是文学的真正的载体。"（栾栋语）本书或可为一记佐证。

第九本是张平功教授主编的《全球化与文化身份认同》。国内外学术界对全球化与身份的研究方兴未艾。本书旨在介绍全球化与文化身份的基本理论，呈现该理论在中国语境下的接受和发展趋势，内容包括全球化的形成及其后果，针对全球化与文化传播、多元文化主义、大众文化研究、海外流散文学、文化形象建构、中国影视、传统医学、休闲方式以及"迪斯尼化"等方面的问题展开了细致分析。与此同时，在充分吸收国内外现有分割式研究成果的基础上，也对全球化与文化身份认同的理论和实践进行了综合探讨。本书深入浅出、言简意赅地揭示了全球化与身份研究的超领域和跨学科性质。一方面可以适应专业课及通识课的教学参考之需，另一方面也希望为那些对全球化和身份研究感兴趣的读者提供具有一定纵深性和广延性的著作，为全球化多角度的文化释读提供新的可能。

第十本是裴云博士的《波德里亚理论及其在中国的传播》。波德里亚是西方后现代主义的代表人物之一。他的学说在欧美广为传播，进入21世纪之后，其文化生产与消费的思想引起了更多领域的关注，诸如文化的符号特征、爆裂方式、虚拟生成、替代关系等方面的见解，在国际学术界内外都有所反响。波德里亚理论在20世纪末叶逐渐传入中国。国内学者对他的思想有研究，但是深度和广度都有待发展。作者认为，我国正处于大力发展文化创意产业的起步阶段，波德里亚对符号政治经济学的批判、拟像与拟真学说、象征性交换理论，对我国发展文化产业具有重要的启示作用和借鉴价值。该书系统地梳理了波德里亚理论在中国传播的过程和本土化情况，对其思想内涵和学术特点有深入的发掘，为学界深入研究提供了很好的基点。借他山之石以攻玉，研究波德里亚可为中国如何实现现代化寻找更多的参考点。就思想文化的互动性而言，本书也是一个有意义的个案研究，读者或可从中披阅出20世纪中西方文化交流的新特点。

第十一本是张向荣博士的《跨越空间的对话——波伏娃与张爱玲文学的女性意识之比较研究》。本文主要对法国的西蒙娜·德·波伏娃和中国作家张爱玲进行比较研究。波伏娃与张爱玲作为不同文化背景下的女性文学典范，让人看到“作家即文化演变的产儿”这一历史真言。阐释二者独特的文学思想是本书的思想进路。作者对波伏娃和张爱玲文学中的女性意识进行了系统的分析，揭示了波伏娃概念化的、超越性的女性意识，比对了张爱玲作品作为女性命运的“苍凉”注脚的意蕴。在整个文明发展史上，女性是弱性，波伏娃称之为“第二性”。社会实际往往把女性当异类，对于这一点，波伏娃的理论解析颇为深刻，其小说创作则比较概念化。张爱玲与之相反，她的理论思考很少，但是文学作品却入骨三分，对女性的不幸遭遇有许多穿透历史谎言的真切描述。张氏作品不啻女性悲惨命运史和女性被歪曲历史的矫正史。可以再补一句，张爱玲一生的经历和结局，本身就是女性特别是中国女性命运的一个缩影。张向荣博士对波伏娃和张爱玲均有深切的理解，对女性的生存和尊严有多方面的探讨，对当今世界的拜物倾向和精神空虚问题有认真的思考，这些研究都是很有现实意义的文学观照。

第十二本是马利红的译著《副文学导论》。这本书的法文作者是达尼埃尔·库埃尼亚斯（Daniel Couégnas）。作者以质疑副文学既定的身份属性为出发点，分别从副文学作品中的重复形式、参照错觉、意义解读、主导性叙述和人物分类五大方面对副文学作品进行了详细的诗学分析，通过“副文学模式”和“副文学标准”的建构，深层探讨了副文学性和副文学话语存在的逻辑前提，论证了副文学品种及其样态的必然性与合理性。就其学术特色而言，《副文学导论》是第一部从诗学的角度观照副文学现象及其作品的法文著作。这部著作首次提出了诸如“副文学模式”和“副文学标准”等比较新颖的原创性文学批评观点。该书的翻译旨在向广大的汉语读者提供完整的译本，推动国内学界对法国副文学理论的研究。翻译者马利红是广东外语外贸大学培养的文学博士，研究方向为法国文学与比较文学。她目前是暨南大学外国语学院副教授、广东外语外贸大学外国文学文化研究中心兼职研究员，在“人文学丛书”第一辑出版有专著《法国副文学学派研究》。这本《副文学导论》译著和马利红研究法国副文学思想的专著，是目前国内外国文学思潮研究的一个新动态，即栾栋所说的“文学他化于烈为今”，“文学非文学于今为烈”。马利红的译介和研究印证了这一文学变数。这些成果对我国的外国文学研究和广义的文学批评都将产生积极的影响。

第十三、十四两本书是马歌东教授编选、校点的《日本诗话二十种》(上、下卷)。日本大正九至十一年（1920—1922）相继出版了日本唯一的诗话总集《日本诗话丛书》全十卷，共收载日本诗话59种，其中和文诗话29种，汉文诗话30种，本书从其汉文诗话中精选出20种，加以校点，以飨读者。日本诗话伴随着日本汉诗千余年发展史，其作者为日本古代著名汉诗人、汉学者。日本诗话奉中国诗话为圭臬，其内容既品评我国古代诗歌，亦品评日本汉诗，并探究二者的渊源关系。本书的出版对于我国古代诗歌与诗话域外繁衍史研究、国际汉学研究、中日文化交流史研究等多项基础研究及理论研究，都将提供珍贵的文本资料。而诗话这种形式本来就因富于知识性、趣味性与可读性在我国拥有永久的读者，本书所选日本诗话置我国古代诗话中几可乱真，熟悉的格调语言，新颖的内容趣味，加之首次被引入国内，一新耳目，故其读者几可涵盖我国古代诗话读者群。

第十五本是张宪生教授主编的《东亚近世历史与思想的地平线——差异·冲突·融合诸相》。这是中日两国学者合力完成的学术成果。中方主要撰写者还有日本文史专家韦立新教授及赵晓亮、姚奇志等中青年学者。日本作者是立命馆大学桂岛宣弘教授、神户女学院滨下昌宏教授。韩国作者有东西大学李元范教授。这三位日韩专家均为日本历史与思想史研究领域的著名学者，其中桂岛宣弘曾任日本思想史学会副会长。他们都有丰硕的学术成果，受到学界广泛关注。更为难能可贵的是，桂岛宣弘教授与滨下昌宏教授均对近代以来日本国家的路线持质疑态度与批判立场，在研究近世历史与思想时，也表现出强烈的批判精神。进入17世纪，日本民间知识界习儒风气日益浓厚，与此同时，日本知识分子的主体意识也在觉醒。国学派等日本本土思想与作为外来思想的儒学之间产生了明显的冲突，这个变化构成了日本近世思想史的重要内容，并影响了日本历史的走向。作者选取了其中一些重要事例作为切入点，既注意微观层面的实证研究，又重视宏观方面的理论概括，以日本为聚焦点，描绘出一幅近世东亚思想空间中多种观点冲突交错与融合的复杂图景。本书选题新颖，资料翔实，论证深刻，许多章节都有所创见。作为国际合作的学术著作，本书的出版为我国日本文史研究领域贡献了一项重要成果，展示出中、日、韩学术界同行交流的最新动向，为国内外读者提供了了解日本近世社会历史和思想文化的前沿成果。

上述十五种论著从不同角度阐发了人文学的一些大的方面。表面上看，这些著作云行雨施，各有所专，与建设“人文学中心”的主旨若即若离，实际上都很切近人文学思想的大主题，每部书都从治学理路上体现“文史哲互根”的命题，从学术格局上注重“中西学融会”的方略，在学科交叉上追求“教科文通化”的目标。细心的读者可以从每本书的字里行间看到文史与哲理的磨合，看到思想与逻辑的链接，看到学问与学科的切磋。人文学在茁壮成长。

这套丛书的主编是广东外语外贸大学外国文学文化研究中心主任栾栋教授。他是广东省“211 工程”三期重点学科建设项目“人文学中心建设——比较文化视野的文学通化研究”的首席学者。该丛书的总策划是暨南大学出版社总编辑史小军教授。

“人文学丛书”的出版渐入佳境。外国文学文化研究中心的工作焕然一新。仅从这套丛书的出版情况即可看出，不仅人文学研究循序渐进，外国文学文化研究中心的三大主攻方向也有新的成色。国别研究又有收获，比较研究进入熔铸研究的阶段；人文学研究上了一个新的台阶，原理研究与专题研究均有突破；跨文化语言研究有了新的拓展，从戏剧到诗话，由文学而文化，东亚协奏，中西共鸣。在本辑的15部著作付梓之时，另一个系列著作的撰写也在有条不紊地进行。诸如栾栋教授的《人文学举要》、《文学通化论》等书稿业已竣工。此外，人文学研究“走出去”的思路也在酝酿中。

我们不难看出，外国文学文化研究中心为人文学研究奠定了在全球化大潮中拼搏的平台，人文学研究为外国文学文化研究中心带来了脱胎换骨的改造。人文学的创制，从学术凝练、学科变革和学人培植等方面为外国文学文化研究中心开创了走向未来的新格局。对于广东外语外贸大学的人文学者而言，外国文学文化研究中心是他们实现良性全球化的工作站，人文学中心建设是打造这个工作站的核心工程。它们是合二为一的学术擘画，也是持之以恒的学术追求。这套丛书的研发是外国文学文化研究中心发展的标志性成果，凸显了省文科基地的一个里程碑路段。人文学研究未有穷期。

2013 年 5 月 27 日于广州白云山麓

目 录

导 言

一、全球化与文化认同

从17世纪东印度公司成立以及随后资本主义在全球的扩张，加之由此而兴起的社会变迁，全球化就已见雏形。第二次世界大战后，尤其是冷战结束后，由于金融资本主义的兴起和跨国企业的形成、通讯技术和大众传媒等的普及，全球化特别是经济一体化（或经济全球化）已取得长足的发展。关于全球化，比较晚近的讨论已不局限于经济领域，它所涉及的领域和范畴涵盖诸多方面，如政治、民族、宗教和文化身份等。英国全球化与现代性学者托尼·斯拜贝认为全球化主要是指民族国家、经济贸易、通信联系、文化传播、世界军事秩序等国际化趋势。[①] 阿尔君·阿帕杜莱提出了当代全球化趋势的五个重要特征，即种族、科技、金融、传媒和观念在世界范围内的运动与融合。[②] 换句话说，全球化是包含种族群体集散、科技发展、金融贸易、传媒影像以及意识形态冲突在内的动态系统，这些方面并不受制于任何所谓的“宏大计划”。加拿大传媒理论家麦克卢汉所提出的“地球村”概念已经逐渐变为现实。

二、全球化与文化传播

以金融资本和高新科技在世界范围内的扩张为特征的全球化，已经或正在改变我们的社会生活，包括工作方式、生产方式和沟通模式，一个带有全球化性质的公共领域逐渐成形。本书导言部分讨论了金融资本主义的迅猛发展、跨国企业的全球运作以及后现代传媒的普及使得文化全球化时代已见雏形，文化全球化的趋势正在促使地方文化和社会生活发生改变，同时让人反思身份认同和不同文化的价值。

经济活动的全球化正在和世界性的文化转型相结合，这一过程可以称

---

① Tony Spybey, *Globalization and World Society*, Cambridge: Polity Press, 2003, p. 102.

② Arjun Appadurai, Disjuncture and Difference in the Global Cultural Economy, in Mike Featherstone (ed.), *Global Culture: Nationalism, Globalization and Modernity*, London: Sage, 1990, pp. 295 – 310.

为文化的全球化。当我们根据阿帕杜莱的观点来认知世界时，有必要了解为什么全球化在“泛文化”层面上走得如此之远，即涉及全球社会“文化化”的论题。随着新的消费文化的发展，“世界文化的汇合”正在形成。

从某种意义上来说，新的普世文化正在追求一个没有边界的世界，即关于普世文化产品的创造和在全球范围的接受。譬如，美国的 ABC、NBC 和 CBS，英国的 BBC 和天空广播公司以至凤凰卫视对一个“没有疆界的世界”提供资讯，网络与卫星通讯超越了原来的国家边界。经济全球化的出现和文化全球化的呈现使得区域文化和领地的观念受到颠覆。关于“共享文化”和共同的“世界意识”的出现可以从“好莱坞”和“蝙蝠侠”这类视觉文化产品风靡世界各地，以及迪斯尼乐园这样的文化主题公园在亚欧成功的范例中得以证实。如是，全球化就不仅指涉媒体和产品的全球性和非地方性身份，还涉及消费主体性和地方文化的身份问题。

全球性空间是一种流动空间、电子空间、去中心空间，是一种边境和界限可以渗透的空间。由于时间和空间范围的压缩，一个无深度世界正在形成。当今，经济和社会文化等均陷入直接的接触和剧烈的碰撞。爱德华·索雅指出，我们正在见证新的后现代地理的形成，“地理的建构”较之“历史的建构”更有说服力，① 新的世界文化公司对普世文化空间的形成有巨大作用。在一个充满全球性战略机遇的环境中，规模和权力的重要性比以往更加明显。譬如，在文化传媒领域中可以看到合并、收购以及战略结盟形成的明显趋势。对于规模优势的认同，使这一领域产生了巨变。最有实力和最活跃的文化传媒集团正在迅速重组和扩大，以确保在世界市场上对一系列文化产品的战略控制。关于企业联合拓展的例子不胜枚举，如默多克掌控的新闻集团，它从开办报业转移至视听行业，通过对福克斯广播公司、世纪福克斯公司以及天空广播电视的收购，试图把生产制作和产品的市场营销延展至所有层面；另一世界性媒体集团索尼公司，从生产电子硬件开始，逐步发展壮大，通过对哥伦比亚广播公司和哥伦比亚电影公司的收购，把生产和销售渗透到诸多的文化软体之中。

在文化领域，时间和距离也不能再担当调解不同文化间的矛盾和对立

---

① Edward Soja, *Thirdspace: Journeys to Los Angeles and Other Real-and-Imagined Places*, Oxford: Blackwell Publishing, 2005, p. 36.

的角色。观察和思考晚近时期发生在世界各地的戏剧性事件，如围绕超越文学领域的拉什迪现象的政治纷争、西方“自由主义”与伊斯兰教“原教旨主义”之间的意识形态冲突等，可以清楚理解时空压缩时代的文化政治的压力。如果我们过分认同独有的文化身份并着意加以强化，将会陷入一种文化冲突的危险。寻求文化的安全以及稳定的身份无可厚非，如果将宗教、文艺、哲学等加以政治化，必然加剧不同文明和文化之间的矛盾。全球化过程中“传媒流”的播散对不同地域的文化身份和生活方式具有塑造和建构的作用，反之亦然。再如，卡拉 OK 尽管在西方已过时，但在世界各地的娱乐中心仍有它的存在。在中国，这一文娱形式也十分普及，即使是在偏远的中国小乡村亦可以看到。[①] 需要加以关注的是，这种媒介文化不仅可以娱乐大众，而且具备了寓教于乐的作用。MTV 这一从美国经由香港引入的文化娱乐形式也正在变成意识形态与思想宣传的手段。然而，对众多消费者而言，这些娱乐文化形式与其说唤起了人们昔日的情怀，不如说是人们被新颖的“自娱自乐”形式所吸引，怀旧情绪得以消解，正统的经典文化正在被世俗化。由后现代传媒引发的大众文化的流行，是国际文化旅行和消费主义扩张的必然后果。要理解这些文化样式的普及，必须考虑全球传媒流、文化话语权、市场经济以及消费者诉求等因素。

三、全球化与儒家精神

安东尼·吉登斯曾充分论述了西方主导的世界观念对他国的影响，与此同时，他也认同后者在“自反现代性”道路上的发展历程及其贡献。[②] 以中国为例，在欧洲航海大发现的历史时期，尤其在 19 世纪 40 年代鸦片战争爆发前，一种由中国文化为主导的跨文化社会体系就已经在东亚和东南亚形成并与西方同步拓展。杜维明在《儒家伦理与东亚企业精神》中，从比较文明的视角对马克斯·韦伯关于资本主义的制度与资本主义精神的分析提出了质疑，认为“儒家伦理抑制了一种实业精神的发展，从而也抑

---

① Tony Spybey, *Globalization and World Society*, Cambridge: Polity Press, 2003, p. 164.

② Anthony Giddens, *The Consequences of Modernity*, Cambridge: Polity Press, 2006, p. 205.

制了资本主义在中国，由此类推，在东亚的发展"[1]。但东亚在 20 世纪 60—70 年代经济腾飞的事实却在一定层面上反驳了这一观点，证明了儒家伦理与现代化或被普遍认为理性化的现代性并非是格格不入的。渗透了儒家伦理的东亚资本主义表现出一种与韦伯所给定的资本主义经济秩序不同的发展模式，他指出："这种类型的资本主义强调自我是各种关系的中心，义务感，自我约束，修身，取得一致意见和合作。它高度重视教育和礼仪。它注重信用社区和政府的领域。其经营的风格涉及既学习一整套实际技能又学习如何工作的一种程序和仪式。"[2] 当然，强调这些伦理价值绝非东亚发展的必然条件，只不过使人们认识到一套不同于启蒙学者所认同的价值观念也可以在中国现代化中扮演重要角色。

必须指出，儒家的文化资源绝不只是为了促进东亚的现代化和资本主义，而是在面对人力社群出现的困难时，它"要能够增进人类与自然间的和谐关系，以及个人与群体间的互动关系的体会"[3]。近年来，西方现代性带来的种种影响已引起人们越来越多的注意，如对西方价值观念的推崇导致了对其他非西方文明价值的排斥，对科学的盲目崇拜导致了人类与大自然竞争的心态等。针对由此引发的各种不同文明间的冲突以及自然环境的不断恶化，中国儒家的核心价值观念可帮助化解现代性的矛盾和困局。儒学的核心内容包括"己所不欲，勿施于人"[4] 和"仁者以天地万物为一体"[5]。"己所不欲，勿施于人"是儒家传统里遵循的一个最基本的道理，如果人类要和谐相处，不同的文明应该互相尊重和学习。强势文明要有"己所不欲，勿施于人"的心态，不应把自己的价值观念强加给他人。儒家提倡"为己之学"，强调道德的说服力和一种以身作则的影响力，从而实现"己欲立而立人，己欲达而达人"[6] 的境界。而"仁者以天地万物为

---

① ［美］杜维明：《儒家伦理与东亚企业精神》，［美］杜维明编：《儒家传统的现代转化》，北京：中国广播电视出版社 1992 年版，第 347 页。

② ［美］杜维明：《杜维明教授与美国中学生谈儒家伦理》，哈佛燕京学社编：《儒家传统与启蒙心态》，南京：江苏教育出版社 2005 年版，第 356 页。

③ ［美］杜维明：《杜维明教授与美国中学生谈儒家伦理》，哈佛燕京学社编：《儒家传统与启蒙心态》，南京：江苏教育出版社 2005 年版，第 59 页。

④ 《论语·颜渊篇》。

⑤ 《庄子·齐物论》。

⑥ 《论语·雍也》。

一体”则是针对周遭和生存环境恶化的问题提出的。这种精神可以成为人类文明进步和发展的重要指标之一，它有别于西方对自然进行掠夺、控制的人类中心主义，儒家文化强调人不仅要对人和物负责，同时也要对自己生存的生态环境负责。换言之，儒家文化可用来弥补西方文明价值系统的短缺，为东西方文明进步助力。

以儒家为代表的中国传统文化也有助于构建全球社会伦理，即发挥其新的潜力服务于现代社会，同时以延续儒家精神继而激发“其他非西方的传统包括印度教、伊斯兰教和佛教发展和利用他们自己的资源”①。现代文明的发展并非一个同质化的过程，文化差异也不可能通过全球化而得以全部消解，各种不同的文化传统均可对本国的社会进步与发展以及世界文明作出贡献。而古老的东方文化享有丰富的精神文化资源，这些不同于西方文化的价值体系应更多地发挥潜力，从而构建一种具有文化多样性、尊重差异和多元化的伦理思想。一种全球化的伦理不应是西方压倒东方，或是东方压倒西方，而应是建立在彼此平等、互相尊重、互相学习基础上的文明互见。东方国家不必仰视西方国家，因为它们完全可以借助文化传统开辟出一条与西方国家不同的发展道路，从而体现自身的价值和作用。

四、全球化与地方身份

虽然全球化已经是我们这个时代的真实存在，但这并不意味着地方就失去其重要性。在文化日益全球化的背景下，地方显得尤为重要。其所表现出的“地方性”有时并不与任何具体的地理布局相对应。“地方”往往被看成一种流动的和相对的空间，它存在于全球的关系之中。所谓“地方”甚至相当于一个地区性、国家性或者泛区域性的时空所在。人们普遍接受的现代主义的“宏大叙事”和“现代化”凸现了普遍化和抽象化的趋势，而后现代主义与之不同，它注重“地方知识”，关注地方的“情感构成”，把恢复地方活力视为己任。如果说现代性创造了抽象和普遍的自我感受，那么后现代性就是根植在地方特质中的文化身份感。

① 杜维明：《东亚价值与多元现代性》，北京：中国社会科学出版社 2001 年版，第 22 页。

由于抗争性势力的存在，全球化也受到一种完全相反的发展逻辑的制约。如果我们强调后现代传媒和网络的普及应用所带来的结果，就不应把全球化看成是一种绝对的趋势，地方和地域文化特质也不可能被消除。事实上，全球化与再本地化的新动态正在出现，它是全球性与地方性的结合，如同把不同的模块按拼图方式连接在一起。全球化在不同国家和地区的发展均呈现出多元化，因此，完全消除差异是不可能的。作为全球化重要推力的后现代通讯，实现了世界各地最方便快捷的相互联系，这也意味着少数族群和主流社会能够更多地相互理解和交流，而不必受传统通讯方式的阻碍。互联网的一个突出特征是，它基本实现了社会全员信息交流的功能，打破了诸如进口许可和传统媒体的限制。作为一种廉价的交流方式，互联网同时确保了地方和区域性的少数群体能在政治文化领域中发出声音。当今的全球性信息交流、大规模人口流动以及不断进行的跨国公司的运作，促成了新的文化身份的不断涌现。全球资本的重组、新传媒的广泛使用、信息技术的普及以及新的政治文化组织的出现是多元身份和地方文化形成的基础。斯图亚特·霍尔认为，全球化的迁徙过程是关于“动摇、安顿、重组、杂糅”以及“再混合”的过程，[①] 这一过程包含了现实与传统之间已经改变的关系，过程之中对于传统和历史不可能有简单的回归或是复原，一切都必须通过现实的改变来重新经历。爱德华·萨义德也论及世界范围的移居和流亡的经验，进而说明以巴赫金“双向性”的交流方式去理解和阐释不同文化是可行的。[②]

五、全球化与社会

科学技术，特别是高新科技在全球范围内的扩张，已经或正在改变我们的社会生活，包括生活方式、生产方式和沟通模式，一个带有全球化性质的社会公共领域逐渐成形。伴随而来的是一种新的全球化公民身份的出

---

① Stuart Hall, *The Question of Cultural Identity*, Milton Keynes: Open University Press, 1996, pp. 105 – 107.

② E. W. Said, *The World, the Text, and the Critic*, Cambridge: Harvard University Press, 1983, pp. 53 – 58.

现，从思维观念和意识形态上看，一个具有批判和反思精神的公众群体正在出现。新的、更加灵活的交通和交流方式促进了社会组织的形成，并对传统的上层建筑以及现存的权力话语构成挑战。与此同时，高新科技成果开启了一个崭新的时代观念，即“后人类的时代”。在诸多方面，功效强大的仿真智能和赛博人开始代替人的思想和工作，人的主导价值有被逐渐削弱之虞。① 在这样高科技的民主化时代，公民的身份在被不断地拓展。随着高新技术在全球范围内不断渗透，我们的观念也应随之改变，特别是在一个各种机遇与挑战并存的后现代社会。

人们普遍认为，科技文明和社会与文化的发展并不是对立的，而是互为因果的。过去人们评价科技进步时，总是将其和文化的发展对立起来，认为前者阻碍了后者。在迈向全球化时代的今天，我们应辩证地看待科技成果的应用，以及它对社会文化建设的作用。科技成果应用的普及可能带来权力的集中化和管制效率的加强，科技的发展也能促进民主化的进程，为更多的公众参与公共事务提供可能和方便。然而，网络和数字技术的普及并不是有百利而无一害的，科技发展到极致就会走向其反面。譬如，在互联网时代，人们随时使用多媒体和超文本链接，多维虚拟空间开始成为我们生活空间的一部分。然而，数字化的后果将使社会发生巨变，并将带来负面的结果。就日常生活而言，在令人眼花缭乱的多维信息的过度刺激下，现代人饱受神经衰弱、视力下降、身份缺失甚至人格分裂等问题的困扰。

社会学家认识到，科技发展有助于全球公民身份的形成，从宏观来看，全球化在社会各个层面均为观念和行动提供了新的参照系，作为现代性发展的持续，它有助于公共领域的拓展以及全球公民意识的形成。同时，全球化在发展中遭遇困境，如各国发展模式的趋同和社会发展趋向物化。吉登斯认为，我们生活在一个“风险社会”②，这使得反思现代性很有必要。当今一系列生态环境和人类身心健康问题促使公众开始反思，并要求政治变革。自我觉悟的提高也至关重要，人们需要培养全球化眼光，在

---

① Mike Featherstone, Technologies of Post-Human Development and the Potential for Global Citizenship, in Jan N. Pieterse (ed.), *Global Futures: Shaping Globalization*, London and New York: Zed Books, 2000, p. 51.

② Anthony Giddens, *The Consequences of Modernity*, Cambridge: Polity Press, 2006, p. 105.

认清风险社会的缘由中不断降低隐性成本，即制止跨国公司和行业巨头不断破坏自然环境，追逐最大利润，不为其买单。当然，全球化的发展更应是人的发展，虽然发达的西方国家与欠发达的国家在对全球化的认知方面存在差异，但关注人的发展是一致的，它已经超越了贫富的传统标准乃至民族国家的界限。联合国发展计划署最新人类发展指数表明，与传统的衡量指标不同，人类发展指数应纳入一系列社会经济因素，如人均寿命、受教育水平、人均收入等。这些应是全球化后果的应有之义。

全球化给各国带来经济、社会及文化发展机会的同时，也带来了新的问题和挑战。当今，全球化进程对发展中国家的影响不容轻视。国际经济与社会发展的不平衡依然存在，究其原因，发展中国家缺少足够资金、专业知识和技术，以及不同的政治体制均可能阻碍了自身的发展。此外，发展中国家需要时间和经验以适应国际市场的“游戏规则”，同其他国家在竞争中求发展。一些发展中国家正在利用全球化所带来的机遇（如资金和市场）加速发展，发挥“后发效应”。作为第三世界的强国，中国的发展不能脱离全球化带来的机遇，因为后者给中国带来了经济繁荣、社会进步以及国际地位的提升。诚如克里森·库马尔所说，全球化不是一元化和依附性，它带来的是一种新的世界观念和世界趋同意识。[①] 在这一背景下，中国应继续进行经济改革，特别是完善市场经济体制，进而完全融入全球化的进程。在保持社会主义国家政治身份的同时，促进国民对全球化的认识和参与其中的主动性。把地方性和“中国特色”的坚守与人类文明发展的“普遍状况”相统一，把自身发展的历史阶段和特点与“一般国际惯例”相协调，让全球化更加充分地为促进我国经济、文化和社会的发展服务。

（本文相关内容曾刊于《广东社会科学》2012年第3期）

---

① Krishan Kumar, *From Post-industrial to Post-modern Society*, Oxford: Blackwell Publishers Ltd., 2005, p. 65.

第一章

全球化与文化传播

当今，全球化在许多国家逐渐成为日常现象。比消除太空悬浮着的污染物和保护环境更重要的任务是，人类如何在共同生存的大地上形成趋同的全球意识，应对危机挑战，消除战争，向“太平世”（《春秋》语）或“大同世界”[①] 发展。

全球化不自今日起，却在近几十年得到空前的大跃进。“世界一村”或马克思的“世界公民”的设想，比任何时候都更接近现实。随着跨国公司的投资和商品集散的分流，普世文化借助现代交通和网络媒介，以最短时间、最快速度、最超常方式传播到世界各地，进入千家万户。不出门能知天下大事，勤点击穿越历史古今。过去“旅行”徒步出国这个单向文化传播方式，因有“千里江陵一日还”的“飞行”和瞬息万变的“互联网”，早形成集“链式、相互、根式和波式”为一体的“复合传播模式”。[②] 速度时效是全球化的标志之一，也是当今文化传播的一大特性。[③]

文化传播不再是一种文化的单向迁移。尤其在全球化的当下，它将为人类进入“知识革命”时代[④]带来一种联合发展的全面创造力，也必会导致许多文化形态的“相同或相似”[⑤]，形成普遍同一的全球共识。因此，文化传播另一大特性就是不断普及共识，达成普遍主义或世界主义。文化传播普及“共识”，不是单方文化一体化，也不是谁影响谁，而是重在多元互动，自由享有，强调文化发展创新，排斥控制、占有、垄断。通常来说，有全球化才有文化传播，可实际上，常先有区域局部的文化传播，后来才有全球的文化普及。两者依附关系密切，可互为因果。面对全球化与文化传播这

---

① 此处参考了康有为的一个设想。他的《大同书》对“大同世界”有十三条建议，其中有：“第一条，无国家，全世界置一总政府，分若干区域。第二条，总政府及区政府，皆由民选。”引自钱基博：《现代中国文学史》，长沙：岳麓书社 2010 年版，第 258 页。

② 参看陈华文：《文化学概论》，上海：上海文艺出版社 2008 年版，第 170 ~ 171 页。

③ 怀特的《文化科学》提到文化累积的“加速度”现象。参看陈华文：《文化学概论》，上海：上海文艺出版社 2008 年版，第 105 页。

④ 柴尔德有人类文明时代的三大革命论说，即新石器时代革命、城市革命和知识革命。参看［英］柴尔德著，周进楷译：《远古文化史》，上海：上海文艺出版社 1990 年版，第 105 ~ 108 页。

⑤ 这是文化传播的特点之一。参看陈华文：《文化学概论》，上海：上海文艺出版社 2008 年版，第 171 页。

一现实，我们应以怎样的胸襟、见识和正确态度去理解、接受它们？

第一节 约翰生的全球化思想探源

全球化雏形应始于欧洲人地理探索的大航海时代，以哥伦布1492年发现美洲大陆为标志。[①] 面对这件至今都是人类史学家值得重笔书写的大事，约翰生曾表示过，这是“人类迄今为止的悲惨日”[②]。不细究，凭此一言，就可以把约翰生说成是最早提出“反全球化”言论的先锋，将其定性为一个保守反动派；若不片面，把这偏激之言与那充满腥风血雨的历史进程联系，约翰生这众多带有反殖民化、反种族歧视色彩的睿智之言，至今还是让人回味深思的。

约翰生（1709—1784）是18世纪英国著名诗人、散文家、小说家、传记家、批评家，尤以编撰《英文词典》和友人鲍斯威尔为他写《约翰生传》而为世人所熟悉。他是小镇一位穷书商的儿子，从小聪慧，博览群书，记忆力过人。因父亲投资生意破产，在牛津大学仅学习一年多便因无钱交学费而退学。没有大学文凭，加上小时候因生病而导致相貌丑陋，找份教师工作都很困难。他立志从事文学，从伦敦“文人街”开始步履艰难地打拼，终在英国文学文化建树方面成为一个时代的大师，正所谓18世纪是“约翰生的世纪”。他虽不是政治家、外交家，其影响也不在政治国际关系层面，可毕竟他与伯克等国会议员关系密切，写过几篇争议极大的政治文章，[③] 如《纳税非暴政》，反对美国独立战争，得罪了追求进步的美国人。他的思想敏锐、复杂，甚至常自相矛盾。如他通常反对侵略战争，却又为英国攫取海外利

---

① 英国人孟席斯在《1421：中国发现世界》（2002）提出郑和曾实现环球航行并早在欧洲人之前就发现美洲和大洋洲的论点。此书畅销一时，可论点引起了广泛争议，即使是中国学者也多有质疑。

② Hardy J. P. （ed），*The Political Writings of Dr. Johnson*，London：Routledge & Kegan Paul，1968，p. 108.

③ Hardy J. P. （ed.），*The Political Writings of Dr. Johnson*，London：Routledge & Kegan Paul，1968，p. 89.

益竭力辩护。要准确和公平地评价约翰生的政治观，需作全面观察。[①] 他的大多数格言警句，虽针对具体事件有感而发，不是专题论述或不构成系统理论，可是见解极为深邃。以他这么一位学识渊博的作家作为一个典型代表，对了解 18 世纪前后人们对“文化传播”趋同的立场态度有直接的帮助作用。

18 和 19 世纪的“世界主义”（universalism，全球主义）无疑有很强的“西方化”、“殖民化”色彩，不同于后来强调补损的“希腊化”、“东方化”，尤其不同于当今“全球化”（globalization）那样强调多元化。那时文化传播靠航海“旅行”、靠“入侵”领地而非平等互相合作“交流”。不列颠的威力由“贸易取代进贡”的商业霸权来表现。“无边的泰晤士为全人类效力，各国商船随每次涨潮驶入，海洋又联合了它分隔的国度。”（蒲伯《温莎森林》）

海洋联合国度，探险占有领地，这几乎是 18 和 19 世纪世界发展的大格局。受到民族和帝国扩张“国度”计划的刺激，英国在 18 世纪后半叶开始积极推进种族观念，导致史学家戏剧性地重写政治和文化历史。这是一个“种族主义之前的种族思考”[②] 时期。过去的历史被现代的“种族”分类。这类持进化论的历史学家看到欧洲人实现了“西方化”的扩张，考虑到帝国的“西方与其他”文化融合，形成了一种不同于过去的种族新观念。依此逻辑，欧洲人“超强”于其他民族可追溯到古希腊雅典时期。

在 1750 年，社会上已有关于文明种族的流行说法。到 1790 年，欧洲人把自己看作是支配世界的“白种族”。第一次使用集体名词“雅利安人”（Aryans，北欧白人）或“高加索人”（Caucasians，白种人）的称呼。[③] 这实际上正式揭开了种族歧视和排斥异文化的序幕，后来为英国史学家麦考莱（1800—1859）撰写帝国胜利史提供了思想资料。英国第一个诺贝尔文学奖（1907）得主吉卜林（1865—1936）几乎成为“殖民发言人”，尽管

---

① Folkenflik, Robert Johnson's Politics, in Clingham (ed.), *The Cambridge Companion To Samuel Johnson*, New York: University of Cambridge Press, 1997, p. 113.

② 语出 Hannah Arendt's Race-Thinking before Racism，引文同上书，第 115 页。

③ 这两个名词分别出现在 1794 和 1795 年。引文同上书，第 125 页。

他的小说对殖民统治的好处和坏处都有所揭示。[①] 其影响所致，接受过西方教育的孙中山以“种族歧视”为思想武器，直接号召汉人推翻满人统治的清政府。[②]

可以说约翰生处在这个大帝国史的过渡或“史前史”时期。“白种族”相关的名词虽未正式出现，而事实观念早已俱在，只不过是“有实无名”而已。欧洲殖民地扩张的信息常在约翰生的思考范围内。无论是沙夫茨伯里伯爵[③]还是后来的政治同伴或其他不同党派人士，都无法回避入侵事实，对土著是否无辜和幸运，或他们是否被剥夺教育知识权，或他们有罪和不道德诸问题起了争执。博学敏锐的约翰生，不可避免地要对这些关于探险的开创、发现和争执的意见作出反应，表达看法。

他似乎早就意识到这类帝国思想倾向的偏颇。不能说他直接反对欧洲人扩张，应说他总是希望这应是道德和文明约束下的行为。本着一贯坚守基督教道德的思想立场，他经常表露出在文化传播上反殖民主义的倾向，而且有时表现得非常气愤尖刻。他遭到后来帝国史家的仇视和攻击批判，也就不奇怪了。

面对当时欧洲的“世界主义”，约翰生用“同一想法”观念作了精到的辨析和批判，给后人留下了一份宝贵的思想遗产。约翰生这种意识似乎从他早年就开始形成，到晚年更为成熟坚定。

在大学期间，约翰生就读过葡萄牙耶稣传教士洛伯（J. L. Lobo）1622年到阿比西尼亚（今埃塞俄比亚）旅行写的“游记”，这表现出他对异国文化的浓厚兴趣。不妨说，该书直接促成了他多元文化可以并存的思想观念的形成。后来他把这本葡萄牙文著作从格兰德（J. L. Grand）的法文译本翻译为英文并出版（1735），还为此写序。他认为：“人类的自然本性，是罪恶和美德的混合物，是热情和理性的竞争。尽管造物主上帝对此无偏

---

① ［英］安德鲁·桑德斯著，谷启楠等译：《牛津简明英国文学史》，北京：人民文学出版社 2006 年版，第 491 页。

② 孙中山的民族主义基本内容是“驱逐鞑虏，恢复中华”。参考郭豫明主编：《中国近代史教程》，上海：华东师范大学出版社 1997 年版，第 279 页。

③ 沙夫茨伯里伯爵（1671—1713），英国政治家，最开始是保皇派，后来在英国内战中反查理二世，被认为是辉格党的创始人。

爱，可在大多数国家里，他们以特别的偏爱求得非常的不实际去达到平衡。”[①] 后来约翰生在写《莎士比亚戏剧集·前言》（1765）时又再次提到人类“善良和罪恶”的混合本性，肯定莎士比亚表达“人类的思想情绪”和坚持“普遍的人性”。[②]

这个上帝并无任何偏爱造人的说法，无论何人“罪恶与美德”共存一体都是人之本性，这是一种引向容忍、宽容、包容的广阔思路，尽管当年没有“多元化”的提法。这实与启蒙时期提倡人人平等或人有善恶的说法互为表里。因为启蒙思想家常议论“启蒙同一性”（enlightenment uniformitarianism），表明启蒙不应分人种，开明不应限族群，或强调任何种族都有彼此相同而基本不变的特性。[③] 约翰生不但赞同人类的“同一想法”（uniformitarian thought，简称“同一”），而且掺进了自己特有的认识理解。这个“同一”观念，近似中国古代哲学家所说万物“理一殊分”的“理一”。秉持这样一种大胆开放观念，约翰生对启蒙时期传播“种族优胜”、“帝国欧洲中心论”等思想作了坚决的驳斥和拒绝。

最能反映约翰生“同一”观念的作品是《幸福谷》（1759）。[④] 这部书写王子一行四人，逃出深山里铁门紧闭的幸福谷，长途跋涉进入繁华的埃及大都市，参观金字塔，在波斯湾地区访问各界人士，听取他们述说生活经历，力图寻找人生幸福的真谛。约翰生提醒信教读者，基督教在西亚和北非有什么样的地位，它们不过是那里全体的一部分，并非完美的部分。他揭示那里的古老文明的名誉正在受到欧洲帝国的侵略和威胁；肯定金字塔是人类的伟大杰作，埃及是文明的发源地之一；不承认流行的帝国主义论，不去嘲笑“东方专制主义”。约翰生只从人的本性欲望着眼，认为任何统治者，一旦拥有不受限制的权力，都会同样邪恶。正是他们的“想象

---

① ［英］鲍斯威尔著，蔡田明译：《约翰生传·译者序》，北京：国际文化出版公司2005年版，第3页。

② ［英］塞缪尔·约翰生著，蔡田明译：《人的局限性——约翰生作品集》，北京：国际文化出版公司2009年版，第195页。

③ Clement Hawes，Johnson and Imperialism，in Clingham（ed.），*The Cambridge Companion To Samuel Johnson*，New York：University of Cambridge Press，1997，p.114. 据近些年媒体报道，对人类基因的分析证实各民族人有99.9%的相同。

④ ［英］塞缪尔·约翰生著，蔡田明译：《幸福谷》，北京：国际文化出版公司2006年版，第8页。

的欲望”和“无理性的骄傲”而非种族肤色，才导致他们落后、衰败和灭亡。

至于“西方文明”，《幸福谷》里有一段对话，看似与约翰生反对帝国的看法有矛盾，细读还是表明他“同一”思想的平衡。如书中人物问：西方为何强大？西方与东方有什么不同？约翰生借诗人之口在猜测、商议、讨论，提到他们“聪明”、有“知识”，可对所谓种族优劣问题，若不是采取了一种“怀疑”或“戏弄”的态度，便是有意不提西方“种族优势”这个流行的现成答案，而把原因直接说成是“上帝的神秘意愿”。[①] 这种略显回避或商讨的态度，实际上还是一种对当时白种人优胜的帝国思想不正面的轻松挑战。[②]

关于东方人和西方人的生存矛盾困惑，约翰生不以地理或政治、经济强弱划分，不强调各种不同的经验和文化，而集中在人类的普遍本性或同类一致性方面，如书里借诗人因列之口说：“人类到处一样，生活中都是忍受多、欢乐少。”这可以解读为他有一种不是拿国家先进落后来评判生活好坏的基本态度，同样可把它视为一种抵制以种族优劣判定民族先进落后的看法。他的这部作品，虽写的是非洲王子，实际是替欧洲人设想。“欧洲人虽然比我们幸运，可他们并不幸福。”不幸福的道理到处都是一样的，尽管在方式上表现出特殊和不同，所谓“理一分殊”。在这部小说里，“如果不是自觉把东方人和他们的智慧作为思想参考，至少他对基督教不是唯一至高无上的智慧还是头脑清醒的”[③]。

这类拒绝与流行的帝国理论联系或合作的看法，还体现在约翰生的其他文章言论中。他在1759年为《环球世界》[④] 写了介绍文章。在这个简要介绍航海地理大发现的历史叙述中，他直把欧洲人看作侵略者，指责欧洲人的野蛮行为。他虽同意记录者描述非洲本地人看着葡萄牙大船驶入的

---

① ［英］塞缪尔·约翰生著，蔡田明译：《幸福谷》，北京：国际文化出版公司2006年版，第32页。有人据此推论全书宣传宗教信仰主题，可见仁见智。

② Clement Hawes, Johnson and imperialism, in Clingham (ed.), *The Cambridge Companion To Samuel Johnson*, New York: University of Cambridge Press, 1997, p. 114.

③ ［英］塞缪尔·约翰生著，蔡田明译：《幸福谷·译者序》，北京：国际文化出版公司2006年版，第6页。

④ 一部当时出版的主要收集葡萄牙人航海的旅行文章的汇编集。

“诧异”神情，却责备他们明显带着傲慢与偏见意识，因为他们嘲笑土著人愚昧无知，把船队认作是“大鸟”或“鱼群”。欧洲人从不考虑“土著居民的权利”。他们没有授权、没有协商就占有土地，以“贸易的贪婪和权力的傲慢来污染当地纯净的信仰”。“他们的利益和自傲让心肠变硬，而要反对其贪婪和权力，白费心思。”“如果不是贪婪和堕落，欧洲人难以去访问任何这些海岸线；他们没有授权却要蛮横地统治；他们没有受到欢迎却要残酷地镇压。”他说，哥伦布1492年发现的新大陆，给“好奇和残酷的欧洲人一个新世界”①。在另一篇文章里，他表达出强烈的反哥伦布的情绪，哥伦布虽接受资助进行世界探险，此时世界上任何地方却都没有为他的起航“高兴的理由”。1492年，葡萄牙发现了印度通道，西班牙发现了美洲海岸，都是“人类迄今为止的悲惨日”②。

在《介绍英国政治现状》（1756）一文里，他批评英国在牙买加的自作主张或强加于本地人的做法。他拿英国与法国作比较，法国的做法看似比英国人道，可他绝不认为法国不是殖民主义行为。在文章结尾，他表示要以“道德和文明”方式来处理殖民地问题，希望英国依靠善良美德而变得强大：“若无美德，任何人都不可能伟大。”③

在《懒散者》里，他攻击欧洲的战争狂人，要人记住每个死去的欧洲人都是那里的一个暴君或强盗造成的后果。④ 他在一些英文词的定义和描叙中，表达对“殖民主义”的憎恨，如“本地人”（native）词条，他引培根语：“本地人是不能在追求种植园目的的掩饰下被灭绝的，因为上帝绝不会对这类本地土著人的牺牲感到愉悦。”他的英文词典虽对“未开化”和“野

---

① Samuel Johnson, Introduction to the World Displayed; Clement Hawes, Johnson and Imperialism, in Clingham (ed.), *The Cambridge Companion To Samuel Johnson*, New York: University of Cambridge Press, 1997, p. 120.

② J. P. Hardy (ed.), *The Political Writings of Dr. Johnson*, London: Routledge & Kegan Paul, 1968, p. 108; Clement Hawes, Johnson and Imperialism, in Clingham (ed.), *The Cambridge Companion To Samuel Johnson*, New York: University of Cambridge Press, 1997, p. 120.

③ 见 J. P. Hardy (ed.), *The Political Writings of Dr. Johnson*, London: Routledge & Kegan Paul, 1968, p. 17.

④ ［英］塞缪尔·约翰生著，蔡田明译：《人的局限性——约翰生作品集》，北京：国际文化出版公司2009年版，第144页。

蛮”这两个词语的定义所指对象并无固定说法，可在论英国政治文章中却用“未开化”（savage，原始人）泛指当地土人，而把“野蛮”（barbarian）特指欧洲人的侵略贪婪行为。[①]

正如许多研究者的研究表明，约翰生对帝国的看法有他自己的体系。他是个一生讨厌“帝国主义”者。[②] 尽管他爱国，可他比同时代人更清醒地意识到，现代民族的大厦是建立在残酷压迫本地人、土著人的基础之上的。这与他认识和把握人性的“同一”有关，以致无法接受完全蔑视其他民族文化的做法。可如果把约翰生说成坚定的反帝国主义者和反帝国文明者，则又有些抬高他，也不符合他一生保守谨慎的思想行为实际。

约翰生对帝国进步性的批评，并非孤独无助，也被同时代人所分享和赞同，可他不是从“反现代化”这个角度来看问题的。与正统的看法相反，不同于与他同时代的政治家伯克，约翰生没有写“反开明”的文章。政治家伯克的努力是规范而不是废除帝国，他最好的表现不过是要人们把他看作一个“罗马式的东方主义者”，而约翰生恰好相反并经常带有情绪，抵制那些在田园上和异国情调上有所发现的“进步”。[③]

这里顺便提到约翰生对中国的态度。在他早年，因编辑文学杂志关系，他根据当时都赫德在法国巴黎出版的畅销书《中国通志》介绍中国历史文化，尤重介绍孔子事迹，表明他的思想与孔子的智慧有相通或相似之处。[④] 到中年，他对 17 和 18 世纪之交那些把中国事物过于理想化的看法有所思考，对中国特性有所认识，如他在《幸福谷》提到建长城的动机很简单，不过是“阻挡野蛮人对一个富饶和胆小国家的入侵”[⑤]。“富饶和胆小”也恰是对明朝郑和“下西洋”实际行为效果的一个不算肤浅的看法。

---

① John Wiltshire, From China to Peru: Johnson in the Traveled World, in Clingham (ed.), *The Cambridge Companion To Samuel Johnson*, New York: University of Cambridge Press, 1997, p. 215.

② Clement Hawes, Johnson and Imperialism, in Clingham (ed.), *The Cambridge Companion To Samuel Johnson*, New York: University of Cambridge Press, 1997, p. 120.

③ Clement Hawes, Johnson and Imperialism, in Clingham (ed.), *The Cambridge Companion To Samuel Johnson*, New York: University of Cambridge Press, 1997, p. 121.

④ 范存忠：《中国的思想文化与约翰逊博士》，《文学遗产》1986 年第 2 期。

⑤ ［英］塞缪尔·约翰生著，蔡田明译：《人的局限性——约翰生作品集》，北京：国际文化出版公司 2009 年版，第 99 页。

尽管约翰生后来没有太多关于中国方面的论述，但他对到中国看长城的人还是保持一种敬仰佩服的态度。他不仅鼓励人们去，其长诗《人类希望的幻灭》开篇提到“观察人类，从中国到秘鲁”，而且他的伦敦故居还保留着朋友从长城拿回来送给他的一块砖石。[①] 然而，鉴于他有限的了解和非主动的学习探索，中国对他来说依然是个遥远的神秘国度。

约翰生毕竟是个保守的民族主义者。尽管他充满怀疑地看待或分享帝国那些在“国外”进步的“礼品”，却不否认“国内”的文化进步的力量。他为促进这种进步努力写作。他坚持一种“反精英文化”的立场，如在《新闻记者的责任》和《英国诗人评传》里都提出要顾及“普通读者”[②] 的观念。他也与同时代的许多民族主义者一样，虽不拒绝，却也不崇拜法国的上层文化，赞同普及被读者认可的大众文化，如他编辑《英文词典》就有与法国人对着干的意味。

现在人们发现，约翰生所提倡和实践的“同一”理论，只不过是他在“伪世界主义”和“简单的相对主义”（不承认同一性或共性）之间作出的某种超越或谨慎的选择。他的“同一”理论之所以能产生力量，就在于他对种族的奴隶制和殖民地的建立没有保持沉默不语，而是坚持他自由思想的个性。可总体上说，他依然是个没有超越国家又受益于帝国进步的文化人。他对文明的进步和科学进展持乐观向上的态度，其思想必定会表现出既否定帝国侵略又肯定帝国进步的矛盾。正如他说美国革命者那样：你们这帮“大声喊叫自由的人，正是鞭赶奴隶的马车手”[③]，“自由人”与“马车手”，一身两人，也是“理一分殊”。可正是他这些自相矛盾的“作品”和保守而非偏激革命的“论述”，比起那些大胆地走向历史“进步”、“革命”的人，如麦考莱持白种人是世界主人的意识书写帝国史，现在看来更有思想的深刻性和进步性。这常是在主流思想大潮下，面对自上而下的根式文化传播，知识分子应该却难以坚守的底线。若约翰生进入“帝国

---

① 笔者在约翰生博士伦敦故居亲见“石块”被放入一个玻璃盒保存，引人注目。

② ［英］塞缪尔·约翰生著，蔡田明译：《人的局限性——约翰生作品集》，北京：国际文化出版公司2009年版，第164页。

③ John Wiltshire，From China to Peru：Johnson in the Traveled World，in Clingham (ed.)，*The Cambridge Companion To Samuel Johnson*，New York：University of Cambridge Press，1997，p. 116.

史”全盛时期或许会屈服于这类思潮，可在“史前史”他却表现了勇于坚持真实的一面。如同为寻求共同普遍思想基础，他时刻提醒世人种族歧视不可取。实际上，这些看法为文化传播的多元化提供了前卫思想。也许出现过早而不合时代潮流，他不可避免地要遭受到反文明进步的批判或顽固落后的讥讽。

第二节　全球化趋向的多元文化

后人对约翰生的批评尤以麦考莱最有针对性。这恰好能从反面反映约翰生的“世界主义”是非“西方化”的，在文化传播上是主张“同一”而分殊的多元主张的。麦考莱是个才华横溢、博闻强记的学者，也是个为帝国服务到海外执行公务的政治家。他在 1856 年为大英百科全书写的“约翰生条目”里，对约翰生的“谈话”有肯定，可对他的“作品”基本上是否定的。让麦考莱感到不安的是约翰生大胆的“世界主义”或全球意识。如他批评《幸福谷》所言，约翰生不分区域的野蛮文明，“把整个英格兰的国内体制搬到埃及”①。这种不分阶级、不分先进落后、“到处都一样”的大同思想，确实是约翰生探讨人生幸福的大背景，让这部作品有了世界主义的情怀，抵制了认定先进国家幸福的一般概念。作为最低纲领的“世界主义”者，约翰生是启蒙运动中提倡平等“同一想法”的传统继承人，而作为后代的我们常选择偏离约翰生的“轻松挑战”或他对文明“进步”的“商讨”态度，结果忘记约翰生思想，而这正是我们当代人可用以直接批评帝国主义和种族观念的工具。②

更糟糕的是，我们在评价约翰生是否与时俱进时，不但受贝卡·夏普的“垃圾约翰生”（Junking Johnson）影响，如萨克雷《名利场》第一章写穷艺术家的女儿贝卡·夏普，把约翰生的《英文词典》扔出马车的细节

---

① T. B. Macaulay, Minute on Indian Education, in Selected Writings (ed.), *Clive and Pinney*, Chicago: University of Chicago Press, 1972, p. 145.

② Clement Hawes, Johnson and Imperialism, in Clingham (ed.), *The Cambridge Companion To Samuel Johnson*, New York: University of Cambridge Press, 1997, p. 119.

描写，而且还受麦考莱的欧洲文化至上观点的驱使，与他一起拒绝不同质的文化。如麦考莱在印度做官时说：“整个印度和阿拉伯的本土文学都比不上欧洲图书馆里一个书架上的好书。”① 这位到过印度任公职，曾为印度教育制度英国化作出贡献的设计师说出这样的话，可见他批评约翰生的“世界主义”无疑有很强的“种族优胜”心理作怪。

由于18世纪、19世纪地理大发现的迅猛发展和殖民地扩张，英国成为一个“日不落”大帝国。文化传播的重心，不仅要求重写殖民化的国家，而且要重写殖民地的主人，推销一个与英国过去18世纪殖民历史不协调甚至相反的“史前史”。情形如同当今若进入“中国世纪”，要重写历史让世界了解中国文化传统那样。麦考莱就抱着这种种族至上的使命感，写出了这种为帝国服务的历史文学。

面向主流文化，麦考莱绕不开历史，尤其对约翰生那些掷地有声的言论感到刺耳，他只能把约翰生当作靶子，讽刺他不过是个“命定的陪衬物”，有点像行将灭亡的“莫希干”人，他们最后展示的那些传统要不可避免地被历史潮流卷走。麦考莱描写进入伦敦社会的约翰生，是个“过去时代的坚固化石的样板”，把约翰生与菲尔丁小说的诙谐落伍人物维士特绅士作比较。他攻击约翰生的散文风格笨重，如中世纪般古老，如同“那些不幸运的中年酋长被他们一连串的锁子甲套住所窒息”。麦考莱最后对约翰生的智慧“谈话”也不放过，“他的格言消失在沉重负载的那些为辩护和装饰的语言中”②。

麦考莱以帝国文明进步观念来打击约翰生的保守思想，在帝国如日中天之时，在革命潮流滚滚之下，是沉重有力而产生过积极影响的。所以有人说，要推翻麦考莱对约翰生批判的不实之词，来庆贺约翰生200周年诞辰（1909）。进入全球化的21世纪，学者们几乎没必要再提那个麦考莱及其影响，无须批判开道，便可讨论约翰生作品主题。当今全球纪念约翰生

---

① T. B. Macaulay, Minute on Indian Education, in Selected Writings (ed.), *Clive and Pinney*, Chicago: University of Chicago Press, 1972, p. 241.

② Clement Hawes, Johnson and Imperialism, in Clingham (ed.), *The Cambridge Companion To Samuel Johnson*, New York: University of Cambridge Press, 1997, p. 123.

诞辰300周年（2009），可以说约翰生没有敌人。[①]

历经百年沧桑巨变，那些曾经说他“反动保守”、“反革命”的阶层，现在可能比谁都厌倦革命、反对革命。这种情形，又好比当年人批倒孔子不简单（1919），当今人尊孔祭孔谈《论语》心得太容易。谁说敢言的道德作家的命运不是时代的弄潮儿。麦考莱似乎完全想不到，在他去世后，今日世界还会再现一个约翰生曾预见设想以“同一想法”为基础的多元化的全球主义。可见同是博学大家，两人思想距离有多远。麦考莱虽比约翰生晚生近百年，但思想却远远落后于约翰生。作为一代著名的历史学家和文学批评家，我们现在只能替他思想的狭隘、渺小而惋惜，而佩服约翰生超越时代的伟大。

约翰生是智慧大家，却几乎没有什么张扬殖民主义“西方化”的格言。最能证明麦考莱说约翰生对帝国“史前史”毫无相关这一胜利预言的是，英国一位史学家在1924年说，在追溯帝国文学史“进步”的过程中，“人们从来都不会去查找约翰生关于帝国事业的普遍智慧”[②]。确实，除了怀疑和批判，约翰生从来没有麦考莱那种信手拈来的宣传种族优胜和帝国进步之类的“格言”可作参考之用。[③] 约翰生那些反殖民主义的思想作品，因为它们顽固地保留在启蒙开明这个时期，足以抵制以任何理由来为霸主统治服务的目的。

有趣的是，我们可以把约翰生与当时中华帝国的态度作一比较，看他们面对大航海时代如何把握“同一”，解决文化冲突。当年欧洲帝国随政治、经济势力扩张，在传播上扩散强势族群文化，不顾其他。约翰生却坚持民族平等的“同一”观念。面对英国到美洲、印度各国进行殖民地统治的不文明做法，约翰生不以帝国殖民地的主人身份自居，甚至毅然放弃这个“主人”身份，同情被压迫的一方，反对奴隶制，坚持反殖民主义的立场。这使他对哥伦布发现新大陆既不兴奋更不乐观，完全不像进步历史学家那样为人类新纪元到来而欢呼雀跃。这个“悲惨日”也应属于他所说

① 见笔者介绍牛津国际约翰生学术讨论会论文摘要，新浪网，blog. sina. com. cn/2009johnsonland。

② Edward Salmon, *The British Empire*, London: W. Collins, 1924, p. 83.

③ “格言”几乎就是约翰生的一个代名词。至少在鲍斯威尔那本《约翰生传》里就给世人留下了这个谈话大家的印象。

“人类希望的幻灭”的一类。他付出了被嘲笑的代价，他的“保守”观念遭到同时代人、后人甚至今人的批判就不足为奇了。可若从他主张文化传播交流的“同一”，平等待人的“世界主义”看，即当今多元化的全球意识，却表明一种为后来证实的超前思想，他又是当之无愧地走在他时代和我们时代前列的先锋者了。

从被殖民、被侵略国一方来看，问题也恰好出在不“求同”而顽固坚持“异见”为主导的观念。面对入侵，土著居民本身落后，难以抵抗，无可奈何，所以约翰生要替他们说话，告诫帝国遵循文明道德公正的规则，不能野蛮行事；而古老文明大国本可应对，却故步自封，不愿去适应挑战，坚持搞特殊化，就实在有些落后于世了。如前提到“长城”，约翰生当不会为中华帝国“胆小”怕事撑腰。本来中国人有可能早在明朝就直面航海地理大发现时代，面对“不同”去“求同”，借鉴西方科学，发展生产，壮大国势，富裕民众，可惜因闭关守国和大王朝天国主义的固有传统文化思想作怪，直接抗拒而错失机遇。到后来中国更是沦落为半封建半殖民地社会。拒绝“求同”导致我们一再失去许多历史机遇，致使我们落后于世界近几百年。当前改革开放，实际是一种“求同”的思想解放。首先放弃了过去人性是阶级性的观念，淡化阶级阵营对立无话可谈的“敌对意识”，进而接受工业革命以来资本主义市场经营理念，加入世界经济一体化进程，迎来中国当今经济迅速发展和国家日益富强的局面。

根据人性“同一”观念，约翰生的“世界主义”自有其逻辑的思想力量，成为反殖民、反种族歧视、反对战争的强有力的思想武器。尽管它有时被轻视、被混淆、被误解，却无疑可作为我们对当代问题思考的精神食粮，为我们接受“不同质的文化”提供直接相关的思想资源。这里似应强调，约翰生思考“文化不同”，以人的本性大同为出发点，比仅仅是地理意义上的“东方”与“西方”文化或民族主义文化更灵活、更智慧，更接近全球化趋向的多元文化的大同世界。

第三节 全球化是旅行的世界

全球化是旅行的世界。旅行及文化发展是全球化最显著的标志之一。人类祖先文化传播的最早形式无不是先靠旅行互相散发交流资讯，从局部走向全球的。尤其进入大航海时代后，环球探险，开通海岸，互通有无，旅行文化自成特色，文学特别发达。比起“战争”、“殖民地”、“移居”这类方式，旅行传播文化的影响作用虽比较缓慢和潜移默化，却时常直接影响着人们的世界观念形成和思维判断。介绍约翰生关于旅行的论述和身体力行的实践，有助于我们全面理解约翰生的思想，学习他在面对文化传播与主流文化时，如何保持独立思考的立场和自由思想的态度。

约翰生是个伟大的旅行者。从翻译旅行书（1735）到写想象旅行书（1759），最后实地考察旅行（1773），时间跨度 38 年，可谓从青年到晚年。读万卷书，有他《英文词典》引语为证；行万里路，有他苏格兰旅行足迹为佐。约翰生毕其一生，把旅行作为起点也作为终点。旅行是约翰生的兴趣，也是约翰生的爱好，更是约翰生探索不息的精神体现。

“如果一个人厌倦了伦敦，他也就厌倦了生活。”这是约翰生为人所知的著名格言。它恰当地体现了约翰生对城市生活的无比热爱，表明他是一个拥城主义者。他与鲍斯威尔于 1773 年 10 月在赫布里斯的小岛旅行时，鲍斯威尔问他：“先生，除了你所居住的英格兰岛屿外，你还从未到过其他地方吧？”约翰生回答：“只要看伦敦，我就看到了整个世界所能表现出来的一切生活了。”① 显然，“生活”能浓缩在伦敦里，如同玄学派诗人多恩用“泪水”代表“全球”，因为生活无处不在，如同人之本性“同一”那样。这里只能说明，约翰生持“同一想法”，热爱伦敦，把人类生活看作到处都一样，“从中国到秘鲁”，与伦敦没有什么不一样。可是人们如果过分看重他这个“伦敦就是生活的一切”的看法，就会忽视他思想行为的

---

① ［英］约翰生、鲍斯威尔著，蔡田明译：《惊世之旅——苏格兰高地旅行记》，北京：国际文化出版公司 2011 年版，第 253 页。

另一面。他早年读书时立志要远行，翻译旅行书，中年写了《幸福谷》虚构旅行，晚年到苏格兰高地实地旅行，这些足以表明他又是一个可以离开城市而乐意漫游的旅行者。伦敦不全是生活的一切。约翰生这些思想言行的矛盾之处，需要具体分析。

约翰生一生的大部分时间都住在一个城市。1737 年，28 岁的他离开家乡林曲菲尔德后，便定居生活在伦敦。大约有 20 年，他没有什么旅行活动，一直埋头于文字写作，如编词典，一种他称为无工伤的苦力。他有一段时间生活在贫困文人群居的“格拉伯街”。

悠闲阶层宣扬的生活观，“如果能到处旅行，生活会好，感觉会好”，此时无经济能力到处走动的他，只能对此嗤之以鼻。这很好理解，如他把换个地方的愿望与一条患狂犬病的狗在疯狂地挣扎相比拟，告诫读者，那些人的这类“满足”是偏僻地区居民的观念；他讽刺地评论人们提到“当伦敦空城时，大家都会移民到郊外去”的看法。（《漫步者》）约翰生似乎从不认为，幸福能在郊区农村里找到，也不认为隐居早退是种理想的活法。（《漫步者》）

在《幸福谷》里，他对当时卢梭一类革命思想家赞美农村村民朴素幸福的看法是嘲讽讥笑的。贫穷绝无幸福可言，这是他思想的一个底线，来自他拮据贫困生活的实际经历。应当说，在嘲弄或讥讽“换地方即能换思想”的同时，约翰生还是同意旅行有“治疗的特性”的作用。如他肯定运动和活动能让人生机勃勃，身心健康，“靠工作和行动才能消除悲伤”。（《漫步者》）

约翰生也赞同他同时代人的一些看法，如认为旅行不论在马背上或马车里，都有益于身体和思想。旅游有“治疗”、“理疗”作用，这是 18 世纪那些严谨的道德家劝人到外面行走的理由。他们认为，看那些喷涌的泉水，它们就会自然地流入到你的思想，洗涤你的心灵。旅行可以舒缓你的不满或实现你的愿望。约翰生一开始固执反对，到后来却改变了自己的看法，接受旅行这个“药方”。

1762 年，约翰生得到皇家的养老金后，生活安定，不再为写稿挣钱操劳。他每年都能离开伦敦一次，有时外出几个月。1773 年，他与比他小 30 岁的鲍斯威尔一起到苏格兰高地旅行，途中在德维根度过了他 64 岁的生日。在其后两年里，他与商人思罗尔家人一起去威尔士的北部旅行，然后去法国巴黎。在66岁时，他写信给思罗尔夫人：“你和你先生也许不会阻止我，我想去开罗，经红海到孟加拉，漫游印度。只要1.4万英镑（指思罗尔酒厂的年利润）的半数，就能送我去看其他地方的生存方式，让我回来把它们写成书。”① 旅行心切，已急需人来赞助。

尤其到晚年，他对“换地方”有益身心的看法体会明显加深。尽管他还是很顽固地执着于“没有人可离身躯而去”的看法，时年74岁的约翰生向思罗尔夫人表白：“在旅行中，我能摆脱许多无用的不安心思。只有从天上摔落到地的天使，才会自夸思想别有其他出路。要有也是这个天使在说谎。外面的地方，至少对所有躯体之身都能产生极大的影响。我希望这小旅行至少能消除我的一些忧郁症。”

约翰生的思想矛盾之处可以从早年与晚年的经济贫富和身体强弱状况中得到合理解释。因为思想家并不总是能保持思想一致的，所以“知人论世”还要“知时论言”。

尽信书不如无书。约翰生的思想深邃和眼光宏放，还直接与他读旅行文学书保持独立思考有关。在大航海时代，介绍旅行探险、刺激幻想的书籍特别流行，这类书满足了人们对外面世界的好奇，人人爱读。这时的文化传播，尤以有能力到海外的商人水手游客旅行后，写出强调海外民俗风情不同的游记来影响人。“怀挟偏见，厌恶一切外国事物。这个混名可以移赠许多英国旅行家。”② 人们最容易被所谓符合主流文化的思潮所吸引或蒙蔽，想当然，若无“鹰眼驴耳”，便会信以为真，甚至会与那些种族观念强的作者“同流合污”，打造出一个白种人优秀、能走遍天下的文化天地。在约翰生时代和后来帝国强大的时代里，文化传播市场都充斥着这类种族优胜的天真幻想书籍。约翰生与众不同之处，就是他既读这些流行的旅行文化书，又会经过深入思考，从历史现实比较，悟出真实道理。如上所述，他很早就确认“同一”思想，人性善恶一体，所以他才敢于抵制那些排斥异文化的错误思潮。

---

① John Wiltshire, From China to Peru: Johnson in the Traveled World, in Clingham (ed.), *The Cambridge Companion To Samuel Johnson*, New York: University of Cambridge Press, 1997, p. 211.

② 这里借用钱钟书为1947年伦敦出版的一本旅行书写的书评《游历者的眼睛》，见钱钟书：《钱钟书散文》，杭州：浙江文艺出版社1997年版，第170页。

促使约翰生去旅行的动机有如下四个方面：

其一，年轻时的激情理想冲动。如在早年，他在牛津大学读书时就说："我要访问国外的大学，我要去法国和意大利。"①

其二，满足好奇心。在很多时候，他表示希望或计划去冰岛、印度和瑞士，去地中海沿岸，甚至对到长城的人大力夸奖，因为他们的后代足以为先父的精神而永远感到自豪。

其三，对自然和物理世界持有终生热爱的浓厚兴趣。他不仅通读文史，还涉猎科学实验书，熟读医疗书，同时对航海探险知识表现出很高程度的认知。1755 年，他替生病的朋友威廉（Zachariah Williams）执笔写过一本小册子《谈经度的航海探险》。威廉在 1714 年试图赢得英国国会提供的大奖，做一次更准确的制订经度线的航海计划。若没有这个精确度，将给海上贸易带来极大的困难。这是一个英帝国对美洲、印度和太平洋扩张殖民地的时期。帝国对商业的勃勃雄心伴随着科学的好奇和探险，有力地促进了对先前未了解的全球地理方位的考察活动。

尽管约翰生对殖民地也有厌恶的看法，可这并不影响他对科学探险的兴趣和了解。他能临时为人"捉刀代笔"，写出谈"经度航海"这个专业技术含量高、难度大的主题，绝不是临时抱佛脚、赶鸭子上架所为，其中必定有他长期的研究心得。在约翰生晚年期间，库克（James Cook）船长曾三次下"南海"（1768—1771，1772—1775，1776—1779），并在 1770 年首次到达澳大利亚昆士兰的北部。船长和他的同伴们把所见的许多闭塞岛屿的文化资料带回英国，引发探险新热潮。约翰生为之兴奋鼓舞，也有航海到澳大利亚这个愿望。1772 年，他曾想加入他朋友班克斯（Joseph Banks）船长到"南海"的探险航行，终因担心晕船、身体不适才没去成。

其四，更重要的动机是他在《苏格兰西部群岛旅行记》（1775）里表述过的旅行目的。1773 年，一位 64 岁的老人和一位 33 岁的年轻人行走在苏格兰高地荒无人烟的小道上。他们没有现代的交通工具，没有便利的住宿，没有现代化的联系方式，只能靠马车、靠小船、靠骑马或靠两条腿走路，跋山涉水，穿越沼泽，横舟过海，夜宿茅棚。这历时 3 个多月的旅行

① ［英］鲍斯威尔著，蔡田明译：《约翰生传》，北京：国际文化出版公司 2005 年版，第 11 页。

目的，不是游山玩水，而仅是为了“了解当地人的风土人情和生活方式”[①]。

两人从高地返回，先后写了《苏格兰西部群岛旅行记》（1775）和《赫布里底群岛旅游日记》（1785）。在这部书里，他多元的世界主义有了进一步发展。他对本地环境和特殊民俗文化都表现出极大的关注。有人认为，这是一部早期的社会学或民族志学（人种学）书。[②] 书里表现出一些现代的科学考察的概念，即如何获得可靠的报告和有效的证据等。他提醒人们注意，高地人为生活所迫，并不讲究叙述的准确性，也没有做永久记录的习惯。约翰生作为“报告记者”的优秀品质，在这部书的叙述中以最“优雅的方式”表现出来，如“高地棚屋见老妇人”的精彩描写。[③]

他在苏格兰开始旅行时，就希望听到古老的传说，看到近古的生存方式，可他来得太迟了。英国占领者早已改造了这些高地氏族部落的习俗。他为之惋惜却无可奈何，也表示尊重文化传承和历史选择，提醒人们向前看。

旅行让他自审反思。他开始说高地人忽视种树，后来他对高地环境有更多了解后，他发现这个说法没有考虑全面。人们“很快就能发现，为什么这个地方罕有供应这些必需品，因为很少人去关心这些想象的愉快”。这里他自责追求自己“想象的愉快”，而忘了他人切身的生存条件。即使完成了考察并认真思考记录出版旅行书，他在书的结尾还是告诫自己：“我关于民族生活方式的这些思考，只是其中见闻不多的人的一种思考。”[④]

在约翰生的考察里，“方式”（manners）与“生活”（life）不同，而“方式”虽不同，可“自然”（nature）到处都是一样的。有研究者指出：“他在旅行写作中，一边是严厉的理性批判者，一边是抑制不住的想象的追求者。”“他

---

① ［英］约翰生、鲍斯威尔著，蔡田明译：《惊世之旅——苏格兰高地旅行记·译者序》，北京：国际文化出版公司 2011 年版，第 5 页。

② 泰勒和摩尔根分别为“文化学”和“人类学”科学研究的奠基人。参看陈华文：《文化学概论》，上海：上海文艺出版社 2008 年版，第 16、24 页。

③ John Wiltshire, From China to Peru: Johnson in the Traveled World, in Clingham (ed.), *The Cambridge Companion To Samuel Johnson*, New York: University of Cambridge Press, 1997, pp. 216 – 219. 描写见［英］约翰生、鲍斯威尔著，蔡田明译：《惊世之旅——苏格兰高地旅行记》，北京：国际文化出版公司 2011 年版，第 31 页。

④ ［英］约翰生、鲍斯威尔著，蔡田明译：《惊世之旅——苏格兰高地旅行记》，北京：国际文化出版公司 2011 年版，第 118 页。

在古典的普遍性的观念和现代的特殊性的兴趣之间挣扎。”[①] 作为读者，我们既能看到他的矛盾性，又能看到他的一致性。

文化是多元的。旅行见证各地文化民俗的不同色彩。我们可把约翰生的“了解当地人的风土人情和生活方式”看作特殊性，是“同一”中的“理一分殊”。正是特殊的“生存方式”而不是普遍“生活”，激发他出外旅行看世界的兴趣。他渴望旅行，如同《幸福谷》的王子，要检验“外国的风俗和规则”。这似乎与他深信“真理的稳定性，人类生活的普遍一致性”这些“同一”的特征看法相违背，但实际上它们是相辅相成的。正是这个“生活方式”合理存在的特殊性，又直接导致民族生活各异和文化多元的普遍性。文化传播后的原有“文化增值”，将呈现出为普世接受的文化形态，它既不是“西化”，也不是“东化”，而应是以人同一心理为基础的“多元化”。

第四节 约翰生思想的启示意义

上面介绍了约翰生关于普遍“同一”和特殊“生存方式”的一些看法，同时探讨了他思想观念的源起和形成，不妨说，这些构成了约翰生独特的“世界主义”的基本内容。这些看似保守的“异见”，有助于我们认识理解文化传播过程所呈现的三个基本变化或现象，即传播带来文化“相同”，引起文化“碰撞”，产生文化“增值”，[②] 从而尽量避免简单化、片面化的思维。它们的启示意义主要有以下三个方面：

其一，约翰生主张的“同一想法”在文化传播上有普遍指导意义。它不仅认可文化“相同或相似”这个趋同现象，而且为传播中的“文化碰撞”提供解决问题的思路，给文化增值提供创造动力。约翰生考虑人性同一心理，针对种族歧视这个层面，强调不分种族，人人有同等话语权，要文明、道德、公正、平等地解决殖民地文化变迁或进化的问题。他的“同一”思想有特定内

① John Wiltshire, From China to Peru: Johnson in the Traveled World, in Clingham (ed.), *The Cambridge Companion To Samuel Johnson*, New York: University of Cambridge Press, 1997, p. 223.

② 陈华文：《文化学概论》，上海：上海文艺出版社 2008 年版，第 172 页。

涵，注入了他的价值观。这不是后来人根据“同一想法”而发展为单向的文化传播，搞“世界文化一元论”。如史密斯的《古埃及人和文明的起源》（1911）提倡“埃及中心论”，或由此延伸的“东方化”，尽管它们对“西方化”是一种积极纠偏，但矫枉还是过正了。

约翰生的“同一”，看似与提倡“多元化”矛盾冲突，其实不然。文化传播带来的“相同或相似性”，是因为人类总会有“同一个梦想”、同一个想法、同一个愿望，把文化发展延续下去，造福自我和后代。过去地理隔阂，人类分居，老死不相往来，尚且能“人同此（一）心”、“心同此（一）理”，[①] 何况现代交通便利，文化大传播、大交流呢。人心所向必有相同趋同。这种以人之心性来面对文化扩散，而不是以地理国家划分东西文化来硬性推销、强迫接受，实际为“多元化”世界主义意识奠定了坚实的思想基础，仿佛预示着文化传播应朝“人性化”的趋势发展。因为“人本主义经济思想在经济活动中已经越来越占据主导地位”，不仅生产的产品要符合“人文精神”，而且生产过程要“以人为本”。[②]

“同一想法”坚持“以人为本”，本身必然包含多元体的共存。因为人人需要不同，文化层次必不同。约翰生强调无论种族优劣，都要按文明原则处理文化碰撞与冲突。这在我们漫长历史发展中有过经验和教训。如看中国唐朝处理“番汉”问题时，就能发现也有类似“同一”理念在起调解作用。开明君主李世民在总结自己一生的功业时，特别强调“自古皆贵中华，贱夷狄，朕独爱之如一，故其种落依朕如父母”。唐初名将李靖也曾说过：“天之生人，本无番汉之别，然地远荒漠，必以射猎为生，故常习战斗。若我恩信抚之，衣食周之，则皆汉人矣。”[③] 两人都本着人性共同“如一”来看待种族差异，而对消除由地理环境造成不同族群的隔阂，则采用“独爱”、“恩信”和“衣食周之”

① 与约翰生相似的钱钟书，被法国总统希拉克誉为有“全球意识”的作家。他在《管锥编》里有大量人心、文心思想相同的“理一分殊”论述。他的“比较”重在各国文学的“平行”而不是“影响”研究。所以“求同打通”是其文心所在。他主张“中州无外皆同壤”，实与当时提倡“敌我意识”、反对共同人性的社会思潮形成鲜明比照。参看蔡田明：《〈管锥编〉述说》，北京：中国友谊出版公司 1990 年版，第 35 页。

② 陈华文：《文化学概论》，上海：上海文艺出版社 2008 年版，第 230 页。

③ 引语分别出自《资治通鉴》卷 198 和《唐太宗李卫公问对·李靖卷上》。关于民族文化源起融合问题，可参看郭精锐：《中国神话与英雄传说》，广州：暨南大学出版社 2011 年版，第 73 页。

这些文明道德的方式，从而达到“皆汉人”的民族和谐局面。

在那个万水千山阻隔的年代，李世民与约翰生彼此无影响关系，两人心思却平行相通，可见中西文化依然有趋同之处。若把“皆汉人”概念推而广之，继续全球化，给力文化传播，最后能否达到人人不分种族思想“皆地球人”（世界公民）的大同世界理想，虽不乐观，却无妨拭目以待。

因此，约翰生“世界主义”的“同一”和“生活方式”观念，可以为东方古老的“求同存异”哲学注入新概念，为“理一分殊”提供新例证。所谓求同，就是求人类“同一想法”，不分种族贵贱，不分阶级敌我，不分大国小国，只有这样才能去实现人人平等自由和世界和平大同的梦想；所谓存异，就是尊重不同民族的“生存方式”，也尊重文化历史发展的淘汰规律，从低级文化向高级文化进步。

其二，约翰生肯定并欣赏的人类特殊的“生存方式”，为“存异”的“多元化”提供坚实的思想基础。如果“同一想法”是一种“包容”，人的想法都有同一性，不分种族身份，一律平等对待，那么，“存异”就更直接是一种“宽容”，允许不同“生存方式”的文化思想同生共灭。

考虑到人类进化非常缓慢，文化传播带来的“文化增值”受益现象总是有个不断积累的过程，因此慎重地对待和吸收所谓“异”类民族文化思想就很重要。约翰生很清醒地意识到，人类思想随人之善恶本性，随时都有前进与倒退的特点。所以他说：“看似知识的洪水，灌输了整个一代，可退潮后留下一片干枯荒漠的大地；突然闪耀的智慧星光，给阴暗的地区带来一时灿烂光辉，可突然熄灭的光亮，又给人类继续暗中摸索自己的道路。”[①] 历史进程谁说不是这样反复曲折地折腾，不是那样五十步笑百步地迂回前进呢？过去“异”类的东西有可能是今天“同一”的思想内容。如上述约翰生在他的时代提出的前卫思想，曾被当作一种“异见”或“保守”观念被一段“进步”、“革命”的历史所摒弃，而麦考莱的“进步”实为“落后”。因此，不能贸然以文化传播带来的趋同的“相同或相似性”现象而排斥一切不同质的“异”类文化思想存在。多元文化思想既为普世的新文化带来生机，也为原有文化形态带来内容附加值。

---

① ［英］塞缪尔·约翰生著，蔡田明译：《人的局限性——约翰生作品集》，北京：国际文化出版公司 2009 年版，见第 217 页和“译者序”的分析，第 14 页。

其三，约翰生坚持不断地“旅行”，有助于开阔视野，增加见识，避免偏见和独断。全球化形成的一个重要标志，不仅是通信、书籍、电视、网络的空间时效加大，而且更直接的是实地旅行及旅行文化的广泛普及。旅游成为丰富生活之必需，因为异文化总是有吸引力，实际阻止了文化单一化。实地旅行能直接感受和比较文化冲突和文化变迁，进而提升文化创造力。约翰生之所以能客观地看问题，既与他读书多有关，也与他面对生活实际有关，更与他独立思考有关。这种独立自主的创造性思维，是我们面对文化传播中发生文化冲突时应必备的。如面对求什么“同”与存什么“异”的选择中，思想家尤其决策的政治家不能缺乏独立的自由思想，不应屈从于环境大势。

比较而言，“求同”比“存异”更为重要迫切。[①] 全球化及文化传播必将日益扩大人们的全球视野，培养人们的宽容思想。解决人类思想文化争执并向大同世界迈进，需要培养维护“求同存异”或“和而不同”的共同意识。“求同”和求“同一”应是世界文化永远向前发展的潮流。因为人类文明的“同一”或共同价值，是在漫长的历史发展中逐渐形成的，不能因特殊而无视和轻蔑。若执着于“不同”、“特殊”，无视“大同”、“同一”价值观，甚至坚持对立对抗的思想主义，文化传播将非常有限，终将影响全球化和平发展。至于“同一”具体内涵即普世文化普遍主义的价值观是什么，将是因人因国而异、需要长期共同协商探讨的问题。

值得注意的是，世界经济一体化，至今还未能达到各国之间互通有无和公平平等的贸易竞争，还有点类似当年欧洲人因劳力资源短缺（当今是人工成本昂贵）开始向北非和中东地区开展贸易的延伸的“殖民化”，没有改变大国强族要比小国弱族具有优胜势力的趋势。这种占优势的经济，在文化上又直接导致文化传播中的偏向、偏颇、偏激，看似强势文化与弱势文化或先进文化与落后文化在激烈博弈，而强者似乎总是有理。我们对此提防和警觉是必要的。中国崛起成为全球化的关注点，所谓21世纪是“亚洲世纪”、“中国世纪”的说法似乎越来越接近一种实际。若在不远未来，硬把大国崛起特色作为文化一体化思想或纳入“同一”中心观念来大力宣传推广，便会遇到约翰生时代面临的同样的霸权支配垄断问题。世人对此担心也不无道理。

---

① 钱钟书早在阶级和文化尚未完全对立对抗的时期就有“求同”的远见卓识。参看蔡田明：《钱钟书与约翰生》，《中山大学学报》（社会科学版）2012年第5期。

反思“全球化”是当务之急。尤其在金融风暴和欧洲债务危机之后，全球化问题在当前更充满危机和挑战以及恐惧和希望，所谓“风险社会”几乎到处存在。当今的“全球化”很不同于前两个世纪的殖民化、西方化，也不尽同于约翰生当年的“世界主义”、“帝国主义”。正在形成并继续发展的“全球化”的格局，牵一动百，有可能让本来就不太平的世界变得更加动荡不安，导致约翰生曾暗示过的全球“悲惨日”不幸再现。我们应谨慎地推动全球化，防止惧怕和狂热的两极偏颇，坚持人类“同一想法”，求大同存小异，应对挑战。在文化传播下，借全球化之风，把人类文明共通、共享、共产的“同一”价值文化不分东西地传播下去，让这个世界的明天更加和谐美好。

第二章

全球化背景下的中国文化形象传播

在当今世界，不同国家的人们都能体会到“全球化”带来的影响和改变。伴随着全球化在政治、经济和文化领域的不断深化，越来越多的发展中国家都逐渐选择了与世界接轨，以开放的姿态参与到全球化的竞争中。1978 年，中国开始实行改革开放，由此步入以全球化为背景的新的国家发展时期。

时至今日，中国稳步地走向世界舞台的中央。与此同时，“中国威胁论”、“中国独秀论”、“中国美丽论”和“中国崩溃论”等也开始在一些国家滋生蔓延，给中国与世界的对话制造阻碍。这说明国家硬实力的增强并不意味着软实力的自然增强。只有中国的文化与价值观念得到国际社会的普遍认同时，其软实力才会真正提升。为了让中国更好地走向世界，让世界更好地了解中国，中国的文化需要与世界文化进行交流与对话。

由此可见，文化是国家形象中最为重要的组成部分。我国学者认为，国家形象的内容首先是“一种主体意识，是国家或民族精神中的闪光点。它是在历史文化传统的基础上，融入现代化的要素，经萃取、提炼而成的”①。同样，西方相关研究也指出“（全世界）没有几个国家可以说是幸运到足够富裕，但是所有的国家都具有丰富的隐形财富（intangible assets），即文化、历史、地缘、人文和知识资本……当全球经济日渐以服务、知识资本和虚拟产品为推动力时，一国的人文资本就成为其经济发展的核心要素了”②。

在这样的背景下，中国在介绍说明中国时，发挥了怎样的作用，其塑造和展示的中国文化形象具有怎样的特征，传播效果如何？为此，本章以在欧美上映并具有较强代表性的中国影片为案例，依据社会学对“文化”的定义，③ 从文化信仰（the cultural beliefs）、文化价值观（the cultural values）和文化规范（the cultural norms）三个方面，通过与西方文化观念进行对比分析，对全球化背景下的中国文化形象进行评价。

---

① 程曼丽：《国家形象塑造及其问题与对策》，周明伟主编：《国家形象传播研究论丛》，北京：外文出版社 2008 年版，第 16 页。

② Simon Anholt, *Competitive Identity: The New Brand Management for Nations, Cities and Regions*, New York: Macmillan, 2007, p. 113.

③ Anthony Giddens, *Sociology* (4th *edition*), New York: Polity Press, 2001, p. 21.

第一节　全球化语境中的中国文化信仰

根据社会学的解释，文化信仰是“被社会成员共享、合作和交流的文化要素，它们形成了社会中个体赖以生活的基本环境”①。从这个角度上说，思辨、原则和成长的痛苦（growing pains）构成了西方文化基本环境的核心要素。

早在古希腊时期，苏格拉底（Socrates）就提出“辩论”（argument）的研究方法，认为唯有如此人们才能区分“谁是智者（who is wise），谁是伪装的智者（who pretends to be wise）和谁是愚人（who is not）”。因此，西方受众的文化习惯是由传播者提出问题，并非直接给出答案。相反地，内容生产者是在“编码”（coding），让受众进行思考并最终得出自己的结论。由此可见，评价文化内容的主要指标在于其中是否对生活中错综复杂的问题有着哲学层面的关注与深思，并能够借此提出有意义的问题，以激发观众“解码”（decoding）的激情，从而赢得认同。

“原则”（principle）在维护西方文化环境的和谐与秩序中发挥着根本性的作用，甚至从《圣经》中就可以得到解释。《圣经旧约》和《圣经新约》的“约”（testament）就是指“约定”（agreement）。在《圣经》中，建立并信守“约定”几乎贯穿了所有的故事。其中，《出埃及记》（Exodus）中的“十诫”（Ten Commandments）就是具有代表性的例子。此后，“按照原则生活”（living by principles）成为西方人普遍接受的理念。有赖于此，西方文化中关于什么是原则，该如何对待坚守原则和怎样审视与判断原则成为人文学科的基本命题。根据这样的文化背景，西方人在欣赏电影作品时，其着力点是在分析创作者对于上述关于“原则”话题的思考以及质量。

“成长的痛苦”是西方文化对人生意义的一种定义。在西方人眼中，一帆风顺的人生不是生活应有的面貌，也不是质量饱满的经历。对此，西方学者都曾以不同的角度进行过阐述。以17世纪英国作家约翰·班扬（John Bunyan）的

---

① ［英］安东尼·吉登斯著，赵旭东、刘琛等译：《社会学》（第4版），北京：北京大学出版社2006年版，第21页。

《天路历程》(*The Pilgrim's Progress*) 为例，主人公克里斯汀 (Christian) 寻找 "圣城" (the Celestial City) 的故事就是在展示人生是一个漫长的旅程，伴随着我们的是 "成长"。克里斯汀曾先后遇到过三个伙伴，分别是 "易变" (Pliable)、"尽忠" (Faithful) 和 "希望" (Hopeful)。这三个旅伴代表着成长的三个阶段。"易变" 象征着在人生的起点容易点燃梦想，也会轻言放弃；"尽忠" 则表达了更加成熟的人们虽然有着为理想而奋斗的执着，但是缺乏生活的智慧；而只有经历并承受了成长的苦难和艰辛的人最终才可以与 "希望" 为伴。从中不难发现，在西方文化信仰中，"人生" 在很大程度上就是 "成长"，因此，先于一切的是如何解释成长的本质，以及面对成长应有的态度。其实，对于该怎样理解 "成长的痛苦"，西方社会已经有了一个基本的共识，正如叔本华所指出的："世界是昙花一现的，充斥着痛苦。但是涅槃之路带给我们至高无上的安宁……让我们幸福地生活，尽管我们微不足道。我们应该像光明之神，充满幸福。"① 那么，对于西方观众来说，他们渴望看到的是电影在本质上是否认同或者升华了对于 "成长的痛苦" 的解读。

通过上述分析可以总结出西方文化信仰的主要构成及其阐释的演变，这为评价中国文化形象的传播效果提供了具有可操作性的指标。

整体上，20 世纪 80 年代走出国门的中国文化产品对中国文化信仰的表述与西方的文化思想是契合的。以当时创作力旺盛的中国第五代导演为例：在《黄土地》(*Yellow Earth*)、《红高粱》(*Red Sorghum*)、《菊豆》(*Judou*) 和《大红灯笼高高挂》(*Raise the Red Lantern*) 等中国电影中，西方人看到了 "超越了悲剧情怀的英雄主义……有勇气去担当生活选择的后果，并将其视为 '活着'"②，"(中国电影) 就如同政治寓言 (political allegory)，彰显了老一代的中国知识分子无怨无悔地为拯救国家而奉献一切的情怀"③，以及 "中国人同样认为人生是一次伟大的旅程……我们都力图解开其中的奥秘，

① 汤用彤著，钱文忠译：《叔本华思想中的东方因素》，http://www.csscipaper.com/zhexue/xifangzhexueshililun/81896_2.html，2011 年 12 月 28 日。

② Yuejin，Wang，Red Sorghum，Mixing Memory and Desire，in Berry Chris (ed.)，*Perspectives on Chinese Cinema*，New York：Cornell University Press，1985，pp. 80 – 103.

③ Anne Sytske Keyser，Chinese Films at the 1992 Rotterdam Film Festival：On Chen Kaige，Zhang Yimou and More，*China Information*，1992，Vol. 19，Issue 6，p. 22.

但是我们却永远无法找到答案。我们能知道的只有我们的人生是我们自己的，是对苦难的承受”①。

可以说，这一时期的中国电影诠释的是普通的中国人，他们对人生朴素的追求、发自内心的热爱，尤其是东方式的情怀深深触动了怀有相似文化信仰的西方观众。例如：在评价陈凯歌的两部作品《黄土地》和《孩子王》（*King of the Children*）时，研究者普遍认为前者在探讨生命的意义时，更多的是着重于知识分子层面的思考，作品看似讲述普通人的故事，但实际上是抒发创作者的人文情怀。然而，《孩子王》里年轻且充满理想主义的老师却是在真诚地演绎着“小人物”的真情实感，由此而更加贴近了西方人对“英雄”和“成长”的认知。正是这样的创作让陈凯歌成为“最伟大的中国电影导演之一，如果不是最伟大的（if not the greatest）”②。

与20世纪80—90年代走出国门的中国文化产品有所不同的是，近十余年来西方国家认为中国的文化信仰发生了较为明显的转变。仍然以“第五代导演”的作品为例：张艺谋的《英雄》（*Hero*）和《十面埋伏》（*House of Flying Daggers*），以及陈凯歌的《无极》（*The Promise*）等获得“金球奖”提名的作品，都不约而同地将时间背景放在了中国古代，在立意上令观众不禁联想创作者也许希望从传统中寻找解释当下中国社会，甚至世界在变革中遇到的诸多问题的方法。但是，看过这些影片后却发现故事里并没有将阐释和树立“文化信仰”作为重点之一，因此文化的符号代替了文化的内容。对此，西方评论指出“追求国外投资，进入国际市场成为电影人的生存战略”③。此外，造成这种文化意识滑坡的原因还在于“中国试图通过建构某种神秘的历史感来向西方兜售自己的产品，甚至不惜重构东方主义（orientalism）以迎合西方固有的偏见与傲慢”。最近一段时期

---

① An Jingfu, The Pain of a Half Taoist: Taoist Principles, Chinese Landscape Painting, and King of the Children, in Linda Erhlich and David Desser (eds.), *Cinematic Landscapes: Observations on the Visual Arts and Cinema of China and Japan*, Austin: University of Texas, 1994, pp. 117 – 125.

② Anne Sytske Keyser, Chinese Films at the 1992 Rotterdam Film Festival: On Chen Kaige, Zhang Yimou and More, *China Information*, 1992, Vol. 19, Issue 6, p. 23.

③ Sheldon H. Lu, National China, Cultural Critique, Transnational Capital: The Films of Zhang Yimou, in Sheldon H. Lu (ed.), *Transnational Chinese Cinemas: Identity, Nationhood, Gender*, Honolulu: University of Hawaii Press, 1977, pp. 105 – 136.

以来，西方观众已经逐渐对中国是否能够代表“东方文化”提出了质疑，这进一步阻碍了中国电影对中国文化信仰的介绍与传播。以刚刚登陆北美市场的张艺谋的《金陵十三钗》（*The Flowers of War*）为例，好莱坞的影评认为，“只有那种最粗制滥造的好莱坞电影制片人才会想出以这种方式来拍一部电影——在南京大屠杀这一惨绝人寰的历史事件中加入色情卖点——而这却正是《金陵十三钗》的核心元素，这让经戏剧性渲染的历史时刻变得矫揉造作，而且毫无说服力”①。

综上所述，就“文化信仰”在欧美的传播效果而言，可以分成两个阶段。在20世纪80—90年代，中国文化信仰中蕴含着人文关怀和浪漫主义的英雄情怀，以及知识分子的厚重的历史责任感。通过这些来自中国的文化传播产品，中西文化中共通（universal）的一面得以展示。然而，近十余年来，走出国门的中国文化传播产品却削弱了对文化内涵的思考，反而着眼于有形文化（tangible）的部分，影响了文化传播效果。毕竟，文化符号只能表达文化思想而不能代替文化思想。值得重视的是，同样是近十年来，中国的迅速崛起引发了西方前所未有的重视，也是在这一时期，世界渴望了解中国从哪里来，它未来的发展会是怎样的一个方向，中国的崛起将给世界带来什么。在全球金融危机的背景下，这种关注已经带有敏感、焦虑，甚至不安的成分了。由此可见，中国话题已经日益集中于“文化信仰”，那么这个阶段中国文化影响力的下降就值得格外重视了。

第二节　全球化语境中的中国文化价值观

社会学家们认为文化价值观是限定什么是重要的、值得的和合意的思想观念的标准。当人类与社会、世界进行互动时，这些抽象的观念赋予他们意义并提供指导。② 概括而言，文化价值观的本质是生活态度的体现。

---

① Todd McCarthy, The Flowers of War: Film Review, http://www.hollywoodreporter.com/review/flowers-of-war-film-review-christian-bale-272125，2012年5月10日。

② Anthony Giddens, *Sociology* (4th edition), New York: Polity Press, 2001, pp.23-25.

以西方文化历史演进为视角，可以发现西方文化价值观推崇的是乐观主义和勇气。对于西方人来说，重要的不是一个人是谁，而是他做了什么，他做了什么界定（defines）了他是谁。在这方面，海明威（Ernest Hemingway）塑造的一系列硬汉形象是较为经典的范例。以其著名小说《老人与海》（*The Old Man and the Sea*）中深入人心的片段为例，面对鲨鱼的挑战，主人公桑迪亚戈（Santiago）充满激情地喊出："人不是生来可以给你打败的，一个人你尽可以消灭（destroy）他，可你就是打不败（defeat）他。"在小说的结尾，看似失败的老人却仍然在睡梦中再次看到了狮子。

这种西方文化价值观的基本诉求在困难时期也体现得非常鲜明。以20世纪30年代第一次世界性经济危机时期的英国电影《边走边唱》（*Sing as We Go*，1934年）为例，这是当时深受人们喜爱的一部电影，被誉为是献给"大萧条"的一首颂歌。女主角格蕾丝（Gracie Fields）被英国人亲切地称为"我们的兰开夏姑娘"。在面对困难时，她总是高声歌唱，"这成为英国电影反映'大萧条'的具有代表性的画面。这个画面意味深长地展示了英国社会如何定义稳定与和谐"①。影片中的格蕾丝总是勇敢地面对困难，认为这是一种精神，"面对困难要勇敢和坚强"。她喜欢说，"如果我们不能织布，至少我们还能唱歌，而且我们在排队领失业救济金时，可以练习"。

通过上述分析，可以发现西方的文化价值观虽然也因国别而有所差异，但是其相似之处是强调人不应该因为挫折而丧失个人的尊严，更不能泯灭对自身文化的自豪感。困难甚至苦难都是可以克服的，关键在于怎么面对。对于西方文化价值观的基本梳理成为评价中国文化价值观传播效果的一个门径。

当中国的文化传播产品中，以中国故事表达了相似的文化价值观时，西方会产生较为强烈的共鸣。以1991年陈凯歌的《边走边唱》（*Life on a String*）为例，这部电影改编自史铁生的小说《命若琴弦》。电影中的盲人老琴师带着自己16岁的徒弟石头，在一个夏天，在中国的大西北，就那样地走着，走着，无所谓从哪里来，也无所谓到哪里去。老琴师觉得在这个

---

① Anthony Aldgate, Ideological Consensus in British Feature Films 1935 - 1947, in K. R. M. Short (ed.), *Feature Films as History*, London: Croom Helm, 1981, p. 105.

炎热的夏天，他会弹断第一千根琴弦，他热切地期待着。这部作品以明朗、快乐的调子述说着生活的苦难，影片里面强调的文化价值因此而深深地触动了西方观众的心弦。当听到“人生的目的是虚设的，可非得有不行，人活着必须有一个最美的梦想”，他们就会联想到自己也经常说的“去梦想梦想”（dream the dream）；当看到“残疾无非是一个局限。健全人也有局限，这些局限也送给他们困苦和磨难”，他们会回忆起约翰·弥尔顿（John Milton）和他在作品里面所表达的同样的思考；当感受到“生命就是这样一个过程，一个不断超越自我局限的过程，这就是命运，任何人都是一样”，他们会从希腊神话、文艺复兴的戏剧等几乎所有西方文化传统里聆听到这种启示；当看到在生活中承受内心煎熬的两个普通的中国人时，西方观众会联想到田纳西·威廉斯（Tennessee Williams）的同类作品，以及其表达的观念：“更多的时候，人们被封闭在自己的情感空间里，因此也愿意成为野蛮暴力的受害者。当本我——肉体、精神和欲望——无法平息内心的骚动时，只有死亡才能使之落幕，只有殉难才能使人获得救赎。”①

与此相似，20世纪90年代走向海外的中国文化传播产品更多的是传递中国人对生活和生命的深刻感悟。在此，中国的文化价值观承认在这世界上，人们总有偏爱的东西，总有未完成的事情，而所有的欲望的苦只能通过赎罪才能解脱，所以唯有“牺牲”才能使欲望得到最完美的实现，而这也恰是基督教的精神所在。如果救赎是人们心灵生活的最基本需求，那么牺牲就不可能是一种消极的逃避和绝望的认输；把死亡看成是结束的人内心只有恐惧，而将死亡视为殉难的人却满怀希望；恐惧当然是软弱的表现，而信心则是力量的象征。正是因为这些作品展示了中西方文化价值观的共通之处：一种生活的态度，文化的对话才产生了真实的传播效果。

步入21世纪，中国电影的国际传播硬实力不断地提升。但是，这个阶段中国强调的是向世界说明改革开放30年后，在成为世界第二大经济体后，它在树立怎样的文化价值观的责任。总体上说，以中国形象宣传片为代表的各种中国国家形象展示，较为全面地体现了全球化进程中中国人的精神面貌。从这些传播产品中，中国人的梦想、追求和迷茫都不同程度地得到

---

① Tennessee Williams, *Memoir*, New York: Doubleday, 1975, pp. 103 - 106.

描述。因此，西方大众在某种程度上能够感受到“中国人是人民（people），我们是人民（people），我们在本质上是一样的（We are essentially the same）”[①]。

显然，全球化给走向海外的中国电影提出了一个时代性的新命题：在国际局势因各国、各地区的密切联系而逐渐复杂化的背景下，文化价值观作为国家文化形象的重要组成部分，日渐成为赢得各国人民的尊敬与认可的关键因素。问题在于一国的形象是积极的还是负面的，是真实的还是虚假的，都“直接左右我们对其他地方，那里的人和那里的产品的态度”[②]。

第三节　全球化语境中的中国文化规范

社会学理论认为一个社会的文化既包括无形的方面，例如文化信仰和价值观，这是文化的内容；也包括有形的方面，它们表现着文化的内容，这就是规范。[③] 一般说来，规范反映着某一文化的价值，它包括行为、实物和符号等。

在全球化背景下，文化规范已经上升到民族模式的高度。以电影文化研究为例：苏联的电影文化规范被形容为“社会主义的现实主义”，主要是指“（斯大林时代的）政府要求电影必须采取简单的形式，使电影掌控于政府手中”[④]；德国电影则深受魏玛共和国时代的影响，充满了绘画、造型艺术和戏剧的印记；意大利电影文化则是没有经历自然演化的一种令人无法预见和界定的融合文化。虽然欧美各国的电影文化表现形式各不相

---

① Julian Borger, Ewen MacAskill, Phillip Inman, Chinese State Visit to US: Hard Power Meets Soft Power, *The Guardian*, January 19, 2011.

② Simon Anholt, *Competitive Identity: The New Brand Management for Nations, Cities and Regions*, New York: Macmillan, 2007, p. 2.

③ ［英］安东尼·吉登斯著，赵旭东、刘琛等译：《社会学》（第4版），北京：北京大学出版社2006年版，第21页。

④ Denise J. Youngblood, *Movies for the Masses, Popular Cinema and Soviet Society in the 1920s*, Cambridge: Cambridge University Press, 1992, p. 34.

同，但有一个共通处是不能认同“接受过高等教育的资产阶级拍摄出‘同情’无产阶级的影片，但却没有分析自己的特权地位，因此显得自相矛盾”①。

上述对“文化规范”的探讨有助于西方观众厘清中国电影所表现的中国人的行为，以及对文化符号的判断习惯及背后的原因。

与“文化信仰”和“文化价值观”等两个评价指标显示的结论相似，整体上，仍然是20世纪80年代末至90年代中期的中国文化传播产品刻画的中国文化规范得到了更加广泛的肯定。这主要体现在以下两个方面：

一方面，这一阶段“中国人”的形象是不同于西方视角下的刻板印象的。长期以来，西方观众所熟悉的要么是“黄祸”的代表傅满洲博士（Fu Man Chu），聪明能干却又狡诈，是西方人的梦魇；要么是陈查理（Charlie Chan），虽然对西方不构成威胁，但是没有人格魅力。然而，西方人从中看到了中国文化具有许多他们从未了解的特征，最重要的是西方看到了中国文化规范有极强的个性，在绵长的中国文化历史中有着极高的调和性与妥当性。这是中国文化中优秀的部分，也是值得西方文化学习和了解之处。

另一方面，中国文化符号的运用让西方人看到了中国文化的个性特征，而这些是令西方感兴趣的“东方特征”。陈凯歌的《边走边唱》里面的“琴”、“旅程”、“渡过河流”；张艺谋的《大红灯笼高高挂》里面的四位姨太太的身份（identity）、“灯笼”、“院落”。此外，张原的《妈妈》（*Mama*）和吴子牛的《晚钟》（*Evening Bell*）等都让西方叹服中国人心灵生活的激情或人类意义的爱。

通过以“文化规范”为视角进行分析，可以得出与国际政治领域入手进行的中国文化对外交流所不同的研究结论。后者普遍认为目前中国已经成为很多国家最大的贸易合作伙伴、留学生来源国和新移民来源国，也是最大的旅游客源国之一，而且汉语已经成为很多国家的第二大语言（如在澳大利亚）。因此，西方国家会自然而然地深化对中国文化形象的理解，了解中国人的想法。然而，以跨文化研究为切入点，可以看到文化传播作

---

① ［英］凯文·威廉姆斯著，刘琛译：《一天给我一桩谋杀案：英国大众传播史》，上海：上海人民出版社2008年版，第281页。

为软实力建设的核心组成部分与硬实力的提升不一定成正比。仍然以中国文化规范在澳大利亚的传播为例：笔者于2008年曾在墨尔本主持完成了一项相关调查。受访者表示中国文化是“陌生的”（estrange）、“神秘的”（mysterious）和“异质的”（eccentric）。此外，对于中国文化崇尚的“勤劳”、“艰苦创业”等美德也非常不了解。例如：在问及“你心目中的澳大利亚华商形象”时，受访白人大多会认为：“华人店跟白人店不同，全年365天营业，（这些中国商人）也许希望一年有367天，一天有26小时，这样他们就可以赚更多的钱了。白人不同，不能一天到晚地工作就为了钱吧?”或者“华人旅行社收费低，还不要小费。这是因为他们的人工资低，愿意加班挣一点点加班费。我想我不会为他们工作。他们的理念（idea）有问题”。

中国国家硬实力的提升并不能够带来其文化规范被自然而然地接受。这说明中国文化规范如果要得到认同，中国文化传播在内容和形式上还需要突破。

全球化背景下的国际传播环境变得更加复杂，这为文化传播和国家形象展示提出了更高的要求。近年来，中国的传播观念正在发生深刻变化，这是“党和政府执政能力、执政信心不断增强的体现，这表明党和政府已经开始突破‘泛政治化’的思维方式的束缚，逐步树立民主社会责任政府、法制政府的良好形象，正在积极主动地应对全球化信息社会的历史潮流带来的挑战”①。

在这种情况下，中国如何更具针对性和解释力地展示自己的文化核心内涵，并塑造一个值得尊敬的文化形象是一个重要的课题。有必要指出的是，在文化形象建设方面，美国已经显示了相当强的实力。以好莱坞电影为例（见下表）：

由此可见，在“中国走向全球化”的进程中，中国文化形象必须最大限度地赢得不同文化的信任与欣赏。如果中国文化及其变化不能够为其他国家的人们所关注，使其产生相互学习的愿望，那么，中国的对外传播就不能够被称作是真正具有建设性的。

---

① 林如鹏、张碧红：《应急状态下的信息公开与传播策略》，《暨南学报》（哲学社会科学版）2011年第4期。

好莱坞年度票房冠军影片统计表（2000—2012 年）

年份	票房冠军	全球票房（百万美元）
2012	借东西的小人阿莉埃蒂 （*The Secret World of Arriett*）	126.4
2011	哈利·波特与死亡圣器（下） （*Harry Potter and the Deathly Hallows Part* 2）	1 328.1
2010	玩具总动员 3 （*Toy Story* 3）	1 063.2
2009	阿凡达 （*Avatar*）	2 771.5
2008	蝙蝠侠前传 2：黑暗骑士 （*The Dark Knight*）	1 001.9
2007	加勒比海盗 4：世界尽头 （*Pirates of the Caribbean*：*At World's End*）	963.4
2006	加勒比海盗 2：聚魂棺 （*Pirates of the Caribbean*：*Dead Man's Chest*）	1 066.2
2005	哈利·波特与火焰杯 （*Harry Potter and the Goblet of Fire*）	896.9
2004	怪物史瑞克 2 （*Shrek* 2）	919.8
2003	魔戒 3：王者归来 （*The Lord of the Rings*：*The Return of the King* ）	1 119.1
2002	魔戒 2：双塔奇兵 （*The Lord of the Rings*：*The Two Towers*）	923.3
2001	哈利·波特与魔法石 （*Harry Potter and the Sorcerer's Stone*）	974.8
2000	碟中谍 2 （*Mission*：*Impossible II*）	546.4

资料来源：http：//www.boxofficemojo.com/yearly/？view2 = worldwide&view = releasedate&p = htm.

检索日期：2012 年 5 月 10 日。

第三章

全球化与南粤文化

第一节　全球化与南粤文化身份

全球化是和平与发展成为世界主题的条件下中国改革开放以来的重要现象。中国对外开放的主要形式是引进国外资金、技术以及人才，以促进经济的腾飞。事实上，中国正是通过对外开放取得了举世瞩目的成就。中国加入世界贸易组织表明自己愿意接受，也必须接受世界市场的挑战，并期望借此谋取新的发展机遇。关键问题在于科学技术是第一生产力这种经济文化观念似乎并未成为国人的自觉意识。发达国家依靠其掌握的各行各业的核心技术可以操控世界市场，并从中掠取绝大部分的利润。中国若只通过引进国外现有或过时的技术来求取发展，世界市场便会永远由他人掌控，自己永远处于被动地位、弱势地位。这就要求中国必须加强科学技术的自主创新能力。广东历来得风气之先、开风气之先，能否在全球化的今天立于不败之地，关键也在能否率先提高科学技术的自主创新能力。科学技术产权与专利的法律规定，决定了当代的全球化是知识作为经济基础的时代。进一步说，经济全球化是覆盖全球的表面现象，因为其内核文化不可能无条件地被全球化，甚至还可能被赋予极强的反全球化性质。在推进全球经济发展向低碳转型的进程中，美国竟然违背为支援国际减排提供技术支持这个国际协约，再次表露出其反人道主义和自然主义的反全球化本质。全球化的当代实质是有知识权力限制的不平等的文化贸易。

现代的全球化始于15世纪末地理大发现以来欧洲对亚、非、拉部分地区的殖民统治。欧洲人的地理大发现不仅刺激了他们对海外市场的开拓，使其展开长期的殖民主义侵略和掠夺，打破了原来各大洲彼此孤立的局面，加速了资本原始积累，促进了资本主义在全球的发展，而且直接启迪了他们对自然、地理、天文、力学和数学等方面的具有全球性的科学认识。资本主义的全球战略与科技的发展相互作用、密不可分。资本财富的积累为科研创造了优越的条件。其社会化乃至全球化的大生产，必然要求机械化、电力化、数字化、新能源、新材料以及空间技术的力量，来取代有限的人力生产与传播，由此推动科学技术的发明。科技的发明与运用反过来推动着经济的发展。然而不合理的是，发达国家常利用先进的科学技术来增强军事力量，进而加深对殖民地区的统治，并进一步开掘世界市场，以致形成霸权经济和强权政治。工业资本主义的全球化具有多重意义：一是掠夺殖民地区的财富，剥削殖民地区的资源，给殖民地人们带来了深重的灾难；二是促进了诸如香港、澳门等殖民地区的经济发展，加强了世界文化的交流；三是激发起发展中国家强烈的主体意识，使之根据现在与未来的实际，制定有利于自身和全球的可持续发展战略，等等。中国“姓什么”并不重要，最重要的是看其能否通过科技的自主创新并将科技转化为强劲的生产力，由此来提高人民的文化与生活水平。这对于中国未来发展的任何一个时期恐怕都是适用的，但向西方学习是一个不可逾越的阶段。

全球化是一个由地区走向全球的过程。这可溯源至古代一个个地区内部及之间的经济往来、军事战争与文化传播。美索不达米亚地区由于自然资源分布的不平衡，以及地处欧、亚、非三大陆交通要塞的优越地理位置，与周围地区发生了商业贸易。苏美尔人、阿卡德人、亚述人、迦勒底人、波斯人等都先后在此建立过城邦国家乃至囊括整个地区的帝国，长期的战争促进了该地区文化的融合与流变。希腊半岛上也发生过城邦国家之间及与周围地区的战争，由于殖民运动，古希腊文化逐渐扩展到地中海周围。随着亚历山大大帝对波斯帝国和埃及的征服，希腊文化便扩展到这些辽阔地区，甚至到达印度边界。希腊文化的向外传播及其受相关文化的影响，史称“希腊化”。自希腊被罗马帝国征服后，希腊文化反过来征服了罗马文化。但罗马帝国扩张导致的文化混合，终究形成了与希腊不同的罗马文明。由于欧亚大草原千年不遇的自然灾害，北匈奴人从中亚经过里海进入顿河、第聂伯河流域，先后征服阿兰人、东哥特人和西哥特人，西哥特人便横渡多瑙河征服腐败的罗马帝国。南匈奴人则向南出兵，攻陷洛阳、幽州、并州、豫州等地，直至控制整个中原，当时的中原人不得不举族迁徙。地区性战争造成的民族迁徙与灭亡，对于古代欧洲与华夏文明的延续来说，都是一个极其严峻的考验。

因此有两种全球化：一种是天然资源与地理环境条件在全球的自然分布，[①] 这是不以人的意志为转移的；一种是人类为了谋求生存与发展和赢得各种利益而产生的必然趋势或进程。后一种全球化萌芽于人与人之间、相邻地区之间物物交换的时代，并在不断发展的过程中受到前一种全球化的影响，但能否在这种趋势中占据有利位置，从历史与现实来看，都是取决于特定地区的人们对自然、社会以及各种既有文化财富的认识、改造与创新是否达到了全球文明的制高点。因此，探讨地方文化在全球化进程中的身份，不仅是当前的重要课题，而且是一个恒久的课题。

论及地方文化，必然会触及一般划分的物质文化、制度文化和精神文化，也会触及文化研究关涉的整个生活方式。毋庸置疑，物质文化全球化是非常必要的，因为这是便利生活的需要。但万万不可忘却其中的绝大部分利润，正是归属于产品由来的核心技术的发明者或所有者。这是制度和精神文化必须面对的问题。倘若制度与精神文化本身不够健康，终将难以解决全球化中的种种问题。制度文化与精神文化均具有自指性，既需要自身的不断反省，也需要其他地方制度与精神文化的撞击。固守自身不够健全的制度与精神，就谈不上如何为最广大人民群众的生活谋福利，故任何国家和地区都非常有必要面向世界，借鉴与吸取全球范围内优越的制度与精神文化。作为特定生活方式的文化，它是特定物质实践、制度实践与精神实践中的生活文化。从长远计，融合当前宏观、中观与微观的视界，吸取古今中外优良生活传统的因子，由此表现出既有深厚历史积淀又有当代蓬勃向上精神面貌的生活方式与文化气质，也将成为必然。

南粤文化是指中国岭南地区的广东文化。这里采用“南粤文化”一词，是因为在称谓上，“广东文化”具有较强的行政色彩，“南粤文化”则更能传达出浓郁的地方意味。问题是，任何一个地区都可以划分至街道或村一级的行政区域，或者更小的地方单位，正如存在大大小小的地方名称一样，显示出众多有差异的形形色色的地方文化。倘若将中观层次的地方文化视为一个系统，那么，它内部是否有各具特色的子系统文化？各个子系统文化之间有何关系？这个文化系统与其外部诸多地方文化系统又有怎

---

① 李泽厚：《漫议全球化》，俞可平、黄卫平主编：《全球化的悖论》，北京：中央编译出版社 1998 年版，第 1 页。

样的联系？南粤文化包含以三大方言为显著标志的广府文化、潮汕文化和客家文化。从民族意义上说，南粤文化是南粤汉族文化和少数民族文化的共存。它们一方面分布在相对集中的几个方言区，另一方面也汇聚在相互交错与兼容的地方。从内外关系上说，南粤文化与北方文化和外国文化的交流都有着悠久的历史，从而构成全球化进程意义上的文化生产、传播、接受与创造。这对于南粤的物质文化、制度文化、精神文化、主流文化、精英文化、大众文化、民间文化以及学科研究对象上的多种不同文化而言，既有相同之处又有较大差异。

在文化研究语境中，文化身份问题是因移民意识到原籍文化与现居住地区文化的差异或冲突而产生的。文化身份研究主要关注移民对于包括自身民族在内的两种或多种民族文化的身份认同心理和认同经验。来自弱势民族的移民对自身文化身份的研究，尤其具有强烈的民族意识，也有跨民族和超民族的文化眼光。一个或多个民族总是在一个或多个地方上生活和繁衍的，人们对民族文化的记忆，更多的是对原住地的生活方式的记忆，但对新居住地文化的认同与接受，便使自身的文化身份具有了新的元素。进一步说，民族文化的身份是可以累积的、变迁的，民族文化与地方文化也存在相互重叠与融合之处。文化身份研究有意突出文化身份的民族性，实际上也具有浓烈的地方经验色彩。全球化语境中的地方文化身份研究也可融合民族视界，但将更侧重于文化的地方性与全球性关系及其在全球范围内的身份认同问题。

南粤文化身份的全球性主要表现在北方文化和外国文化在南粤的传承与发展、它的自我建树及其在全球范围的认同。

第二节　古代北方文化的南粤化进程

南粤文化存在一个由古而今的演化过程，充分体现了自身身份的地区性与全球性。最初的南粤文化是南粤的原始文化，经过漫长的时期，原始文化逐渐延伸与扩展，形成具有群落生态特征的百越文化。随着秦军入侵南粤并生活于南粤，百越文化与北方文化便开始共存和相互交融，正式步入北方文化的南粤化和南粤文化北方化的历史进程。自近代中西文化剧烈碰撞以来，南粤文化初步兼容西方文化。当然，一方面，越汉文化融合时期的南粤文化也出现中外文化交流的现象；另一方面，近代中西文化碰撞以来，南粤文化也一直保持与北方文化的交流。南粤作为一个文化汇集之地，其原有的百越文化、北方文化和外国文化都是新时期南粤文化的重要元素。鉴于全球化的最初含义是地区化，秦代以来北方文化的南粤化便成为突出论题。

根据现有考古研究，最初生活在南粤大地上的人类是距今约14.8万年的封开人，以及距今约12.9万年的马坝人。从石器工具、动物化石以及南粤独特的地理环境来看，马坝人的生活方式主要包括打制石器、采集、砍伐与渔猎，这便是旧石器时期的南粤文化。新石器时期，南粤文化延续了旧石器时期的洞穴文化，此外还包括珠江三角洲和韩江三角洲的贝丘文化。很长一段历史时期，南海西樵山被开发成大型的石器开采工地，生产大量打制石器和少量磨制石器，供珠三角地区的贝丘文化使用。公元前4 000年左右，深圳大鹏镇咸头岭出现了沙丘文化，生产有大量石制和陶制的生活用具。其中的陶器工艺制作及其上面的装饰艺术都非常精致，甚至可与同时期的北方文化相媲美。到新石器晚期，南粤出现过农耕、渔猎、饲养、石器的大型开采与使用、骨器和陶器的制作与使用等一系列相互交织的生活方式，颇具地方特色。此后至春秋战国时期，南粤大地的南越等部族之间，逐渐打破了原来的封闭局面，开始了以青铜器物为代表的文化交流，形成了有一定融合性的地方文化圈。该文化圈的各种器物、干栏式巢居、风俗习惯、道德风尚、图腾崇拜、祖先崇拜、语言文字、文化精神等方面，都表现出南粤的地方特点。大致而言，南粤原始文化与北方文化是平行发展的。其后，百越文化则开始了与北方文化的往来，百越的工艺、珍品曾作为贡品流入北方，北方的青铜器对百越也有一定影响。百越人曾到北方从事各种活动，甚至出任北方的宰相官职，参与北方的社会管理。

北方文化南粤化的起始主要以秦军入侵南粤并生活于南粤为标志。南粤虽有五岭作为天然屏障，但到了秦代也难逃战乱之患。越人比较熟悉五岭以南的地理环境，并在这个环境中形成了刚健勇猛、富于开拓的个性，故曾在敌众我寡的情况下屡挫秦军，但终究无法长期抗敌，从而使秦军占领百越局部要地。秦军的到来，直接改变了百越部族各自为政的松散局面。北方的行政制度迅速上升为南粤地区的主导文化，但百越人民仍然保持着自己的生活方式。南粤出现越汉之间既独立又融合的文化生态。秦军首领赵佗建立与统治南越国以来，越汉文化的交流与融合步入新境界。赵佗尊重百越文化，坚持与百越人民和平共处的原则，采取一系列发展包括南粤在内的岭南文化的政策与举措。生活上，赵佗仿效越人的头部打扮并更换越装，出现类似微服私访或官服平民化的现象；政治上，赵佗选用越人参与国家各级行政的管理，同时实行越汉通婚政策；经济上，赵佗采取无税收的财政制度；[1] 语言文字上，越人只有方言，尚无文字，赵佗便大力推广汉字作为官方文字。这些举措与政策大大促进了越汉民族和南北文化在南粤的双向融合，即百越文化的汉化与北方文化的越化。但是，南越国时期的器物与建筑艺术、音乐与舞蹈艺术以及饮食与民居等方面，都更具百越文化的属性，从而显示出汉越民族融合时的南粤文化，存在不同于当时北方文化的鲜明的地方特性。汉武帝时期，南越国重新回归汉帝国，广信取代番禺而成为南粤的文化中心。由此，珠江流域越汉民族融合的再生文化，便被追溯为最初的广府文化。粤语正是越汉民族不断融合而形成的方言。此后两千多年，南粤政治体制高度北方化、统一化，越汉文化也逐渐融入以儒教为代表的北方文化元素，但由于地方环境的特殊性而始终保持着某种远儒性。

与秦汉军民定居于南粤直接影响百越文化的发展相似，后来北方对越汉文化影响最深的也莫过于几次移民和韩愈等著名朝臣的到来，他们均为南粤增添了新的文化元素，有力推动了北方文化南粤化。

西晋后期始至南北朝对峙的300年左右，北方政治黑暗，战乱频繁，民不聊生，岭南政局与社会则相对安定。所以，大批难民及不少衣冠望族陆续举家南迁，其中一部分抵达南粤境内。这是继秦汉以来第二次大规模的移民入粤。南粤政权还不得不为之增设郡县。移民也为南粤部分地区带来比较先进的冶铁与铸造技术、农耕技术以及儒家礼教的文明气息，促进了南粤文化的发展。

---

① 李时权、李明华、韩强主编：《岭南文化》，广州：广东人民出版社2010年版，第153页。

第三次大规模的北民南迁发生于两宋时期。当时北方受到少数民族的南下侵扰，战事接连不断，加上统治阶级的腐败，京东、河北和淮南持续数年的大蝗灾，1117 年黄河在河间、沧州决口造成众多难民，以及宋朝对起义军和平民的血腥镇压等，逃避战乱的北方人民从北宋初期始便陆续南迁至南粤地区，至北宋末年和南宋灭亡时两度达到空前规模。北方移民通过陆路、河路和海路抵达南粤梅州、南雄州、潮州、惠州、南恩州、雷州等地，人数比例都远远高于原籍人口，因而普遍出现反客为主的现象。其中绝大部分是客家人和福佬人，他们因地制宜地传承、发展着当时比较先进的北方社会文化，覆盖了原来松散的百越部族，或使之成为少数民族。但潮汕的北方移民从五代始便在该地区繁衍生息，因而比客家人早了约一个朝代。两宋历史风云变幻中，有一部分移民尤其是曾定居于南雄珠玑巷、后来又继续向南流散的移民，应是被处于南粤中心地带且有悠久历史的广府文化所同化了，但同时也推动了广府文化的进一步北方化。可以说，当时黄河流域和长江流域的文化精华，包括农业、手工业、商业以及各种工艺与艺术，都逐渐被南粤化。更重要的是，移民中高素养的人士创办了州学、县学和书院等文化教育机构，有力促进了南粤教育的发展。由于区域、族群与方言等原因，南粤文化也初步形成广府、潮汕、客家和少数民族共同发展的文化格局。

到明代初期，南粤政治社会一直都比较稳定，随着北方文化的不断南粤化，南粤文化状况也逐渐接近甚至超过北方的先进水平。但明代后期内政腐败，陕北和南粤地区均爆发农民起义，由此造成近 20 年的内战，以及清兵的乘势攻击，致使北方部分难民再次迁徙至南粤地区，但其所到之处大多在荒山野岭。因此，这次北民南迁对南粤的积极影响都远远不如前几次。明室残军逃到南粤后发起反清复明的号召，激起南粤人民强烈的正统意识形态和抗清意志，部分起义军也参与抗清斗争。然而，清兵终究血洗了其所到之处的南雄、广州等地，给南粤地区带来毁灭性的灾难。但随着战争的停息及政局的稳定，南粤文化也开始复苏。

秦汉以来，南粤因险恶偏远的地理环境而成为北方政权流放罪官的一个重地。这些罪官多是正义且有文化修养的人士，甚至曾在军事、政治上作过重要贡献。他们被放逐到南粤之后，有的创办学苑、授徒讲学，有的关注民生、改进生产技术，有的兴办文化事业等等，为南粤文化发展作出了应有贡献，甚至产生了深远影响。唐代著名朝臣韩愈是其中最突出的代表。韩愈在潮州重振州学事业、放免奴婢，起着推行教化之风和革除陋俗的重要作用，深受当地人民的爱戴与拥护。韩愈的文章还被赵德进士编成六卷《昌黎文录》，直接为潮州输入了高级文化养分。

北方文化的南粤化是古代南粤文化变迁的主要特征。其中的要义大致包含以下几点：第一，北方文化南粤化在根源上均由北方统治阶级的权力意志造成。第二，北方文化南粤化是北方移民成为南粤主人而使北方文化成为南粤文化。第三，北方文化南粤化是当时北方先进文化在南粤的传承。第四，北方文化南粤化使原有的百越部族逐渐演化为少数民族。第五，北方文化南粤化逐步形成广府文化、潮汕文化、客家文化和少数民族文化共同发展的文化生态。第六，北方政权扩张、腐败和军事战乱等原因，客观上促成了南粤文化与北方文化基本同步的发展。就全球化意义上而言，古代南粤文化也非常有必要主动吸取有益于本地发展的北方的先进文化因素。

第三节　近代西方文化的南粤化因素

如果说古代南粤地区的全球化进程主要是北方文化的南粤化，那么近代南粤文化变迁的突出特征则是受外国文化的影响。

由于靠海的特殊地理位置，南粤从秦汉以来一直都是中外文化交流的重镇。著名的海上丝绸之路是经过南粤甚至是从南粤出发的。有中国特色的纺织和陶瓷产品便通过南粤传入同是沿海的东南亚一带，南粤也以本土的丝绸、铜器、铁器、金银和药材等物品，与东南亚的宝石、珍珠、椰子等进行交换。南粤亦有很多人出洋谋生，从而推动中外文化交流。15 世纪末地理大发现以来，欧洲资本主义开始海外殖民扩张。中国明清两代虽采取禁海政策，但南粤依然保持与海外的联系。自 1757 年至第一次鸦片战争结束，广州曾成为中国对外通商的唯一口岸。19 世纪以来，资本主义大批商人涌入南粤，很快破坏了清政府制定的贸易政策。中国官商十三行和广州私人商帮的表现也非常活跃，但与资本主义商人交易，难免形成巨大的贸易逆差。西方人向中国推销的商品除鸦片之外，还有军火、柴油机、蒸汽机、钢材、水泥、玻璃、肥料、西药、摄影机等，殖民者还直接从事原料的开发、经营。受西方商品和工业技术的影响，南粤在 19 世纪 70 年代兴建起螺丝厂、广州机器局和火柴厂，20 世纪初则开始兴盛水泥、砖瓦、水电、印刷、制革和交通等行业。近代西方工业技术的南粤化，可以说是南粤最初的改革开放。

由于中国的封闭政策，西方人一开始只能在东南沿海马六甲等地编辑出版报纸，并偷偷传入中国境内。但经过初期的殖民活动，西方人终于在南粤开创新闻出版行业，加速了相关信息的传播。1832 年，美国传教士在广州创办《中国丛报》；1833 年，德国传教士创办第一份中文刊物《东西洋考每月统记传》；1835 年，英国商人在广州创办《广州周报》，约四年后迁到澳门出版；1838 年，英国传教士在广州创办并主编作为第二份中文报刊的《各国消息》，主要介绍西方商贸、航运等信息。这些报刊对西方人和林则徐等中国人了解中国和世界概况提供了重要帮助。

由于长期的闭关锁国，中国人普遍缺乏对西方社会的认识，只有到过东南亚和在欧洲从事海上贸易的极少数人知道一些实情。1819 年到 1840 年有十几部关于世界史地的著述传入中国，但中国人却总是以半信半疑的态度视之。嘉应州人谢清高曾在海上随船漂流 14 年，他 1820 年口述并刊行的《海录》，其中还简要记述了西方对亚洲部分地区的殖民统治以及对亚洲土著和华侨的奴役。[①] 但直到 1838 年，《海录》才引起林则徐的重视。此后，林则徐出于战略防御的需要，带动译者、官吏、士绅、学者、通事、买办、教会学生、海归等，迅速兴起一股“睁眼看世界”的社会思潮，涌现出《四洲志》、《海国图志》（至 1842 年已有 50 卷本）、《外国史略》、《海国四说》等本土翻译和著述，让中国人看到了西方人的先进之处，也改变了固有的中国中心论观念。

鸦片战争证明，中国原有的军事技术力量不堪一击。这种形势迫切要求中国必须“师夷长技以制夷”。早在 1512 年，广东官员就探究过西方造船制炮技术，但没有形成风气和影响。鸦片战争初期，林则徐请人翻译西

---

① 刘圣宜、宋德华：《岭南近代对外文化交流史》，广州：广东人民出版社 1996 年版，第 98 页。

方武器制造和操作技术资料，以制造和使用类似武器与敌军对抗，同时还主持购买200多门欧美火炮，置于虎门要塞。这些都是西方武器最初的南粤化。南粤处于战争前沿，较早接触和研究了西方军事技术。1840年，曾在东南亚谋生的丁拱辰根据自己积累的西方炮术资料编写出《演炮图说》一书，并于1842年获准在广州燕塘按法铸造成功。丁拱辰先后研究出版《西洋制火药法》、《铸造洋炮图说》、《西洋用炮测量》、《西洋炮台图说》、《西洋军火图编》等著述，有力推动了西方炮术的南粤化。广东候补道潘仕成和广州知府易长华分别制造出一艘西式战舰，潘仕成还与一位美国军官成功研制出一种新式水雷。洋务大员丁日昌和精通西学的黄胜、王韬，均对枪炮的研制作出贡献。丁日昌提出创建近代化海军的建议，其中一些意见成为洋务运动内容。洋务运动期间，广州建成三个军器生产基地。这些都是西方军事技术不断南粤化的表现。

与资本主义殖民扩张同步甚至更早的是传教士的东来。19世纪以来，西方基督教传入南粤。第一位来华的英国基督教传教士马礼逊首先来到广州，将《圣经》译为中文并由此在南粤等地传播开来。他编纂了6卷本《华英字典》，和第一个来华的美国传教士裨治文创办了《中国丛报》期刊。该刊的意图和内容是向外国人提供中国文化情报、介绍传教概况，客观上为西方资本主义入侵中国做了准备。第一个来华的德国传教士郭实腊也在广州编辑、出版关于中国与世界各地概况的书籍，创办《东西洋考每月统记传》月刊，并担任“在华实用知识传播会”中英文秘书，具有很强的殖民野心。但西方基督教在南粤并没有多少受众。梁发是谋生于伦敦传道会雕版印刷厂的工人，后来顶着种种压力参与传道并皈依基督教，撰有不少相关著述，促进了基督教的通俗化和南粤化。其《劝世良言》中批判儒教的一段话，赢得了洪秀全的信服。洪秀全从中借用上帝之名并参考若干基督教义，结合潜意识中的天子形象，创立了拜上帝教。拜上帝教是中西文化碰撞的特殊产物。洪仁玕是太平天国中受过基督教洗礼的领导者，其《资政新篇》成了基督教及其他西方文化南粤化的理论表述典型。但作为西方的精神信仰，基督教并没有在南粤产生广泛和深远的影响。

与西方人传教紧密相关的是西方科学技术的南粤化，传教士在南粤传教多以介绍西方科学技术为媒介。16世纪末，耶稣会士意大利人利玛窦在肇庆介绍西方的文物和典章制度、天文、算学、世界地图、理化知识、鸣钟、三棱镜和天象仪器等科学文化知识，同时一边传播天主教教义，一边将中国的四书译为拉丁文，使其天主教义着染儒家色彩。1614 年前后，传教士阳玛诺在澳门和广州介绍望远镜的用途。1805 年，英国东印度公司医生将牛痘种植方法传入广州。1835 年美国医务传教士彼得·帕克在广州开了一所眼科医局，颇受南粤人民的欢迎。3 年后，帕克还招收几位中国青年作为助手，客观上促进了中国人对西医的学习与传播。1859 年，被美国长老会派到广州传教行医的嘉约翰开设了著名的教会医院，即博济医院，与中国第一个毕业于英国爱丁堡大学的医生黄宽一道，为南粤人民和外国侨民治病。4 年后，嘉约翰开办了一所南华医科学校，有力推动了西医在南粤的快速传播与发展。英国人合信和嘉约翰等人研究或介绍西医的著述、教材及刊物在南粤的流行，也深化了西医的南粤化。

伴随着西方人传教活动的开展，西式教育也开始南粤化。岭南地区最早一批教会学校是 1839 年成立于澳门的马礼逊学堂（1842 年移到香港），1843 年从马六甲迁至香港的英华书院，1848 年的香港圣保罗书院，1850 年的广州男塾，1853 年的广州女子寄宿学校。这些洋学堂为国人所轻视，故其学生多为穷人子弟。学校免费为学生讲学，甚至向学生发放补贴。其授课内容最初只是圣经、读写知识与算术，后来才增加一些西方自然科学知识，并采用西式教学方法。美国基督教会于 1888 年创立广州格致书院，后几易校址和校名，最后演化为华人自己管理的私立岭南大学。它不隶属于任何宗派教会，聘任教员和招收学生均没有以信教作为条件。其教育体制、院系与课程设置、教学参考书、教学方法与工具都直接从美国移植过来，华人接管后更加明确办学宗旨。教会学校在南粤的兴办不仅推进了西式教学、科研的南粤化，而且为中国培养了新式人才。出于与西方人交涉的需要，清政府于 1864 年创设广州同文馆。创设初期，学校仅设英文馆，有英语、汉语和算学三科目。后来增设法文、德文、日文和俄文四馆，课程安排除各国语言之外，还包括世界史地、数学、物理、化学、机械、航海、算学、万国公法、天文、生理、解剖学等，为近代中国培养出一批优秀的外交人才，凸显了西式课程和教法的先进性。1884 年，两广总督张之洞将原来的实学馆改为博学馆，教授西方战术；1887 年将其改为广东水陆师学堂，培养新式军事人才。1888 年，张之洞开办培养文职人才的广雅书院，设置经、史、理、文四门课程及一些实学，打破了专门学习八股文的传统。1891 年，康有为在广州创办“万木草堂”，以维新为目的，开创中西合璧的教学内容和形式。其中，西方自然科学知识主要包括江南制造局出版的声光化电类的众多译著及传教士的一些译作。西方教会创办学校和国人自主开办新式学校，使南粤教育开始走上西化道路，对国人外出留学也起着推动作用。

西方资本主义给南粤带来极大的冲击，因此，有远见卓识的人士开始关注、吸取西方的经济、政治和文化思想，使西方文化南粤化步入更深的层次。洪仁玕于 1959 年在《资政新篇》中描述了西方资本主义经济的先进性，提出中国必须仿效西方的做法，如发展交通运输业、邮政通信业、金融业等等，具有一定的系统性和纲领性。做过买办的郑观应结合自己的经历和见闻，著有《盛世危言》和《盛世危言后编》等书，主要从操作层面上讲述中国必须向西人学习“商战”，才能走上富强之路。郑观应比较系统地介绍了西方政治制度中的议院制，充分肯定这一制度的合理性，并主张中国实行这一制度的必要性。康有为通过学习西方著述，结合当时国内外形势及自身的游历，形成一系列融合中西文化的思想成果，其代表作包括《康子内外篇》、《人类公理》、《实理公法全书》、《上清帝第一书》、《上清帝第二书》、《日本变政考》、《新学伪经考》、《孔子改制考》、《大同书》、《救亡论》、《共和政体论》、《中国以何方救危论》等，开启了中西文化融合的学术先河。梁启超流亡日本后接触到大量日文版的西方学术著作，短短数年内便大量撰文介绍西方著名思想家的学说，如《霍布斯学案》、《斯宾诺莎学案》、《卢梭学案》、《论希腊古代学术》、《亚里士多德之政治学说》、《进化论革命者颉德之学说》、《近世文明初祖二大家之学说》、《天演学初祖达尔文之学说及其略传》、《法理学大家孟德斯鸠之学说》等，刮起了中国西学东渐之劲风。孙中山接受过系统的西方文化教育，他结合所学知识与中外社会现状，形成独特的推动中国向富强、民主、文明目标迈进的文化思想。廖仲恺、冯自由、朱执信和刘思复等人则试图通过介绍西方社会政治学说来改造中国。

不难发现，近代西方经济、宗教、新闻出版、军事、科技、教育和论著的入侵，都给南粤带来空前的影响与挑战。这一系列西方文化因素渐渐在南粤扎根、开花、结果，具有明显的南粤本土化的踪迹。通常所说的南粤之得西方风气之先，一开始是被动的，或者说是西人掌控之下的南粤化。南粤之开西方风气之先，则是南粤主动向西方学习形成的风气，包括开眼看世界思潮、洋务运动、维新变法、创办新式教育、政治社会思想的改进与独立等。西方文化南粤化由此形成被动与主动共存的局面，既得风气之先，也开风气之先。这是近代西方文化全球化的重要组成部分，也是中国文化西方化的一个重要缩影。只是由于中国政治体制落后，经济与军事力量薄弱，具有良好开端的南粤西式教育方式并没有得到稳定长足的发展。这对于南粤教育而言始终是一件憾事。西方文化实力的明显优势，使中国后来出现一些主张全盘西化的现象，也并不奇怪。但康有为、梁启超和孙中山等人接受西方先进的思想与做法，游历中外并以全球视野来审视中国问题，由此形成的一些学说、思想和观点，具有时代、地域和学科融合语境中的先进性。西方文化的南粤化推进了南粤文化的近代化，对于当时中国文化的变革起着引领作用。

第四节　现当代南粤文化的突出建树

受文化地区化和全球化的影响，南粤文化在不同时期具有不同的特点。如果说古代南粤文化是北方文化的南粤化，近代南粤文化是西方文化的南粤化，那么，现当代南粤文化除了对古代北方文化和近代部分西方文化的传承和发展之外，其发展逻辑是进入以自我建树为主的文化时期。南粤文化的自我建树，主要是南粤人民对具有地方特色的文化的传承、建设与创造。鉴于这一设想，以及响应岭南文化走出去的说法，理应侧重勾勒现当代南粤文化的自我建树。南粤文化只有自我建树之后，才能谈得上能否走出去，以期实现一定的跨地区的全球化目标。

南粤新诗、岭南画派、广东音乐和南粤现代建筑，是南粤最有建树且最具影响力的艺术与工艺文化。

南粤新诗可溯源至黄遵宪等人倡导的诗界革命。诗界革命试图突破古体诗歌形式的局限来反映新的时代精神。民国初期，广州掀起新文学运动，最早变革的文学体裁正是诗歌。“五四”前后，大量白话文的新诗以崭新的面目出现在《广东省学生联合会月报》、《南风》、《劳动与妇女》、

《光明》等杂志上。1919 年，民主革命家朱执信作为一位新诗作者在《星期评论》杂志上发表三首新诗，即《悼余建光》、《毁灭》、《悼黎仲实》，以自由的形式抒发了内心澎湃且富有深意的感情。其 1921 年发表于《劳动与妇女》上的《黄花岗》，写的是诗人前来凭吊十年前黄花岗起义的烈士，由景入情、情景交融、质朴自然，读之令人潸然泪下。1924 年，江门人梁宗岱在上海出版了南粤第一本新诗集《晚祷》。他从 1921 年开始在茅盾主编的《小说月报》等刊物上发表新诗，两年间创作了 200 多首，被誉为“才华横溢的南国诗人”，其诗委婉含蓄，通过新的形式开拓丰富了内心境界。梅州人黄药眠的诗集《黄花岗上》收录了他在 1924 年到 1926 年写的诗作，其代表作《黄花岗的秋风暮雨》是当时南粤诗坛的一个突破。也是在这风云际会的 20 世纪 20 年代，梅州人李金发留学法国后回到广州，最早将法国象征派诗作介绍到南粤及中国其他地方，他有《弃妇》、《故乡》等代表作，故被称为“中国象征派诗歌的开山人”。20 世纪 30 年代，梅州人蒲风出版了《茫茫夜》、《六月流火》、《抗战三部曲》等大量诗集，并于抗战开始后在广州主编《中国诗坛》。这份杂志培养了一批现实主义诗人，从 1937 年到 1949 年共出版 25 期，其中在刊物上发表后又独立结集出版的诗集就有二十多种。《中国诗坛》诗作是当时中国新诗的翘楚与主流。

岭南画派成名于 20 世纪 20 年代。其第一代传人是高剑父、陈树人和高奇峰，被称为“二高一陈”。早年，高剑父和陈树人都是清末番禺画家居廉的弟子，前者还拜其师兄伍德彝为师，后又到澳门岭南学堂师从法国画家麦拉习素描。高奇峰是高剑父的胞弟，曾在高剑父的指导下苦习绘画。“二高一陈”后来都到日本继续学习绘画，并加入孙中山组织的同盟会，积极投身革命。他们的画艺既受到日本画和西洋画的影响，也继承了居廉一脉的国画传统和广东画坛师法自然、求新求变的作风，同时又受到民主革命思潮的启发，故而体现出具有一定综合性且富有个性的风格。高剑父擅长花鸟、山水、走兽，凸显出奇拔苍茁的风格；高奇峰写生独到，将居派的画法和西洋彩画技巧相结合，风格雄健俊美；陈树人讲究线条优美流畅，构图新颖独特，充满温文尔雅的气息，风格秀雅淡逸。1916 年始，高剑父全力发展艺术事业。他先后创办了春睡画院、南中美术学院、广州市立艺术专门学校，培养出一大批画坛新秀，对当代影响较大者包括黎雄才、关山月、杨善深、方人定、苏卧农、赵崇正、何磊、黄独峰、荣大块、司徒奇、杨之光、陈金章等人。高奇峰曾受聘为岭南大学名誉教授，并创办美学馆。1929 年，他因病迁居二沙头疗养，同时设帐授徒，从学者数千人之多，其中比较有名的是黄少强、叶少秉、张坤仪、赵少昂、何国添和周一峰。陈树人追随孙中山革命，后历任国民党、国民政府高层职务，但始终保持学者和艺术家的风格。与“二高”不同，陈树人只开岭南学派之风而不为师。“二高”的弟子作为岭南画派的第二、三代传人活跃于国内画坛，后还扩散海外，40—50 年代出现了群芳竞技的局面。赵少昂、黎雄才、关山月和杨善深被誉为“岭南画派当代四大家”。他们的影响也远远超出了南粤与港澳，具有一定的全球性。

广东音乐是融合北方传入的中原古乐、昆曲和江南小曲小调而逐渐形成的一个非常优秀的民间乐种。它对江南小曲小调的吸收成分相对多一些，所以其不少曲目与江南丝竹有相似的风格。早期广东音乐的代表人物是严老烈和何博众，前者创作了《旱天雷》、《倒垂帘》、《连环扣》等作品，后者创作有《雨打芭蕉》、《饿马摇铃》、《赛龙夺锦》等作品。广东音乐名师何柳堂是何博众之孙，所以现在流传下来的《赛龙夺锦》等名曲是经过他精心修改的，当然，他也独创有《回文锦》、《七星伴月》等名曲。何柳堂的乐曲以琵琶、三弦为主奏乐器，乐音比较铿锵雄壮。吕文成创作有广为流传的《蝶恋花》、《渔歌晚唱》、《平湖秋月》、《焦石鸣琴》等名曲，作品旋律优美，具有浓郁的时代气息。丘鹤俦创作了《娱乐升平》、《狮子滚球》、《相见欢》、《双龙戏珠》和《声声慢》等曲子，作品旋律优美婉转，气氛欢快明朗。20 世纪 20—30 年代，广东音乐创作人才辈出，何柳堂、何与年、何少霞被称为“何氏三杰”，吕文成、尹自重、何大傻和何浪萍被称为“四大天王”，他们有力地推进了广东音乐的成熟与发展。另一些广东音乐人才也作出相应贡献，比如林浩然引进木琴、吉他，谭沛鎏首先使用小号等，均丰富了乐器的音色和音律，使广东音乐的乐音更加秀美华丽，更加悦耳动听，同时也更悦心悦意、悦神悦志。在时间上，广东音乐的创作、演奏和欣赏一直流传发展至今；在空间上，广东音乐不仅在珠三角、粤西和广西的白话地区流行，也在港澳和北方以及东南亚、北美等华人聚居地流行。

广东音乐北方化以传入天津为代表。1915 年，客居天津的广东人杨文昭、杨仲绰、徐杏堂等人组建了天津第一个广东音乐演奏乐团。1942 年，天津成立一个由学生组织演奏广东音乐的乐团，技艺较高，还经常到电台演播。解放前，天津民间和学校成立的广东音乐社团共达 13 个之多。1988 年，天津专门成立“天津市广东音乐联谊会”，促进了广东音乐在天津的长久传播。21 世纪以来，天津市广东音乐联谊会中有 7 个社团，联谊会之外还有 2 个学习班和 3 个爱好者社团。[①] 它们的演出、学习和欣赏活动对广东音乐的传承、发扬无疑起着重要作用。广东音乐的海外化传播则进入新加坡、加拿大的温哥华以及美国的西雅图、波士顿和佛罗里达等地，因其玲珑剔透且有轻、细、柔、华、浓的风格，故被誉为“透明音乐”。新加坡在 20 世纪 20—30 年代就比较流行广东音乐。北美地区在 20 世纪 30 年代也陆续有演奏广东音乐的社团出现，乐团成员职业包括指挥、教师、学生、律师、编译、店主、商人等。有的乐团成员大多不是粤籍华侨，这表明，广东音乐是南粤精神文化中最具有全球文化特质的组成部分。

南粤现代建筑兴起于新中国成立后的二三十年。20 世纪前半叶，中国建筑家试图在现代建筑理论的指引下开创新的建筑风格，但由于国情不利而未见成效。南粤现代建筑的出现打破了全国建筑界的沉闷局面而崭露头角、独领风骚。20 世纪 50 年代初，在德国上大学并获博士学位的夏昌世先后设计华南土特产展览大会建筑群中的水产展览馆、鼎湖山教工休养所以及中山医科大学和华南理工大学校园的多项建筑，充分考虑到南粤地理、气候等环境因素，使其作品表现出节省、朴素、简洁、清新、明快的风格，与粗壮、高大、严格对称、封闭、欠缺灵活的苏式建筑风格形成鲜明的对比。因此，具有实事求是作风的夏昌世便被誉为“岭南现代建筑的拓荒者”。另两位现代岭南建筑的领军人物是中国工程院院士佘峻南和莫伯治。20 世纪 60—70 年代，长期从事建筑教育和实践的佘峻南担任广州市设计院总建筑师，先后主持设计广州友谊剧院、东方宾馆西楼等项目，体现出以人为本的设计理念，以及具有与夏昌世作品相同并有所超越的现代岭南风格，引起建筑界同行的热忱关注与高度评价，可谓开南粤本土风气之先。莫伯治是一位多产的建筑设计师，其作品包括广州泮溪别墅、广

① 董郑峰：《天津“广东音乐”调查研究》，《星海音乐学院学报》2010 年第 3 期。

州白云山山庄旅舍、广州白云山双溪别墅、广州矿泉别墅、广州白云宾馆、广州白天鹅宾馆（与佘峻南合作）、广州南越王墓博物馆（与何镜堂合作）等，许多作品同时与中国传统园林设计相融合，因而使中国园林艺术别开生面，对南粤和北方建筑的发展尤有积极意义。改革开放以来，汇聚海内外优秀建筑人才的南粤建筑团队运用世界先进建筑理论，设计建成广州花园酒店、广州中信广场、深圳地王大厦、深圳发展中心大厦、深圳蛇口的新时代广场和海景广场、广州塔、广州天河城和珠江新城以及大学城等，充分体现出高科技、新文化、融合工作与生活功能的建筑理念。经过60年左右的发展，南粤现代建筑风格与流派趋于多元并存，既有本土性，也有相当的全球性。

20世纪70年代末，中国启动了以“实事求是、解放思想”理念为先导的改革开放。改革开放是党领导的以经济建设为中心的发展政策，是中国现代化建设的必由之路。30多年来，广东改革开放先行一步，经历了一系列由实践到理论再到实践的不断探索和深化的过程。这也是广东经济、政治、社会、文化等体制不断改革的进程。其中，经济体制改革起着最为重要的作用。广东的改革开放对于中国市场经济体制的确立与完善，以及中国其他地区的实践，都有借鉴意义。

广东的改革开放从创办经济特区开始。当时广东省委书记习仲勋从深圳与香港的巨大差距中，感觉到必须冲破固有观念与体制限制，在得到邓小平的指示和中央工作会议的批准后，便拉开了改革开放序幕。1979年，广东在深圳蛇口创立出口加工区与自由贸易区作为试点，之后不久即大刀阔斧地创办深圳、珠海和汕头三个“出口特区”，1980年更名为“经济特区”，力图尽量吸收和利用外国的资金、先进技术和管理经验，实行以外向型市场经济为主导的生产、流通模式，冲破了原来政府计划管理的僵化经济体制。一系列的改革开放主要包括：1978年，“包产到户”在粤东、粤西个别农村开始实行，至1982年普及全省，突破了人民公社制；1978年，广州率先放开蔬菜价格，逐步实现价格闯关，一定程度上改革了商品流通体制；1981年，企业开始实行各种盈亏包干责任制，由此逐步扩大企业的经营自主权，有力提高了企业的竞争力，深圳开始进入快速建设时期；1984年，广东乡镇企业改革涌现出东莞、顺德、南海和中山“四小虎”，形成多个特色发展模式，在投资、金融、财政和社保等方面都实行了突破性的改革；外贸体制从产销脱节到组建外贸公司，开始下放进出口经营权，扩大外贸主体直接对外贸易，开拓国际市场；企业管理体制在1985年开始实行利改税，1986年起实行厂长或经理负责制，促进经营权与所有权的分离以及企业与政府职能的明晰，1987年开始推行各种形式的承包责任制，同时创造竞争机制，较好地调动了企业的积极性；1988年，广东被国务院批准为综合改革实验区，增加十多项改革内容。事实证明，珠三角是中国经济体制改革的先锋。

深圳特区在20世纪80年代还率先推行国有土地使用权转让、建设工程招标、设立保税区、开辟证券市场、创办外汇调剂中心等单项改革措施。1992年春，邓小平南行充分肯定广东的成绩与示范作用，指出中国改革开放胆子要大一些，要敢于试验，从而拨开了观念上的迷雾。1991年到1994年，深圳率先转变政府职能，引领着中国行政改革的方向；1997年率先进行行政审批制度改革，同样引起广泛关注。10多年来，顺德政府管理经济模式取得重大成就，但逐渐陷入发展困境，后经过反思形成新的发展方案与渠道，促进了企业投资主体、企业产权和管理制度的改革。1993年到1995年，顺德将基础产业和高新技术产业改组为政府全资或控股企业，大多数企业通过合作、转让、租赁、承包、拍卖等形式放开经营，以及在资产评估、资产交易等环节采取的公开、公平和公正的做法，为珠三角、广东和中国企业产权制度的改革提供了有益参照。原来的东莞模式、中山模式和南海模式也有所完善。珠三角逐渐形成了以公有制为主体、多种所有制形式共同发展的局面，为中国基本经济制度的确定与完善提供了实践基础。珠三角外向型经济的飞速发展，表明其制度文化也具有全球属性。

第五节　南粤民族与民系的文化身份

我是谁？我从哪里来？我向何处去？这三个自我身份的哲学问题，对于南粤文化身份的认同尤为适用。广府文化、潮汕文化、客家文化和少数民族文化共同构成具有地方特色的南粤文化。它们都有自身特定的身份标识，在日常语言、民族迁徙、民间文艺、文化精神、饮食等方面都有较大差异。

南粤有55个少数民族，壮、瑶、畲、回、满等还被认为世居民族，其中，瑶族和壮族先民是古代百越的部族，畲族在隋唐时代已有相当数量的人口。① 一直以来，少数民族文化是南粤文化不可忽视的组成部分。它包含的众多民间文化，逐渐被国家各级文化部门确认为非物质文化遗产保护项目。2006年，乳源“瑶族拜盘王”和连南“瑶族耍歌堂”被国务院确定为首批国家级非物质文化遗产。2008年，连南“瑶族长鼓舞”被批准为第二批国家级非物质文化遗产代表作。连山壮族瑶族自治县“瑶族小长鼓舞”由省文化厅向国家文化部申报列入国家级非物质文化遗产保护项目。此外还有潮州市的“畲族招兵节”、河源市的“畲族蓝大将军出巡节”等省级或市级的保护项目。少数民族鲜有自己的文字，故其传统口头文学、音乐和舞蹈等非物质文化便是一个民族精神的维系所在。以瑶族为例，《洪水淹天》、《甘基王》、《水仙姑》等口头文学是排瑶民间脍炙人口的神话故事，《盘王歌》、《八排来历歌》等叙事长歌则记述了瑶族的源流与迁徙历程。长鼓舞是瑶族最具代表性的民族民间舞蹈，它集宗教祭祀、工艺、审美和娱乐于一身，折射出其与当地生活环境、方式的密切关系，以及瑶族人民对生活和艺术孜孜不倦的热爱。这种地道、质朴的舞蹈与音乐在信息化、影视化和全球化的今天，尤其令人感动。清远职业技术学院艺术系承担着传承本市少数民族文化艺术的责任，其逻辑前提与文化行政部门一样，也是对长鼓舞等民间艺术存有文化认同的感情。其先向瑶族人民学习、后经艺术加工的长鼓舞，既能展现瑶族长鼓舞的艺术原型，又能展示瑶族长鼓舞潜在的生机活力。但将这种更加艺术化的舞蹈与音乐回赠给瑶族人民时，对他们而言是不是意味着自己的文化身份有所提升？南粤少数民族文化都应该得到应有的尊重，对其保护、传承和提升的种种行为也都应该回赠给少数民族，或者说，少数民族理当成为自己文化的最大受惠者。

南粤少数民族非物质文化的认同主体首先是少数民族人民自己，然后才是各级文化行政部门、文化艺术传播和研究机构，以及作为民族文化旅

① 蔡晓梅、司徒尚纪：《广东少数民族饮食文化特质及其影响研究》，《热带地理》2008年第2期。

游观光的南粤人、国内其他地方乃至外国的人们。同样，南粤客家文化、潮汕文化、广府文化的文化认同主体顺序，总体上也是由内而外的。

南粤客家文化是世界客家文化的重要组成部分，既有客家文化的共同身份，也有客家文化的地方身份。客家先民本是中原人，由于多次躲避战乱，不断南迁至粤闽赣丘陵地带，逐渐形成客家民系。在迁徙过程中，客家文化的代表先后出现在赣南、闽西和粤东。今天的世界客家文化基本认同：赣州是客家摇篮，闽西是客家祖地，粤东梅州是世界客都，河源为客家古邑，惠州为客埠，等等。梅州作为世界客都的定位，一方面是因为客家人最后一次大迁徙主要从梅州出发迁徙到省内各地、外省及海外，反之，这些地区客家人的祖籍，大多也是梅州，梅州位于地理上的中心位置；另一方面，近现代史中，梅州客家文化尤为光辉灿烂，其教育水平在全国处于领先地位，还出现了一大批大学校长和国共将军。客家民系是一支高教养的民系，可谓名不虚传。客家人讲客家话，“宁卖祖宗田，不忘祖宗言”。客家人也流传与提升着用客家话演唱的极具魅力的客家山歌。河源客家妹陈菊芬采风、整理、编配和创作的新客家山歌，无疑是其中杰出的代表。已故河源作曲家饶荣发则创作了一批堪称最具客家旋律和客家情怀的歌，并主张用普通话演唱推广。他们为海内外客人对客家山歌、客家民系和客家文化身份的认同均作出突出贡献。精神文化上，客家人在迁徙过程中往往携带着族谱，不忘先民高贵的血统。葛藤坑的创世纪神话充分体现出客家人特有的情感与道义，竟能让疯狂杀人的黄巢放下屠刀，让其对这么一个特别的民系另眼相看。来到莽莽群山中辛勤劳作、美丽大方的客家女子，曾让外国人类学家赞叹不已。客家男子纷纷闯荡南洋，继续着千年的颠沛流离，其中又隐含着几多悲壮。这一切都是世界客家人共同的文化记忆和继续奋斗的精神财富。南粤客家聚居地梅州和河源先后承办过世界客属恳亲大会，对于凝聚世界客家文化起着重要作用。客家文化研究表明：崇文重教是客家文化的显著特点；客家人聚居山地但也具有海洋开拓精神，亦有浓厚的民系情结以及穷则独善、达则兼济的爱国爱乡精神；“崇正”是对客家文化精神的高度概括，它包含着刚健有为、和睦中正、崇德博雅、天人协调、念根思祖、崇文重教、开放兼容、锐意创造、达则兼济的、既有中华民族传统又有客家特色的风骨与神韵。[①] 在现代化过程中，深圳客家岭南村随着改革开放而崛起，再次表明客家人对自身文化品性与精神的坚守与弘扬。深圳龙城广场则焕发出客家围龙屋天人合一、自成方圆的和谐与融通精神，以及容纳百川的宏伟气度。但如过去东南亚流传的一句话，即“客人开埠，广人旺埠，潮人占埠”，客家人是否普遍缺乏商业天分？梅州等南粤客地虽有曾宪梓、田家炳等一批儒商，但与潮汕和广府两民系商人、企业家、实业家的数量相比，却是相形见绌。南粤客地工业如何实现向高新技术的转型与腾飞？南粤客家山区的梯田能否像美国过去和中国北方平原未来可能那样，建设起现代化的特色农业？20 世纪末以来，南粤客地教育为何显得这么落后？客家人是否只有过去而没有未来？……这些问题值得客家文化多方认同主体深思。

同样，南粤潮汕文化是世界潮汕文化的重要组成部分。潮汕人讲潮汕话。南粤潮汕民系形成于五代、两宋时期，是当时福佬人受北方战乱影响，从海陆两路大规模、近似做板块运动地迁徙而来，所以潮汕人与福佬人有地域和民系的渊源关系。后来，潮汕地区由于地少人多和战乱波及等原因，大批潮汕人便陆续迁徙到东南亚等地。由于历史因素，潮汕地区已成为联结福建、台湾与海外等地潮汕人的重要纽带。揭阳、潮州和汕头市区竞相建设潮汕地区的文化中心，初步形成群雄并起的局面。

潮汕地区地少人多，潮汕文化崇商重教，所以先后涌现出世界华人首富李嘉诚以及大批商人、企业家或实业家，还有许多其他战线上的文化名人。具体而言，潮汕民系从日常生活、民间文艺到商帮的崛起，都折射出具有潮汕特色的文化精神。作为潮汕最有名的生活艺术，喝工夫茶需要选取上等茶叶、山泉水、榄核炭、红泥小炉、紫砂壶等原料和茶具，经过“水漫金山”、“关公巡城”、“韩信点兵”等冲泡程式，再到“一赏其色、二闻其香、三品其味、四回其甘”的品尝，极具休闲与审美情趣，还能培育照顾自己、兼顾他人的大局观念以及平等、自由、民主、科学和通变的现代文明精神。潮汕的耕作工艺、饮食工艺、绣花、木雕、石雕、剪纸与抽纱等艺术，无不精益求精。能够与工夫茶一样广泛传播的，是其中的工

---

① 广东老教授协会、岭南客家文化研究院组织编写：《客家文化大典》，广州：广东教育出版社 2010 年版，第 252 页。

艺食品和潮州音乐。工艺食品主要包括由各式各样的山珍海味、蔬菜水果腌制成的罐装杂菜，以及享誉天下的卤鹅、远近闻名的牛肉丸等，体现出潮汕人民享受生命、热爱生活的特点。潮州音乐、潮剧和英歌舞是潮汕地区音乐与舞蹈艺术的主要代表。其中，潮州音乐包括锣鼓乐、笛道古乐、弦诗乐、细乐、庙堂音乐和汉调音乐，保留很多中原、南音古韵，尤其典雅、优美、抒情。潮州弦诗乐的十大套曲目是潮州音乐的精品，在海内外广泛流传。中央音乐学院2000年开始教习中国民乐时，首先选择的乐种就是流传久远的潮州音乐。潮汕人的生活与音乐等艺术独具匠心，堪称精良，他们在商业上更是精打细算，独步天下。世界各地潮汕人紧密合作、共谋发展，其族群特别崇尚自立自强的文化观念，通俗来说，即宁愿自己开店做老板，也不愿为他人打工，充分展示出由内而外的自信及海洋开拓精神。世界潮汕人对南粤潮汕地区教育和慈善的投入，对当地实业的建设，以及对中西文化交流的促进等方面，都谱写了辉煌的篇章。潮汕文化研究基本认同：潮汕民系具有水的流动性、适应性、进取性、冲击性、坚韧性、包容性、开放性，潮汕人利义并重、勇于挑战权威、乐于回报族群，具有顽强拼搏和海纳百川的现代文化精神。但其作为传统人文精神的宗族观念的负面影响，也受到比较客观的批判。①

除了客家文化和潮汕文化，广府文化也具有世界性。作为广府人的方言，广府话被视为粤语，并于2008年正式被联合国认定为世界五大日常语言之一。潮汕人、客家人和新广东人在广府地区生活一般都会讲粤语。当然，南粤广府文化更是世界广府文化的发源地和中心。海外广府人主要分布在东南亚和北美，其中最值得一提的是由广府文化构成的美国旧金山最早的唐人街。1850年前后，在克莱街从斯托克到卡尼一段被称为“小广州”的地区，广府人率先开办有许多广府风味的饭馆、药店、商店与零售铺、洗衣房以及中西餐厅等，后来不断扩展、壮大。由于精神生活的需要，粤剧自然被搬到唐人街上演。19世纪到北美的广府人大多文化程度不高，却顽强地保持着南粤广府的生活方式。北美华人受到外国人的欺辱时，常常跑到唐人街寻求精神的慰藉，唐人街因而成为北美广府人乃至北美华人的第二故乡。广府民系有力促进了海内外广府文化和中西文化的交

---

① 陈晓东、适庐：《潮汕文化精神》，广州：暨南大学出版社2011年版，第173页。

流。著名的开平碉楼兴建于民国初年至30年代，是开平华侨与本地人在险恶生存环境中旅外赚钱、购买西式材料建成的具有中西合璧特色的多功能建筑。开平碉楼最多时达3 000多座，现存1 833座，承载着一段内涵丰富而迷人的历史，于2007年被确认为世界非物质文化遗产保护项目。开平碉楼是中国乡村在特定时代与地域语境中，主动接受、吸收和创新西方建筑文化艺术的见证，也是广府乃至中国华侨文化遗产的杰出代表。

南粤广府区域文化被划分为珠三角广府中心区、五邑广府南区、粤西广府区和西江广府联结区。① 各区广府文化固然有所不同，但有相近的民俗和文化精神。广府人几乎家家户户都喝茶。广府地区有专门的茶楼，其餐馆、酒家等地均备茶待客。广府人称喝茶为“叹茶”，亦即品茶之意，其中包含放松、品味的过程，体现出暂时悬搁诸事的休闲生活方式与审美情趣。广府人到茶楼要么是与亲朋好友在茶道中表达亲情或友情，要么是与生意合作伙伴或同事通过品茶来传递、分享信息，共谋发展，反映出以和为贵、互赢互利的生财之道。佛山、粤西等地的许多乡村都会在新春佳节前后，召集村民或同姓人家及其亲朋好友聚大餐，取名“生菜（财）会”。生财会规模大者达两万多人，人们在品尝生菜宴、沟通乡情和亲情时，共同商讨新年生财大计，凸显了广府民系内部的认同感，以及村民自治的民主作风。粤菜、广东音乐、岭南画派、粤剧、龙舟与舞狮、咸水歌、飘色等一系列工艺或艺术，共同构成美丽的广府民俗风情画卷。南粤广府人善于把握如珠江水一样流变的气息，战胜海上丝绸之路惊涛拍岸般的风险，能够审时度势、开创伟业、发挥才干，成就商业文化的功名；南粤广府民系生活的土壤与水域以及远儒性的人文传统，造就了其重商务实、开放兼容、胆识过人、勇于冒险、求新求变的现代文化精神，以及在南粤民系文化中最具敢为天下先的海洋文化性格。

改革开放以来，南粤迎来数以百万计的跨地区人才和全球性人才、各行各业的建设者和创业者。他们是南下猛龙，带来先进的、新的文化元素。他们是新客家人，或者说是新广东人，因而是南粤文化创新的生力军。其中的突出一例是，他们为南粤创造了新的文学。2009年8月28日，由中国作家协会、中共广东省委宣传部、广东省作家协会联合主办的“岭

---

① 谭元亨：《广府海韵》，广州：广东旅游出版社2001年版，第65页。

南文学新实力”作品研讨会在北京中国现代文学馆举行，十位身在广东的外省籍实力作家成为国内文学界关注的对象。他们是王十月、郑小琼、盛琼、宋唯唯、魏微、熊育群、黄咏梅、盛可以、梅毅、吴君。近十年来，这些作家创作极为活跃，其作品有的描述城市打工生活的体验，揭示人物内心复杂微妙的感受、情感和精神的困惑以及世界的荒诞；有的从欲望、诱惑、城乡文化冲突、异质文化冲突等向度，发出了文化批判的声音；有的重绘中国地理、历史的文化地图，等等。南粤新文学由于女性作家居多，所以总体上显得比较阴柔，同时也由于他们的移民文化身份而缺少对南粤文化的表达，但这足以对老广东人的文学与文化构成强烈的冲击。新广东人中存在大量有实力、有水平的科研人才、高校教授以及大量有专长的人才，也足以让老广东人深思。

南粤少数民族文化、三大民系文化和新广东人孕育的文化，使南粤文化呈现出多层次的群落、形态和各具特色的文化身份，它们可以凝聚成当前和未来南粤人迎接全球强势文化挑战的共同精神财富。由古而今的历史事实表明，南粤地区并不是一般人所谓的文化沙漠，而是迎风击浪、四季常青的一片文化绿洲。南粤人总体上具有平民的心态、务实与激越的精神，在新的全球化时代踏上了自主创新之路，一步一步踏实地攀登着科学与艺术的高峰。南粤文化需要站到全球文化的制高点上，吸收全球文化的精华，保持或创造自身在中国和全球各方面发展的先进性。南粤文化将更加务实、更加开放、更加兼容、更加民主、更加科学，也必然会更有创造性和竞争力。南粤文化有辉煌的过去、美好的现在，也一定会有灿烂的未来。

第四章

全球化语境下的英文研究

第一节 文化理论的旅行

在全球化背景下，中国语境正呈现出多元文化形态。西方文化与文学理论，特别是带有某些后现代特征的文化研究理论对我国文化理论界产生了巨大影响，并力图改变社会转型时期知识分子的话语功能。文化交流、科技进步和资讯的发达使原来封闭的文化生存状态不复存在，代之而来的是不同文化间的冲撞和融通。面对全球化的机遇和挑战，我们更要保持民族文化身份在平等的基础上展开不同文化之间的对话和交流。

近年来，全球化理论研究备受瞩目，在世界范围内已成为显学。在中国，全球化研究也呈繁荣之势，这主要得益于20年来中国奉行的改革开放政策。中国全球化发展进程正进入深层次阶段，这种形势可以通过人们对全球化的不同称谓窥见一斑，如“世界化”、“国际化”、“跨国化”、“一体化”、“相互依存”、“趋同”等。随着各种全球化势力的影响和日趋频繁的国际交流，中国正在成为传媒理论家麦克卢汉所谓“地球村”的一部分。①

然而，全球化进程与后现代的总趋势有着密切联系，正如英国学者吉登斯所言，全球化与后现代话语是同步发展的。不言而喻，全球化和后现代主义理论对当今世界影响是巨大而深远的，主要表现在上述理论彻底动摇了人们普遍赖以认知的有关异化、历史、主体性和文化身份等固有观念。后现代主义消解了一切假想的等级制度和人为的界限，也使得传统的文化标准发生位移，原先被压抑在边缘的大众文化（消费文化）呈现出各种形态，并对精英文化（又称高雅文化）构成了有力的挑战，当前中国文

---

① 李镇之、王宁、张世英等：《经济全球化与文化多元化》，乐黛云、[法] 李比雄主编：《跨文化对话》，上海：上海文化出版社1999年版；汤一介：《文化的多元化趋势是不可逆转的》，乐黛云、[法] 李比雄主编：《跨文化对话》，上海：上海文化出版社1999年版。张平功：《后现代时期的文化身份：中国例析》，[英] 保罗·肯尼迪、那德姆·哈伊：《全球化与文化身份》，曼彻斯特：曼彻斯特都市大学出版社1999年版。

化的语境变迁充分证明了文化发展的“范式转变”已非奢谈，大量事实昭示着文化发展的新律动、文化研究的新课题以及新的阅读策略。本章拟对当代文化景观作出粗略理论描述，讨论全球化以及现代西方文化和文学理论对我们所产生的影响。

如今，我国的文化处境与西方日益接近，在不少领域已迅速与国际接轨，风靡全球的文化思想现在也已为中国人所享有，但我们也不得不面对诸多世界性的问题。20 世纪 80 年代是中国文化思想界追赶西方潮流的时期，在短短的十几年间，就将西方学术思想百年来的成就（文艺理论）操演了一遍：形式主义文论、精神分析、结构—解构主义、符号学、接受反应美学、存在主义、阐释学、女权主义理论、后殖民主义、新马克思主义、新历史主义、后现代主义文化批评、文化研究理论，等等。20 世纪 90 年代，中国的文化艺术和学术理论已基本与国际学术界接轨。比如，后殖民主义文化思潮、解构主义理论、大众文化批评的兴起就几乎是与西方同步进行的。如今，中国翻译和引进西方文化学术著作数量之大、影响之广也是改革开放前所没法相比的。可以说，中国文化与学术已经追赶上了世界文化与学术潮头。不容忽视的是，大众文化的流行已超出民族国家的疆界，我国的大众文化形势也与全球化文化发展走向并行不悖，影视、文化消费日趋国际化，并按国际标准进行生产和运作，以互联网、音乐电视和多媒体为代表的文化消费方式也日渐流行起来。

现在，无论是在自然科学、社会科学，还是在两者交叉的人文科学方面，外国与中国学者之间的话语差别都在逐步缩小。更为明显的是，国外大众文化与国内大众文化之间的差异甚至比国内大众文化与精英文化之间的差异更小，国外国内的大众文化更易交流和沟通。全球化促进了中国文化和学术与国际发展总趋势的汇合，一种全球化性质的、民主的、富有活力的和具有中国特色的社会主义“共同文化”可望由此而生。

振兴中华文化，提高中国文化大国地位，与国外学术界进行平等的交流和对话，是近年来引人注目的一个热点。20 世纪 90 年代以来中国学术界在反省和批判西方学术话语霸权的同时，更试图建立中国学派，以立于世界学术之林。这一情势在后殖民主义文化批评讨论中表现得尤为明显。通过对西方文化思潮多年的引进和追赶，至 20 世纪 80 年代末中国知识界对西方已有了较全面的了解，注意到了西方文化内部的松散和差异，即西方文化与学术内部也存在着主流与边缘话语、精英与大众文化之别，并发现作为西方边缘文化及学术话语的后殖民主义文化批评非同凡响，由此开始着意介绍和引进后殖民主义文化理论。如果说中国起初引进后殖民主义文化理论在某种程度上迎合了中国文化批评“反霸权”话语的需要，那么到了20世纪90年代中国学术界的思想认识已有了质的飞跃。许多学者认识到后殖民主义尽管是作为批判殖民主义面目出现的，但它实际上又形成了殖民主义新的变种。因为挑起后殖民主义讨论的主要批评家，并非来自西方大国的“前”殖民地或“后”殖民地国家，而是一些虽有着第三世界血统，但实际上却在西方世界的话语圈内显露锋芒，并逐步向其中心和主流学术圈靠拢的知识分子，如后殖民主义理论的主要代表爱德华·萨义德、佳亚特里·斯皮瓦克和霍米·巴巴等均是亚洲血统，在他们身上既有明显的“东方文化情结”，又有对西方主流文化的强烈认同。他们分别执教于英美的一些著名学府，作为具有东方或第三世界民族血统的知识精英，他们有别于西方主流理论家，但又总试图以其具有东方文化背景、且操持西语写作的双重“后殖民批评家”的身份，以雄厚的文化资本和学术实力向居于西方主流地位的学术思想界发起有力的挑战，且屡试不爽，并最终得到主流理论界的承认。但是，不容否认，萨义德等人在西方获取的国际精英学者的身份掩盖了后殖民理论的“他者”的话语本质，即掩盖了东方话语的本质，因为萨义德等人东方学者的身份最终随着他们在西方获得终身教席而西方化了。这就是为什么东方学人很少有人把萨义德、斯皮瓦克和巴巴认同为中东或亚洲学者而宁愿把他们看成是“入流”欧美学界的西方学人。由此，构建真正意义上的后殖民主义理论和实践的历史重任将要落在东西方文化学者的肩上。对此，中国文化人将会作出自己独特的贡献。

21世纪初，文化研究仍是欧美理论界的一个热点。这一肇源于西方的学术理论的影响已超出了西语世界，并向东方国家推进，在我国也产生了相当大的影响。通过文化研究这一活跃的理论旅行，学院知识分子的智识活动溢出了大学校园之外，也超出了传统的经典命题的范围。文化研究关注的范围广泛，包括阶级、民族话语、文化政策、传媒、受众研究、大众文化、身份政治、文化全球化等社会文本，因此具有迫切的政治性和批判力量。文化研究和传统的形式主义、唯美主义、精英主义乃至文学主义的旨趣迥然不同，带有明显左派色彩的这一理论注重辨析各种文化实践与权力之间的关系，即文化现象和文化实践中的权力运作对文化本身的影响与干涉作用：文化与社会、政治制度的密切联系；分析文化在具体的社会关系和环境中是如何表现自身和受制于社会与政治制度的。文化研究致力于对当代社会和意识形态的批判，也包括文化和文学话语的重建。随着研究的深入，人们开始提出一些更深层的理论问题，并从不同的文化视角进行探讨，包括"现代性与后现代性"、"新传媒技术"、"理论的可译性"、"新传媒制度与意识形态"、"反霸权力量"等角度。[①] 西方全球化模式的演进、资本的内在作用以及市场经济的运作正影响世界经济秩序和文化的构成。面对这种形势，文化研究理论适时并有针对性地采取批判姿态，甚至带有强烈的政治色彩。它所触及的广泛的社会文本有别于保守主义的文化理论和形式主义文学传统，这有助于我们从全新的角度思考自己相应的文化策略。随着高科技的迅速发展，交通和通信日益快捷，信息高速公路的开通必将进一步促进东西方的文化思想交流，形成一个全球化的时代。在这样的时代，跨国文化交流和思想理论的碰撞将不可避免。因此，一个民族或一种文化，在全球化进程中如何不失去原有的文化身份和思想理据，便成了知识界不得不认真思考和回应的重要问题。

当今的中国文化和文学批评领域正在注入越来越多的全球化因素，从而使其更具生命力。理论研究和批评趋势正朝着超越传统模式的方向发展。研究者正在对上述门类诸多的"新理论"加以具体分析和学术批判，在推动文化研究不断更新和向前发展的同时，充分发挥各种理论的长处，进行多角度、多层面的综合研究，使文化和文学研究获得一种开放性的视野。如借鉴文化研究理论在西方的政治批判性、意识形态性和解构性，把它运用于中国文化与文学语境，将会给本土文化和文学批评者带来新的体验。把文化批评与文学批评相结合有助于扩大文学批评的领域，也有助于文学批评向更深层次发展。不可否认，在对"新理论"和新思潮进行"解构"和"重构"的过程中，"有机知识分子"（葛兰西语）或"批判的知识分子"将起到日益重要的作用，即"文化研究领域的批判性知识分子充

---

① ［美］J. 希利斯·米勒著，陈永国译：《现代性、后现代性与新技术制度》，《文艺研究》2000 年第 5 期。

分意识到参与对抗的公共领域之中的重要性。由抵抗的知识分子所实施的反学科的实践如果只有大学校园内的听众，那么它就不会有什么太大的效力。反学科的批判实践应当更加广泛地发生在公共领域。就文学研究与批评而言，文学批评家应当自觉地参与重大的文化价值问题的讨论，并把这种讨论与自己的学术研究有机地结合起来。中国当前的文学批评尤其应当积极关注新出现的、与大众的日常生活密切相关的文化形式（比如大众文化），认真地而不是情绪化地分析它们的意识形态效果”[①]。为此，新型知识分子就要摆脱传统批评模式，调整审美视角，以求索创新精神努力重新构建新话语规则和批判语言。

如今，文化思想上“欧风美雨”的来临以及中国语境下的全球化文化氛围已成为不争的事实。应当着重指出的是，虽然中国正在进行经济改革并日趋加入全球化进程，但中国的治国方略、意识形态和政治体制并没因此而改变，中国仍属于第三世界的社会主义国家，中国特色的社会主义理论是“社会主义初级阶段”的指导理论。可以认为，作为解构“正统理论”和“宏大叙事”的后现代主义对此失去了应有的理论阐释效用。目前，文化理论领域的改革开放正呈两种倾向向前发展：一方面，改革者（包括文化人）主张放眼未来，加速全球化进程，并且从中受益；另一方面，在改革的进程中，由于缺少披荆斩棘的精神和对“过去时光”的留恋而使一部分人难以坚持一贯，进退两难。20世纪末出现的“文化热”从对西方流行的新理论、新观点和新方法的热烈拥戴到对传统文化、本土文艺理论和国学的回归，使我们能够更加辩证地看待和分析上述问题。我们认为，只有在全球化大背景下，才能真正认识和廓清当代中国文化的历史走向；同样，只有在这一背景下，中国文化与世界文化的碰撞、融合与共同发展才具有新的历史意义和现实意义。

---

① 陶东风：《跨学科文化研究与批判的知识分子——兼论文化研究对于文学理论的挑战》，何锐主编：《前沿学人》，北京：北京图书馆出版社2001年版，第224页。

第二节　英文研究与文学欣赏

一直以来，英文研究的内涵与外延都不断发生着巨大变化。全球性非殖民化文学的迅速崛起、现代主义和各种时兴理论的挑战、传媒革命以及意识形态的嵌入，使英文经典面临被解构的危机，同时也使“伟大的传统”得以重建。在当代，英文研究与“英语专业”、“文学欣赏”、“文化研究”、“文学理论”、“大众文化”、“影视传媒”等共同构建新的英文教学模式和批评话语。

英语是当今世界最通用的语言，其强大的生命力有增无减。英语文学源远流长的历史和丰富多彩的内涵亦是世界文学宝库重要的组成部分。英语文学的历史发展得益于不列颠文学在本土以外的传播，与之相伴的则是早期的英国全球化进程，与其海外扩张、航海技术的提高、人口的迁移、资本主义经济发展、教育的发展和文化水平的提高相伴。由于美国文学的崛起，英联邦国家文学繁荣和非殖民文学在世界各地蔓延，使得英语文学的范围不断扩大，同时也使英语文学的传统地位发生了变化。例如，所谓“内圈国家”，如美国、加拿大、澳大利亚和新西兰等国，已从“移植”和“模仿”18世纪英国浪漫主义文学和19、20世纪现实主义文学的传统发展成为英语文学体系中独立的和别具一格的国别文学和地区性文学。第二次世界大战后，英语的使用范围迅速扩大，使英文研究得以在全球普及。“英文研究在面对世界性的现代主义的挑战时，以昔日帝国的国际主义作为回应，以全球为驰骋的疆域，以本土为安全中心。英语文牍从（爱尔兰的）克雷到（马来西亚的）吉隆坡之间的广大地区畅通无阻。”①

英语文学发展在诸多英语国家都大致经历了对“伟大传统”文学价值的重新阐释和评价，从而确立其作为本国教育体系和意识形态的重要组成部分。笔者认为，关于英文研究的现时定位应在当代科技的昌明、后殖民

---

① ［英］特里·伊格尔顿著，马海良译：《历史中的政治、哲学、爱欲》，北京：中国社会科学出版社1999年版，第186页。

运动、传媒革命以及英语教育普及的背景下加以审视，讨论的问题拟包括：何谓英文研究，英语文学在全球范围内的变体；作为大学科目，英语文学在高等教育过程中的作用，英文研究与文化研究的冲突与联系；信息传播和互联网给英文研究带来什么变化；英文研究是否已融入文化批评以及文学理论的创新，等等。

英国高等教育具有鲜明的民族特色，表现出对绅士文化传统的追求，如高雅的生活情趣，重视内在修养和培养健全理智，珍重文学艺术和人文精神等对人的陶冶价值。这一悠久传统也真切体现在英国文学之中。1828年伦敦大学学院产生第一位英国文学教席（Chair），剑桥大学、牛津大学分别在1878和1904年设立英文教授的职位。美国的老牌大学大致也在同时期聘任了类似的“英国语言文学”教职。早期的英文教育，从研习古希腊罗马文字逐渐过渡到本国本族的文学著作，即从盎格鲁—撒克逊为代表的古英语诗歌直至历代名家名著。就文学分析成分而言，英民族文学仍不乏本族所拥有的古典成分和神话内容，如莎士比亚、弥尔顿、蒲伯、拜伦、叶芝的作品。基督教经典《圣经》（Biblical Studies）仍是必修课，但内涵变得越来越世俗化，着重培养学生的人文精神和道德修养。由此，神学和宗教教育地位被削弱和动摇，取而代之的是包括从莎士比亚到奥斯丁的英国文学经典。从纽伯特（Sir Henry John Newbolt）写于1921年的《英格兰的英语教育》到“右翼守旧派”与“自由改革派”之间展开的激烈争论，都表明英文研究发展并非一帆风顺，争论主要表现如下：

“右翼守旧派”	“自由改革派”
为寻找职业而学英文	学英文提高生活品味
职业训练有专攻	受教育做“完全”的人
崇尚标准、正宗的英文	承认不同英语变体
重视书写（写作）	重视口语表达
书面考试	多元测试
以辞书和文法为准	注重用法和惯常用语
研习经典大书	无所谓经典或权威著作
统一教学大纲	因地因人制订的教学计划
独立而自省的主体身份	多元文化身份和差异

上述关于大学英文教育的地位和作用等问题的辩论仍在继续进行，卷入争论的各方在辩论的内容和观点上很难达成一致。这种论辩的直接后果是导致人们对“传统”和“文学价值”的重新审视，反思文学与“文化资本”的关系以及文化与政治的关系，文学是否对“市民社会”的构成产生影响，文学具有弘扬何种意识形态的功能，或英文研究能否还会以“传道授业解惑”为己任等问题。英文研究的这一范式转变（paradigm shifts）使人们不得不从文化与社会角度加以思考。而且，各种时兴理论和思潮都对英语文学的发展进程和变迁施加影响，“马克思主义理论和福柯理论为莎士比亚研究带来革命，‘解构’使浪漫派诗歌被完全重新评价。几乎没有哪一个文学时期能够得以逃脱女性主义批评的犀利批判”①。令人关注的是，文学批评理论本身业已成为英文研究的重要组成部分。

马修·阿诺德认定文学经典是“世界上最好的思想和最佳的表述”。作为维多利亚时代的诗人、批评家和意识形态代言人，他的意指具有政治倾向和阶级性。“经典名著”的生成和评价体系中的“优”与“劣”，与其说是美学意义的价值评判，不如说是价值体系的差异。因为经典的预选、形成和确立被设置在一定的社会政治背景中，受到地域、民族、阶级属性等制约。“文学或道德的价值往往是人为地制造出来服务于某一种世界观的。究竟什么是文学和文学性？英文系应该教什么？现行的教学大纲反映了什么？有的批评家认为，平时大家习以为常的‘标准’实际上是为宣扬某一种意识形态——资产阶级意识形态——而设立的：资产阶级意识形态创造或虚构了所谓的‘文学性’和‘文学价值’，反过来，‘文学性’和‘文学价值’支持并巩固资产阶级意识形态。”② 例如，莎士比亚的文学语言，业已成为英文研究及英国民族特色已知系统中的核心。就传统的英文研究而言，莎士比亚的戏剧及其语言，作为一种文学风格特征，已被固定下来并公认为英文风格的标准。对后来作家的评价，则是经常依据其风格合乎该传统的程度而作出。由于莎士比亚与英国民族特性之间的联系，

① ［英］莱曼·赛尔登、斯坦·史密斯：《“朗文批评系列读本”总编辑前言》，［英］巴特·穆尔—吉尔伯特等编撰，杨乃乔等译：《后殖民批评》，北京：北京大学出版社2001年版，第1页。

② ［英］彼·威德逊：《导言：英语文学教育的危机》，［法］凯·贝尔塞等著，黄伟等译：《重解伟大的传统》，北京：社会科学文献出版社1999年版，第143页。

莎士比亚戏剧在学校教育中占有重要的地位，学生必须通过熟读莎士比亚的作品来学习英语和习得传统文化。莎士比亚戏剧的价值超越了其他文化形式，最终导致莎士比亚和文学史的教学成为审美霸权和殖民文化的一部分。

第三节 英文研究与文化研究

文化研究是在英国的“伯明翰学派”（The Birmingham School of Cultural Studies）推动下发展起来的一种多学科或跨学科的文化批评理论。它的特点是注重探讨各种文化实践与权利之间的关系，即文化现象和文化实践中的权利运作对文化实践的影响和干涉作用。文化研究的旨趣与社会和政治制度有着密切联系，其使命就是分析在具体的社会关系和环境中文化是如何表现自身和受制于社会与政治制度的。文化研究在英国高等学校内的“建制化”，始于 1964 年在英国伯明翰大学成立的当代文化研究中心（CCCS）。该研究中心自成立之后，影响迅速扩大。现在，在主要英语国家，文化研究作为一门独立学科已确立了自己的地位，与其他人文学科一样逐步实现了规范化和体制化。文化研究把“大众文化”、“社会”、“性别”、“阶级”等社会学理论引入文学文本的研究，打破了传统美学和纯文学批评的规范。文化研究与英文研究的结合和相互借鉴使后者把英语文学作品的分析同社会、历史、文化制度、政治背景相结合，获得与以往迥然不同的研究结果。同时，多角度、多层面和注重政治批判性的文化研究使传统的英文研究获得了新的生机和开放的视野，扩大了文学研究的领域，使其更具深度和广度。卡勒指出：“迄今为止文化研究的发展一直与文学经典作品的扩大相伴（尽管还不能算起因）。如今教授的文学面很广，包括妇女作品和一些历史上的边缘群体成员的作品。这些作品或被增补到传统的文学课程中，或被认为是单独传统（‘美籍亚裔文学’、‘英语后殖民文学’）。”①英文研究的文化视角之所以必要，是因为英语文学同其他文类一样，是其赖以生长发育的最接近的“生态环境”。探讨文学在特定时代、特定的民族和特定社会环境下的生发和创新更能呈现文学的本质特征，有利于表现文学主题、形象、语言和风格的文化内涵。文化研究与英文研究的结合可以为文学文本的文化透视和文化提升创造条件。以开放的视野考察英民族间乃至广大英语世界不同民族间文学的接触和影响，就不难看到其相互冲突、相互采借、相互融合的各种情形，领悟出更丰富的文化意义。

批评理论并非脱离实际的空中楼阁或仅限于对语言文字的学究话语，其本身就是文学实践，存在于作者、读者和批评者之中。文论更是人经验的观念化产物，适用于言说人的生活经验和艺术经验，探讨文学领域所面临的问题，如对文学本体的认识、批评观念、文学视野等。文学批评涉及理论视角和批评方法。从20世纪30年代起，大学英文学科从形式到内容越来越专业化和学术化，以作品为本的纯文学批评占上风，如“新批评”（New Criticism）理论开始在英国和美国流行。然而，“新批评”对批评对象的过分关注表现出其局限性，如把诗视为纯美学作品，忽视研究诗歌作者的背景和创作动机以及社会环境。

“新批评”不依赖其他文学共生因素，强调文本独立的倾向及其在实践性方面的缺失受到许多批评。大致同期出现的其他文学和文化理论开始受到青睐，如被誉为批评理论重要思想之源的法兰克福学派，以及文化研究学派、现象学批评、结构主义、精神分析学批评、女性主义、解构主义、身份政治批评等等。这些不同流派的“广义文化理论”对英文研究均有直接关涉，并已成为英文学科可资借鉴的理论资源，丰富了文学研究。

---

①［美］乔纳森·卡勒著，李平译：《当代学术入门：文学理论》，沈阳：辽宁教育出版社/牛津：牛津大学出版社1998年版，第51页。

该系列部分书目包括：《马克思主义的莎剧研究》（*Marxist Shakespeares*），《莎士比亚与现代性》（*Shakespeare and Modernity*：*Early Modern to Millennium*），《莎士比亚的哲学分析》（*Philosophical Shakespeares*），《妇女缺场几种莎剧》（*Shakespeare without Women*），《莎剧的后殖民研究》（*Post-Colonial Shakespeare*），《莎士比亚与电影》（*Shakespeare*，*The Movie*），《莎剧的历史阅读》（*Reading Shakespeare Historically*），《重新定位莎士比亚：民族的成长与后殖民》（*Repositioning Shakespeare*：*National Formations*，*Postcolonial Appropriations*）《莎剧研究的后理论视角》（*Shakespeare After Theory*），《莎剧的新场景：剧院、受众与亚洲》（*New Sites for Shakespeare*：*Theatre*，*the Audience*，*and Asia*）等。

上述批评理论从多方面揭示了文学与社会实践的关系，文学经验的生成、转化和再现的途径以及人的主体建构的可能。由此，文学研究的传统美学理论和解读方法受到挑战，文学的地位及其批评范式因此受到改变，英文研究遂发展成为综合性的交叉学科。仍以莎士比亚研究为例，21 世纪伊始，英国路特利奇出版社推出了由特伦思·霍克斯（Terence Hawkes）主编的《莎剧研究的新声》系列丛书（*Accents on Shakespeare*）。[①] 该书从马克思主义理论、哲学、性别政治、现代性与后现代性、后殖民理论、历史研究、影视艺术和全球化等角度对莎士比亚作品作全方位的分析，显示出 21 世纪初莎剧研究的最新动态。

第四节　英文研究与大众文化

从英文研究的学科角度来看，英国文化主义传统的大师们对大众文化如何影响受教育者及其对人文学科整体的作用几乎都未给予重视，甚至予以贬低。英文研究的传统旨趣多是“伟大的传统”的价值和所谓的文学“教化作用”，而对相关和相邻的研究领域，如通俗小说、传媒、画刊、畅销书予以排斥，主张“二元对立”，即艺术与非艺术、高雅文学与通俗文学、小说与非小说以及文学与其他艺术类别的对立。由于文化研究者的努力，大众文化走进了校园，成为英文研究课程的组成部分，并在人文和社会科学中受到关注并发挥影响。对此，悲观者认为文学已失去昔日的荣耀，文学价值被“掏空摈弃”，文学的统一性和整体性已被解构，逐步走向“残片化”，因而大声疾呼拯救文学的命运，保护人文科学。乐观者坚持文学“现世性”和它应有的启迪（娱乐）大众功能，认为大众文化和流行文化特别是视觉文化是对文字机能衰退与印刷文学作品局限的重要补充，也是历史发展的必然。事实上，资讯技术的进步，网络信息时代的到来，已经影响到文学的合法性，使文学艺术的“圣殿”发生动摇。诚如英

① ［英］汤林森著，冯建三译：《文化帝国主义》，上海：上海人民出版社 1999 年版，第 13 ~ 14 页。

国文化研究主要奠基人雷蒙·威廉斯所说："就任何一个学科而言，清楚地界定概念的用法有其必要。但是，话说回来，我们也知道真正具有实质重要性的是，同一个词汇的意义范围及其重叠之处，错落与繁复不一的意义之间，乃是精细而繁复的论证，从而我们才能发掘人类的一般发展，特定生活方式的种种关系，以及艺术与智力的运作过程及其展现的工作成品之间的种种关系。"① 作为英国左派知识阵营的代表兼学术权威中心的剑桥大学文学教授，他的论述对英文研究有着深刻的启示作用。

现在的文学创作过程、生产方式和流通渠道构成了对文学艺术合法性的挑战，经典与非经典、高雅文化与通俗文化的界限并非不可突破。雅俗共体的文学艺术形式日渐流行。在高科技迅猛发展的今天，新媒体文学形式正在扩大文学整体性和统一性的概念，英文研究的变革和创新势在必行，英文的多元化批评也必将成为文学研究的普遍观念和特征。

英文研究在当代从文字文本转向了多媒体文本，多媒体文本是当代英文研究的明显态势。由于大众文化研究理论的引导，电影、电视、广告、图画和非线性文本与文学文本都已成了英文研究的内容。文学是"文字"或是"影像"、"声音"、"信息"，与不同媒体文化的"文学性"有关。伊格尔顿认为："我们要坚决放弃这样的幻觉，即'文学'的'客观性'是恒定的或一成不变的。任何东西都能成为文学，而任何一种被看作不容改变的和无可责疑的文学——例如莎士比亚的戏剧——有可能不再被看作文学。以为文学研究就是研究一个稳定而又清楚的实体，犹如昆虫学研究的对象，坚持这种观点都应作为虚妄予以抛弃。"② 换言之，文学的内容、形式和载体以及价值判断不应有所谓"公认"或"权威"的定义，因为文学在发生和发展过程中受制于或得益于历史变化、社会语境以及科学技术发展的水平。当今，世界文化正朝着全球化和高科技整合的方向发展。网络技术、多媒体、超文本进入大学的文学课堂，使现有的教育方式得以改变，信息高速公路的开通使远距离教学成为现实。多媒体的交互性、声像

---

① Terry Eagleton, *Literary Theory: An Introduction* (2nd Edition), Blackwell Publishers, 1997, p. 9.

② ［英］麦克尔·霍魁斯特：《市场模式的大学比较文学的命运》，王宁编：《全球化与文化：西方与中国》，北京：北京大学出版社 2002 年版，第 314 页。

显示使文学文本越来越多样化，由此创造出更优越的学习环境，文学教育资源随之丰富。就文学教学与研究而言，“超文本结构”大大优越于以文字为单一线性文本的结构。新媒体还使英文研究学科的课程内容随之改革。典型文学课程包括“莎士比亚与电影”、“小说与银屏”、“电视纪录片与戏剧”、“英文与影视理论”等等。在诸如此类文学与影视传播联姻的课程中，文本的主体内容和辅助成分很难分辨。以突出文字文本的传统做法已不合时宜，而文本的生产制作和如何接受业已成为评判的重要标准。例如，对英国诗人威廉斯·布雷克（1757—1827）的研究已从诗歌转向多维。又如戏剧，把一出戏的舞台对白和演员表演以及场景和剧中音乐一起进行综合分析。莎士比亚善于把音乐作为艺术创作手段，在《李尔王》、《仲夏夜之梦》和《无事生非》等剧目中，莎翁使用音乐刻画人物性格、描述人物心理状态和渲染团圆、庆典及战斗等场面。剧终伴以乐声则是典型的莎剧艺术风格，也是作品的组成部分。总之，不论英文研究与影视和多媒体的结合，或者文学批评的跨学科研究，都使英文研究获得了生机，使文学研究者得到了有益的启示。

综上所述，英文研究已由传统的单一的语言学科向跨学科或多学科的方向转变。在大学从事英文研究的人当以比过去更加开放和包容的态度关注本学科以外和与本学科相关的知识领域，因为那些知识领域的语言、思想、历史和表达方式可以直接或间接为英文研究服务，使后者获得更有说服力的解释和更贴近真实的结论。耶鲁大学文学教授霍魁斯特认为，英文研究正处在一个变动不居的发展时期，在诸多的教学和研究新领域，各种各样的理论研究方法和交叉学科开始发展起来，并试图改变英文研究的内容和形式，“从心理学和马克思主义的批评到读者反应理论和文化批评——没有哪一个是一成不变的，构成英美文学研究的历史及其附属领域也都受到了修正主义的极大影响”。上述分析让人们预测到英文研究未来发展的不确定性，同时也意味着它可能拥有的拓展空间。文学研究的时代是因失去往昔的“光晕”（aura）而一去不复返，还是会有发展繁荣的新机遇，抑或是文学研究才处于“襁褓期”，它的奥秘仍等待人们去揭示和发现，现在还难以找到现成而又满意的答案。

（本文的相关内容曾刊于《社会科学战线》2003 年第 6 期）

第五章

全球化语境下的流散文学

在当今全球化的语境下，近些年来世界范围内的流散文学研究引起了国内外文学批评界的高度重视，并已经成为比较文学和文化研究的一个热门课题。近年来，流散文学的概念频频出现在国内的研究论坛和学术刊物上。1991 年的《流散族裔》（*Diaspora*：*A Journal of Transnational Studies*）杂志的创刊，标志着流散文化理论作为一种理论研究的开始，其在文学、社会学、人类学、电影研究、酷儿理论、区域研究、种族研究等领域中也得到了普遍运用。随着全球化进程的深入，流散文化理论已经产生并迅速成为理论研究的热点，不可避免地成为 21 世纪的主要批评理论之一，并不断被运用于流散文学的阐释和解读。流散及流散文学的定义是什么，全球化与流散文学的关系是什么，流散文学研究关注的热点问题有哪些，流散文学研究之于当今比较文学和文化研究的意义是什么，这些都是将要讨论和关注的重点。

第一节　流散文学与全球化的关系

“流散”（Diaspora）一词源于希腊文前缀 dia 和动词 speiro，其中 dia 即 over，是“跨越”的意思，而 speiro 意味“播种”；在希腊文中，diaspora 本意是指种子或花粉“散播开来”（to sow/scatter across），植物得以繁衍，从而获得一个生长的新空间。[①] 这一词在希腊历史时期是有其指涉的。希腊史学家修昔里德于《伯罗奔尼撒战争史》中，描述了伊琴纳岛在公元前 459 年被雅典攻克后，岛民被驱逐到城邦外流浪的情况。雅典人认为伊琴纳岛岛民协助斯巴达发动战争，才有此天谴。伊琴纳岛子民历经五十多年的流散，直到公元前 405 年才复国。大写的 Diaspora 的起源最早可以追溯到《圣经》中的《旧约》。这个词在《旧约》中也有其相对具体的历史指涉，尤其是指两次犹太战争（公元 70 年，公元 135 年）后犹太人被迫离开巴勒斯坦地区而在世界各地的流散，或者指流散世界的犹太人或犹太人

① 庄伟杰：《流散写作、华人散居和华文文学》，《世界华文文学论坛》2010 年第 3 期，第 47 页。

所居的国家。犹太人流散了两千多年，足迹遍布世界，他们流散的历史是一个被抛弃、被杀戮和被追踪的历史，直至现代建立以色列国。“流散”因此成为一个特定民族的印记和创伤。因此从词源上看，Diaspora 这个词特指犹太人的流散处境，且只有大写的形式，而小写的形式至今尚未被电脑的词库所接受。

随着后殖民研究、全球化研究等新兴研究领域的发展，尤其是 20 世纪 70 年代之后，Diaspora 逐渐由特指犹太人流散到世界各地转而泛指“任何在自己传统家园以外生活的人或人群”①，其形式也由大写的 Diaspora 变成小写的 diaspora。这一拼写上的细微变化表明该词的内涵有了很大的变化。流散不仅可以专指《旧约》中提及的犹太人的流散经历，还可以指涉世界各地古已有之的流散现象。其实，流散的历史可以追溯到几千年以前的世界，因为那时国家民族之间的地理界线还不像现在民族国家的界线这么明确，即使是强盛的埃及、亚述、巴比伦、希腊、罗马等帝国时期，他们的统治者也难以阻止帝国之内的自由人或奴隶冒险跨越疆界迁移到别的地方，也无法阻止帝国之外的迁移者进入他们的边疆地带定居，这些都形成了最早的流散族裔定居区。再以我们汉人海外流散为例，1279 年蒙古征服大汉帝国之后，大规模的汉族群体就开始移民国外。加布里埃尔·谢弗（Gabriel Sheffer）认为，中国的第二次移民潮始于元朝（1260—1368）并得到元朝统治者的鼓励。元朝的统治者对建立贸易殖民地非常感兴趣。14 世纪后期至 17 世纪，大规模有组织的中国人在柬埔寨、爪哇、苏门答腊、新加坡、泰国和菲律宾建立根据地。总之，从 17 世纪开始，中国流散族裔就开始在世界各地建立自己的散居地点。②另外我们所熟悉的中国人移民美国迄于 19 世纪中期并历经百载，在此过程中移民美国的华人已经有了他们的第二代、第三代，甚至第四代和第五代，直至 21 世纪的今天，流散华人在美国这个移民国家人口比重中，已经成为一个不可忽视的群体。同样，流散也见于阿拉伯帝国和美国其他流散族裔的历史。由此可见，流散之于世界的历史而言，是一个广及不同时代、不同地域、不同民族或国家的普

---

① 王晓路等：《文化批评关键词研究》，北京：北京大学出版社 2007 年版，第 307 页。

② 徐颖果主编：《离散族裔文学批评读本——理论研究与文本分析》，天津：南开大学出版社 2012 年版，第 5 ~ 6 页。

遍现象，不同的国家有其流散在世界各地的流散族裔群体，也会容纳来自世界各地的流散族裔群体，因此这个词语完全可以在一个更加宽泛的意义上得到试用。我们这里给“流散”下一个更为普泛性的定义，它是指各个民族人民一种自愿的或者强有力的从家园向新区域的运动，也指这些民族的个人或群体选择离开母体文化而在异域文化环境中生存，由此而引起的个体精神世界的文化冲突与抉择、文化身份认同与追寻等一系列问题的文化现象。流散实际上涉及三重意义上的跨越或越界，第一层是时间上的跨越，也即流散到异域生活或定居，就将个人的时间分为过去和现实；流散还是空间上的跨越，也即个人或民族由原有的故乡或地域进入了陌生的异域环境；流散更重要的是文化上的一种跨越，有着流散经历的人或群体往往会面临母国文化和异国文化的巨大差异。由于该词在不同时空的语境所衍生出的多重含义，其中文的译法甚多，不一而足。译为“散居”、“散居者”和“散居族裔”者有之，译为“流散”和“流离失所”者有之，创造性地译为“飞散”者有之。譬如王光林在“翻译与华裔作家文化身份的塑造”一文中将其译为“族裔散居”[①]；张冲在2006年的“散居族裔批评与美国华裔文学研究”一文中将其译为“散居族裔”[②]；王宁在其“流散写作与中华文化的全球性特征”一文中将其译为“流散”，他还认为该词也可以译为“离散”[③]；童明在其“文论讲座：概念与术语飞散”中为这一词创造了一个新词，他认为“‘离散’有离乡背井的凄凉感，而‘飞散’更符合 diaspora 充满创新生命力的当代含义。‘离散’是被动的，而当代意义上的‘飞散’则是主动的”，还认为“‘飞散’的译法既贴切diaspora的希腊原意，又准确道出希腊词源在当代文化实践中复兴的事实”[④]。笔者认为“散居”、“散居者”强调的是个体或集体性居住状况，偏于相对静止的

---

① 王晓路等：《文化批评关键词研究》，北京：北京大学出版社 2007 年版，第 308 页。

② 王晓路等：《文化批评关键词研究》，北京：北京大学出版社 2007 年版，第 308 页。

③ 王晓路等：《文化批评关键词研究》，北京：北京大学出版社 2007 年版，第 308 页。

④ 王晓路等：《文化批评关键词研究》，北京：北京大学出版社 2007 年版，第 308 页。

状态，而“族裔散居”的译法过于强调散居者的民族性，显得有些狭隘。童明自创的“飞散”一词，着重强调的是 diaspora 在当代的生命繁衍、充满创新生命力的正面的意义，而舍弃了这个词在某些民族的历史语境中流离失所、凄苦伤感的味道，显得有些偏颇。鉴于此，我们也许可以将其译为“流散”，它可以涵盖流散个人和共同体、流散行为和流散状况，相比于其他译词显得较为中性，可以兼作动词、名词和形容词。这样的定义既可以帮助我们把握“流散”的丰富含义，也可以拓宽我们研究流散文学的视野。

的确，流散在全球化的语境下已经逐渐成为文化批评和后殖民研究中的一个重要批评范畴。马丁·鲍曼就指出：“流散一词在语义学上的拓宽，不仅使其与任何分散的人群相关，而且使其概念化为一种特定类型的意识，这使得‘流散’成为20世纪末学术对话中最流行的术语之一。”[①] 这里有必要凸显流散和“全球化”之间的密切联系，因为“全球化”构成了流散的最宽泛的历史背景，并使当今流散问题得以凸显。从词源学的角度上讲，“全球化”本身是一个崭新的词语，没有一个内涵和外延都十分明确的指定含义。目前对此概念还没有一个确切的定义，而且不同的人也会作出不同的解释。一般认为，“全球化”一词最初是由经济学家莱维在1985年提出来的，他用这个词形容此前20年间国际经济的巨大变化，即商品、服务、资本和技术在世界性生产消费和投资领域的扩散。[②] 不消说这是一个描述当今世界发展状况的词语。按照约翰·汤林森的定义，全球化是指“构成现代社会生活的日益发展、日益紧密的相互联系和相互依赖性，这种联系体现在大多数以此种或彼种讨论全球化的表述中”。这种相互联系和依赖性表现在“当今商品、资本、不同民族的人、影像、犯罪、污染物、毒品、时尚和信仰都已经非常轻巧地跨越地区界限，跨国的网络、

---

① Martin Baumann, Diaspora: Genealogies of Semantics and Transcultural Comparison, *Newmen: International Review for the History of Religions*, 2000, Vol. 47, Issue 3, pp. 313–328.

② 百度百科词条“全球化”，http://baike.baidu.com/view/25886.htm，2012年8月10日。

社会运动和各种关系都可以遍布自学术到性几乎所有的领域"[①]。对全球化，人们有不同的反应和认识，王逢振在给"全球化"撰写的词条中就列举了四种观点：第一种观点认为根本不存在什么全球化，因为世界上仍然存在着民族、国家和不同的民族遭遇。第二种观点认为全球化并不是什么新的东西，自古以来就有，只要看看埃里克·沃尔夫的《欧洲和没有历史的人》就不难明白，在那本书里，新石器时代的贸易路线贯穿全球（当时的全球范围），波利尼西亚的制品保留在非洲，亚洲的陶片散布在世界各地。第三种观点承认全球化和世界市场的关系，并认为世界市场是资本主义的最终视野，当今的贸易网络较之于人类历史的其他时期在规模和程度上已经大大不同。第四种观点假定资本主义发展到一个新阶段，也就是跨国资本主义阶段。[②] 第三种和第四种观点有相互交叉之处，也符合我们现在使用该词时所赋予它的含义，而第二种定义倒是可以让我们从历史的视角去看待全球化这一过程。远古时期，整个地球上不同地区的人们还相互隔绝、相互疏离，正是贸易、经济和其他文化活动使得不同地区、不同民族之间的相互联系越来越紧密。在漫长的人类历史中，西方的殖民活动可以说大大加快了全球化的过程，而随之而起的是程度和规模越来越大的移民或流散。众所周知，现代意义上的移民是从西方近代航海大发现开始的，先是大批的寻求冒险创业的欧洲人移向新大陆，而后是欧洲新兴资本主义的海外贸易和殖民主义的领土扩张，这就导致了大批落后国家的廉价劳动力和黑人奴隶被输入或输出，客观上造成了大量的移民。同时，殖民者在殖民地派遣驻扎的政治、军队、司法和行政管理人员等也成为所谓的"欧洲流散"。不仅如此，殖民主义还加大了宗主国和殖民地在政治、经济、教育等方面的差距，于是或出于政治流亡，或躲避战难，或求学深造，或谋生发财，殖民地人民也开始进入欧洲、北美洲的帝国中心，成为反向移民，这就形成了双向和多向移民的现象。20 世纪中期以来，旧殖民体系解体，科技迅猛发展，世界政治、经济、文化全球化的发展趋势日益明显，各地区、各民族和各个国家之间，文化的交流更加深入，随之而起

---

① 赵一凡：《西方文论关键词》，北京：外语教学与研究出版社 2006 年版，第 457～465 页。

② 赵一凡：《西方文论关键词》，北京：外语教学与研究出版社 2006 年版，第 457～465 页。

的是一波又一波的移民高潮。这种移民客观上带来的结果就是流散的个人和群体与寄居国在经济、社会和文化等方面的交流中产生了种种的冲突与融合，自然移民成为相关领域的研究对象。目前流散批评的研究领域涉及文学、人类学、哲学、社会学、语言学、历史学和心理学等，而基于流散的经验和情感而产生的流散文学因其直接、新鲜、具体和真实的品质，自然也成为这一研究重点关注的对象。

有了对于流散意义的讨论，我们就可以接着讨论一下流散文学（diaspora literature），它是指不同国家、民族、阶级、性别或背景的作家，基于其流散经验和境遇所创作的文学作品，或如刘洪一所说的那样，流散文学是“伴随着‘流散’这一历史文化现象而出现，并以文学形式对流散的历史文化内涵进行的诗性表征”①。的确，流散与文学的结缘在西方文学史上有着漫长的历史。这方面的例子俯拾皆是，狭义的流散文学是指全球化时代伴随着流散现象所产生的文学现象，而广义的流散文学却可以追溯到公元前9世纪荷马的文学创作。譬如荷马的《伊利亚特》和《奥德赛》，盎格鲁—撒克逊人的《贝奥武甫》，西班牙人的《熙德之歌》，但丁的《神曲》，19世纪的“流浪汉”小说如西班牙人的《小癞子》，塞万提斯的《堂吉诃德》等。此外还有西方的“流亡文学”，譬如英国的浪漫主义诗人拜伦、俄国的陀思妥耶夫斯基、挪威的现代戏剧之父易卜生和爱尔兰的乔伊斯等，他们创作的“流亡文学”也是流散文学在历史中的变体。就像王宁所评点的那样，“他们或者出于家庭的原因，或者由于他们过于超前的先锋意识或鲜明的个性特征，而与本国的文化传统或批评风尚格格不入，因此自愿被迫选择流落他乡，而正是在这种流亡的过程中，他们写出了自己一生中最优秀的文学作品”②。20世纪是人类历史上最为动荡不安和复杂多变的时代，世界政治云诡波谲，两次世界大战、东西方的冷战、第三世界的崛起、民族独立运动、女权运动的蓬勃发展和之后的经济全球化，使得流散现象成为全球不可忽视的社会文化现象，流散和文学的关系得到空前的凸显和发展。国际上最具影响力的文学奖如诺贝尔文学奖、布克文学

---

① 刘洪一：《流散文学与比较 文学：机理与联结》，《中国比较文学》2006年第2期，第106、108页。

② 王宁：《流散文学与中华文化的全球性特征》，《中国比较文学》2004年第4期，第7页。

奖、普利策文学奖、龚古尔文学奖都慷慨地将奖项颁给了相当一部分流散作家，表明流散文学日益受到全球文学批评界的高度重视。譬如诺贝尔文学奖方面，瑞典评奖委员会近些年非常注重文化交流大语境中各种文化的冲突和渗透，尤其是强势文化对弱势文化的认同，弱势文化与强势文化的冲突以及弱势文化对强势文化的渗透。1986 年的尼日利亚作家沃莱·索因卡，1991 年的南非女作家纳丁·戈迪默，1992 年的圣卢西亚作家德里克·沃尔科特，2000 年的法国华人作家高行健，2001 年的英国作家奈保尔，2003 年的南非作家库切，2006 年的土耳其作家帕慕克，大多是一些流散作家，他们在不断的漂泊和迁移中穿越不同的文化空间来写作，其作品蕴含着西方文学史中流浪母题的基本精神和现代表征。英国布克文学奖方面，其获得者有来自印度的萨尔曼·拉斯迪和基兰·德赛，尼日利亚的契努瓦·阿契贝和斯里兰卡的翁达杰等，他们也都是流散作家。细数近年来的普利策文学奖和龚古尔文学奖获得者也是如此。在世界日益全球化的今天，这些流散作家都能熟练地运用世界性语言英语来写作，具有四海为家的全球化意识，既注重在创作中凸显母国文化的背景，又强调不同文化的交流和融合以形成世界文化多元性的立场。

讨论全球化语境下的流散文学是一个很庞大和复杂的问题，因为流散群体很多，以国别来分，几乎所有的国家都有自己的流散群体的创作，而以典型的作家和作品为例，似乎也不能覆盖一定的范围。这个问题还因为殖民地和宗主国之间的双向流散而变得更加复杂，即不仅有来自欧美的殖民者向殖民地的流散，也有来自第三世界向帝国的中心流散的流散作家。鉴于目前流散文学研究中主要关注亚裔流散作家（包括了目前研究成果斐然的华裔美国文学和海外华语文学以及南亚印度裔美国作家的流散文学）、非洲裔流散作家、加勒比海地区的流散文学，又鉴于在流散文学研究中较多讨论那些来自前殖民地的流散作家，而来自欧洲宗主国向“第三世界”殖民地流散的作家则讨论较少，我们在讨论以下的流散文学研究关注的热点问题和其之于当今比较文学和文化研究的意义只能删繁就简，重点选取来自这些不同地域的代表作家的代表作品来提供例证，以期在集中讨论一定“点”的同时又兼顾一定的“面”。

第二节　流散文学中的文化身份认同

流散批评（diaspora criticism）是20世纪90年代在经济全球化背景下发展起来的一种研究流散族裔群体的社会、经济和文化现象的理论，主要研究人类历史上较大范围的迁徙移居现象以及由此而产生的流散族裔与当地居民在社会、经济和文化交流中的适应、冲突和融合的问题，目前其研究领域主要有三个方面：流散族裔的身份界定；由族裔流散引起的跨国文化流动；全球化语境下的流散族裔问题。[①] 文化身份/认同问题一直是流散研究中最重要的问题，其实这方面的研究也就是近几十年出现的新热点。在国外，美国的学术理论刊物《批评与探索》在20世纪90年代就开始刊载一系列文章来探讨文化身份/认同，它们尤其关注身份/认同之于政治和意识形态之间的关系，最终被编辑成论文集《身份认同》，从而成为身份/认同讨论的滥觞。这之后有关民族、文化和政治身份/认同的讨论一直成为学术界讨论的重点，而且跨越了多学科的界限，涉及种族、阶级、女权主义、民族主义和流散研究的区域研究等方方面面。在讨论本节内容之前，我们先来谈谈身份/认同的多重含义。

英文identity源自晚期拉丁语identitas和古法语identite，它由表示“同一”（same）的词根idem构成，这一词根类似于梵语idam（同一）。这一术语被用来表示“同一”（sameness）、“相似”（likeness）和“整一”（oneness）。在此意义上，identity可以指“从本质上确认或识别某人或物的一系列特征的总和”，但是它也隐含着“一个人或事物是其自身而不是其他的状态或事实”[②]。因此identity又和“差异”有着密不可分的关系，而且identity兼有“关联人或物的同一”和“区分人或物的差异”的两层意思。这个词现在译为身份/认同，前项更多意味着外在（客体对主体）

---

① 张冲：《散居族裔批评与美国华裔文学研究》，《外国文学研究》2005第2期，第87页。

② M. H. Abrams, *A Glossary of Literary Terms*, New York: Thomson Learning, 1999, p. 134.

认定的成分，属于一种社会性表识；而后者则更多指涉内在（主体对于主体本身）认定的成分或过程。这一概念要从哲学的、社会的，心理的、性别的和文化的不同维度去定义。陶佳俊曾总结了西方人文历史中三种重要的身份认同模式，即以主体为中心的启蒙身份认同、以社会为中心的社会身份认同以及后现代去中心的认同。[①] 现今的流散文学研究中更多关注的是后现代身份的认同。

后现代身份/认同的概念涉及其相对性、否定性、情境性、流动性等诸多方面，其否定性在于，定义和描述某一身份/认同身份时，往往以排斥和否定另外一身份为前提。霍尔曾经说："身份是一个结构再现，其肯定的意义只有通过否定这一狭隘视角才能实现。"[②] 格罗斯伯格也认为"任何身份都依赖于区别或否定于其他定义"，"身份是在差异中建构的"[③]。身份/认同的相对性基于其否定性也很好理解，即某一个体或群体与他者往往形成错综复杂的关系，因此在包含了多重差异的关系中，身份/认同具有一定的相对性。而其情境性是指其建构要受制于一定历史语境中的社会话语和实践。特定的历史语境塑造特定的个人或群体身份，因此身份是社会话语和实践的网络为我们建构的主体的位置，就如同史蒂芬·格林布拉特在《文艺复兴与自我形塑》中所阐明的那样。由于社会话语和实践是随历史语境而变化的，身份/认同又是流动和变化的，这自然使我们关注这一概念中的流动性。霍尔就认为身份的重要特征是"成为"（becoming），而不是已经固定的"存在"（being）。不消说后现代的身份认同强调的是差异性、相对性、情境性和流动性，彰显的是一种非本质主义的身份/认同观。这与我们熟知的本质主义身份观形成了鲜明的对比，那种身份认同观认为身份是一个民族"稳定、不变的连续的指涉和意义框架"，意味着"一种集体性的真正自我，人们可以在所述民族历史传统中获得的固定源

---

① 赵一凡：《西方文论关键词》，北京：外语教学与研究出版社 2006 年版，第 457、465 页。

② 赵一凡：《西方文论关键词》，北京：外语教学与研究出版社 2006 年版，第 457、465 页。

③ 赵一凡：《西方文论关键词》，北京：外语教学与研究出版社 2006 年版，第 457、465 页。

头和自我认同感"[①]，强调目前某个本质化的过去所给予我们的稳定感和连续感。这两种观念之间还是悖论性地存在着游移、过渡、交叉、矛盾和混合等认同状态，而我们现在会更多地讨论后现代的身份认同，本质主义身份观已经作为解构的对象。从一个辩证批评的立场来看，流散文学研究中涉及探讨文化身份/认识到身份认同有绝对运动性的一面，也要看到其相对稳定性的一面，这是我们在讨论流散作家对于母国文化的认同中必须关注的维度。

文化身份/认同这一概念中出现"文化"的修饰语，很自然地我们就应该讨论一下文化的概念。按照泰勒的定义，文化是"包括全部的知识、信仰、艺术、道德、法律、风俗以及作为社会成员的人所掌握和接受的任何其他的才能和习惯的符合体"[②]。我国学者梁漱溟也曾给它下过定义，"所谓文化不过是一个民族生活的种种方面。总括起来，不外乎三个方面：一是精神生活方面，如宗教、哲学、艺术；二是社会生活方面，我们周围的人——家庭、朋友、社会、国家、世界——的生活方法，它包括了社会组织、伦理习惯、政治制度及经济关系；三是物质生活方面如饮食起居种种享用，人类对于自然界求生存的方面"[③]。的确，我们是在一个整体意义上使用文化来指涉特定地域或民族的物质文明和精神文明的所有方面，这一概念对于跨越有着巨大差异的双重或多重文化时尤其必要。另外需要特别强调的是，任何个人和群体都是生活在特定的文化语境中的，在很大程度上都是这个文化的产物；文化中的语言、政治、宗教、历史和伦理道德观念都会形塑个人和群体的文化内涵。如果个人和群体从未逾越本民族的文化界限，自然就不会有文化身份/认同的问题，但是如果他们跨越了界限而进入异域文化，其母国文化就会在上述所称的诸多维度上与异域文化发生冲突和融合，用一种隐喻的说法来表述，就是个体或群体所有文化的根须和枝杈都会与另一种文化相应的各个层面产生刮擦和叠合。流散是一种时间和空间，更重要的是一种文化上的跨越，流散文学也必然涉及至少是双重甚至是多重的文化参照体系，在讨论流散文学作品中的文化身份

---

① 罗钢、刘象愚主编：《文化研究读本》，北京：中国社会科学出版社 2000 年版，第 34 页。

② 陈华文：《文化学概论》，上海：上海文艺出版社 2001 年版，第 5 页。

③ 陈华文：《文化学概论》，上海：上海文艺出版社 2001 年版，第 5 页。

时，我们更多的是指文化“归属感”意义上的文化身份概念，即这些作家置身于母国文化和异国文化的相互对立和冲突中，他们更倾向于认同哪一种文化价值和信念，哪一种价值观或意识形态话语。在当今的全球化时代，流散使得双重或多重的文化发生了碰撞、冲突和融合，流散者也因此面临着文化认同问题，面临着一个在复杂的双重或多重文化中选择自己位置的问题。霍米·巴巴也许正是因此才写出了他那部誉满全球的《文化的定位》来讨论全球化时代人们的文化身份问题。但是流散作家在选择自己文化位置时又很难像非此即彼那样简单，往往存在两极之间摆动的不确定性，这在很大程度上造成了流散作家的身份焦虑，这一点体现在流散文学作品中不同人物在确定自我文化身份时的困惑。正如张冲所总结的那样：“流散作家由于流散族裔的跨民族跨文化的特征，双重或多重文化往往使得他们产生双重或多重的文化意识，他们身上往往体现着隐形的母国文化、母国意识与显性的现文化、现意识之间的分裂和冲突，体现着某种程度的身份上的不确定性。”[①] 的确，身份焦虑一直是流散文学中反复出现的主题，这可以在我们的华裔美国流散文学、海外华文流散文学和南亚流散文学中得到佐证。

譬如在迄今为止的美国华裔流散文学研究中，文化身份/认同一直是一个最重要的课题。不过讨论这一问题因为移民选择流散的时间、地域和不同的背景而包含相当大的复杂性和多样性。譬如对于第一代移民来说，他们的文化身份/认同就在很大程度迥异于第二代、第三代或第四代的移民。第一代移民由于他们的个人历史和生存现实都与母国文化存在密不可分的联系，但是流散又使得他们跨越了国家和民族的地域与文化疆界。他们流散到寄居国之后往往会感受到巨大的文化差异，母国文化相对于异国文化所处的弱势地位以及他们感受到的政治经济等方面的边缘化，使他们容易产生被排斥或被歧视的消极性的精神体验。他们往往更多地认同母国文化，倾向于从昔日的故乡回忆和历史脉络中寻找认同皈依的方向，以获得一种生存的安全感或稳定感，维持与母国文化传统的连续性和稳定性，而不致产生一种文化身份上的分裂感。譬如黎锦扬所写的《花鼓歌》中，

---

① 张冲：《散居族裔批评与美国华裔文学研究》，《外国文学研究》2005 年第 2 期，第 88 页。

最初的移民由于美国的种族歧视和经济上的边缘化，都聚居在纽约的“唐人街”上，其中对格兰特大道有这样的描述：“对于海外华人来说……格兰特大道就是广东……仍然是与家乡最近的地方。中国的戏楼、粥棚、茶馆、报纸、饭菜、中药……都提供了一种气氛，使一位流散者疑惑自己是否真的站在外国的土地上。”[①] 而唐人街的王老爷——王奇洋就生活在与格兰特大道隔三条马路的宅子里，守旧固执，依然留恋中国的文化，沉湎于怀旧。他的客厅里贴的是中国国画和对联，摆放的是八仙桌，敬奉的是中国的神灵。在生活中，他也拒绝学习英语，只能听懂“Yes”和“No”。另外，在南亚印度裔的流散文学中，裘帕·拉希莉近期的长篇小说《同名人》，也是以探索母国文化与异国文化、探索移民的文化身份认同为主题的。故事主人公果戈理的父亲艾修克和母亲阿西玛都来自印度的孟加拉，属于第一代移民。他们从小出生并成长于印度，母国文化自然成为他们精神和情感依附的所在。虽然他们结婚并定居于美国，但是萦绕在他们灵魂深处的还是印度文化的传统。在美国的家庭中，他们依然保留着印度的语言、饮食和生活方式，家庭聚餐依然在来自孟加拉的亲戚朋友中进行，甚至在婚丧风俗上，他们也依然遵循印度的做法，譬如果戈理的爷爷去世时，艾修克在美国的公寓里依然自我剃发以表达对父亲的哀悼。阿西玛也是如此，她私下里还是按照印度的饮食习惯为丈夫准备晚餐，依循印度的美学标准来装潢他们的家居。艾修克夫妇为了慰藉思乡之情和弥补心中的哀伤，唯一能做到的事情就是每隔一年回一趟加尔各塔省亲，去完成母国的文化传统给他们设定的责任和义务。如此，他们越是对这些母国的文化传统割舍不断，就对于美国文化越难以认同。对于异国他乡的生活，阿西玛有着最为深切的感受，她说客居美国的生活“本身就是某种终生未了的妊娠——一种用于休止的等待，一种无法摆脱的负担，一种长相伴随的郁闷，只会发现昔日的生活早已飘然远去，取代它的是更为复杂、更难对付的东西”[②]。这种对于母国文化的认同不消说是以拒绝和否定异国文化为取向的，指向了身份/认同的否定性。当然，第一代移民中也有迫于生存的

---

① Lee ChinYang, *Flower Drum*, London: Penguin, 2002, p. 1.

② ［美］裘帕·拉希莉著，吴冰青、卢肖慧译：《同名人》，上海：上海文艺出版社2005年版，第5页。

压力和强势文化的影响，他们也会部分接纳异国文化或者彻底摒弃母国文化而强烈认同异域文化，以获得某种更为安全的新文化身份。譬如在《花鼓歌》中，黎锦扬就给出了一个意味深长的结尾，王奇洋终于主动登上西式医院的台阶去医治他的慢性哮喘。而在刘裔昌的《父亲和裔昌》中，父亲和在美国长大的儿子都强烈认同美国文化，希望忘记自己的种族/族裔身份，刻意去追逐自己的美国梦。当别人质疑父亲的美国公民身份时，他就会脾气暴躁地坚持自己是一个美国人。但是在儿子裔昌看来，父亲的一生不过是个骗局，因为老人总是拒绝说出自己的过去，试图隐瞒或遗忘自己过去而获得的文化认同与受到种族歧视的现实构成巨大反差。他们总是会处于主动认同但又被拒绝承认的文化窘境中。

如果说第一代的移民大多对于母国文化有强烈的认同的话，对第二代、第三代和第四代的移民而言，他们生活在与父母截然不同的环境中。他们在寄居国接受教育，受着寄居国文化的熏陶，平时读的是英文书籍，而非母国文化中的经典；他们更倾向于接受寄居国的文化，但是母国的文化依然是其生活中难以忽视的一个存在，因为父母会要求他们学习并遵循母国的文化传统和习俗，借以维持一种与母国的文化联系，因此他们也会处于一种身份认同的焦虑之中。无论是汤亭亭的《女勇士》，还是谭恩美的《喜福会》，这些作品都反映了这些流散作家的双重文化意识甚至多重文化意识。小说主人公们都因双重文化意识而内在体验到文化意识的冲突和身份认同方面的迷惘困惑。在《女勇士》中，开篇“无名女士”的第一句话——“你千万不要把我要讲的话告诉任何人”，是母亲在叙事者“我”即将步入成年时的警告，她接着用从未提及的姑姑的故事告诫“我”要坚守贞操。姑姑在丈夫出国多年后怀孕，临产前家宅惨遭村民袭击。次日清晨，母亲在院内发现姑姑母子的尸体。母亲一方显然是中国文化的代表，她的教训口吻中体现的是中国封建社会的贞操观对于女性的要求并对“我”发出警告；而“我”对无名的姑姑却充满同情，视她为先驱，继承了她的反叛精神，在“我”的叙述中姑姑的悲惨遭遇终于昭告天下，甚至在“白虎山学艺”一章中，我还要成为勇敢的花木兰，一个具有男女两性的人，蔑视和挑战一切父权秩序。从表面上看，是叙事者和母亲之间的冲突；从深层次来看，则可以视为一种文化冲突，是一种母亲所代表的封建主义女性观和处于美国文化语境中的“我”的女性主义观的文化冲突。无独有偶，在谭恩美的《喜福会》中，不同母女关系中的矛盾冲突也折射出作家的双重文化意识。这些母亲们都来自战火频仍的中国，她们依然是中国文化的代表，到了美国依然还尊奉中国文化中的价值观和伦理道德观念。与此相反，女儿们在美国长大，接受的是西式教育，被灌输的是美国自由平等的价值观念，因此很难认同中国文化。母亲们在她们眼里说着蹩脚的英语，有着许多令人难堪的坏习惯和喜欢炫耀的特点。吴精妹的母亲吴宿愿希望女儿听她的话，按照她的设计与期望发展，让她成为钢琴天才或常春藤名校的高材生，而女儿则尽一切可能让自己的母亲失望。薇弗莸认为她的母亲以她赢得棋类比赛而感到自豪就是一种炫耀，于是反诘母亲，如果后者想炫耀，为何不自己去学棋。在拉希莉的《同名人》中，在美国出生的第二代移民果戈理、毛舒米以及索娜亚接受的正式教育是西方式的，美国的文化已经不自觉地成为他们生活中不可避免的一部分。然而，他们还是受到了家庭中印度文化的影响。父母依然让他们学习母国的语言，遵循印度的饮食和服饰习惯，接触印度的文化典籍，因此印度文化依然是他们生活中的存在。他们从一出生就处于两大文化阵营的夹缝中，成了远离中心主流文化的 ABCD（美国出生的迷惘的印度人）。较之于第一代移民面对的思乡痛苦，他们的痛苦和绝望比第一代移民更为深重，因为他们游移于两种文化之间，无法获得一种稳定的认同，既不是真正的美国人，也不是真正的印度人，他们成了双重文化的局外人。故事主人公果戈理的爱情婚姻经历一波三折就说明了这一点，他选择代表美国文化的女孩麦可欣为女友，但因为无法忘却印度文化而致使恋情失败，而选择了来自印度的毛舒米建立婚姻同样也因为后者对于法国文化的认同而以离婚告终。总而言之，流散作家因其独特的跨文化的生命体验，往往都有着比较强烈的边缘文化意识和身份危机感。他们作品中的主人公们所感受到的文化身份困惑和因此而产生的痛苦迷惘，其实就是这些作家双重或多重文化意识的一种表征。

对于流散作家所处的文化身份的危机，对于他们在异国文化中所体验的非常强烈的身份焦虑，我们也许可以将这种流散理解为某种后现代普遍的人类文化特性或生命状态。但这只是文化/认同问题的一面，在流散文学的批评中，我们还应该意识到流散作家们不愿意安于这种状态，而持续不懈地追寻某种生命归属意义的完整。流散是一种对于生活稳定固着状态的拒绝和离弃，而越是经历跨越时间、空间和文化的流散，就会越易于陷入一种文化身份认同上的分裂、破碎和不确定或生活世界完整意义失落的境地。置身于此窘境，流散作家对和谐和融合的要求就越强烈。在此意义上，流散文学既是饱受文化身份认同焦虑的流散者的文学，也是他们持续追求归属、建构新的整一身份和寻求文化融合的文学。在流散文学中，我们可以很容易地找到这样的主题。汤亭亭在《女勇士》中面临着东西方文化的冲突，但她也试图将中国传统文化与美国精神相调和，从而达到一种文化平衡。在该书的结尾，汤亭亭讲述了汉代蔡文姬所谱写的《胡笳十八拍》。蔡文姬的歌声和胡笳的乐器象征着两种文化的对话，这两种声音的融合才能产生千古流传的《胡笳十八拍》。另外，在谭恩美的《喜福会》中，女儿们和母亲们因为文化差异而产生了种种误解、矛盾、隔阂和冲突，但是作家还是在最后弘扬了融合的主题，女儿们终于对处于边缘的、有着种种过去回忆的母亲们表示了理解和认同。这些在象征层面其实就是以女儿们为代表的美国文化与以母亲们为代表的中国文化之间的理解和认同，从而实现了东西方文化之间霸权关系的消解和文化的融合。而在荷兰华裔流散作家林湄的《天眼》中，这种对于从文化冲突到文化融合的思考更是得到了一种哲学上的升华。基督徒牧师弗莱德与华裔妻子微云之间经历了从陌生到相熟，又因碰撞而分离的过程，这也许可以归结于两个人在人生选择和价值观上的差异。但是从深层次来看，这些又是由于文化差异引起的。对于这位牧师丈夫来说，他要追求的是人的最高特性——神性，愿意弃置尘世的一切去追求天国的光辉；对于妻子微云来说，她追求的是可以给她带来遮蔽风雨的家，一个可以真正依傍的丈夫，一种尘世中可以获得安全稳定感的生活。两人情感发生冲突、疏远以至于离散都可以归因于文化差异。但作家显然还有超越文化差异带来的融合方面的思考。小说的结尾处，弗莱德基督式的博爱征服了微云，微云具体细致的爱也使弗莱德复活。两人在经历了许多坎坷后，终于超越了彼此的差异以及由此带来的隔阂和疏离，获得了真正的理解，实现了情感的升华，也最终实现了双重文化在冲突之后的融合。

当然在流散文学中对于文化身份认同的讨论不仅仅局限于上述内容，这一问题的讨论还会因为考虑到身份认同的情境性、流动性和相对性而更趋复杂化。赵健秀就是这方面最为突出的例子。在 1974 年出版的《哎咦！

亚裔美国作家选集》的导言中，他正式提出并界定了“华裔美国感性”这个概念，把它当作真正的华裔美国文学的标准并以此重新建构华裔美国文学的传统。这是“既非美国白人又非中国人”的一种全新的感性，强调流散的华裔美国人独特的语言、历史、情感和文化精神，正如他自己所说的那样：“在我们能够讨论我们的文学之前，我们必须解释我们的感性。在我们能够解释我们的感性之前，我们必须勾勒出我们的历史。”① 而到了1991年出版的《唐老亚》那里，他又开始了从全盘否定中国文化到对中国文化的全面肯定的转变。他的这种转变与其批评思想中的变化是一致的。如果说在《哎咦！亚裔美国作家选集》中，赵健秀对于文化身份的认同是美国主流社会对华裔美国人的种族歧视和中国对域外华人的控制的话，那么到了20世纪90年代，赵健秀已经开始超越自己早期带有族裔本质主义倾向的思维模式，接纳和肯定从80年代起开始提倡多元文化的美国社会中种族融合的可能性。赵健秀在文化身份认同上的变化的确是一个说明这一概念内含的情境性和流动性的很好的例子。另外，流散作家中本身也有性别之分，置身于异国强势文化中渗透的种族歧视的氛围，不同性别的作家会处于不同差异语境中的不同位置，因此他们/她们的文化认同也表现出一定的特点。譬如汤亭亭在《女勇士》中相较于白种人和黄种人、华裔男性和华裔女性，选择了从抗拒种族歧视和强调女性主义的角度去建构自己的华裔女性的文化身份；而赵健秀的《唐老亚》在与上述同样的双重差异性语境中建构了华裔男性的文化身份，那场沸沸扬扬的“汤赵之争”也说明了对于文化身份/认同相对性的不同理解。的确，文化身份认同超越了多学科的界限，涉及种族、阶级、女权主义、心理分析、民族主义和流散研究的区域研究等方方面面，其复杂性和多元性应该在我们的流散研究中加以细致审慎地对待。

---

① 刘海平、王守仁主编：《新编美国文学史》，上海：上海外语教育出版社2002年版，第351页。

第三节 后殖民写作中的文化政治维度

后殖民主义是继后结构主义思潮中诞生于西方文论中的一个流派，对这一概念的内涵和外延一直存在争议，没有一个清晰的界定。但大体来说，它主要研究西方殖民统治之后，原宗主国和原殖民地之间的文化话语权力关系以及有关种族主义、文化帝国关系、国家民族文化和文化权力身份等新问题。① 第二次世界大战之后，全球殖民体系瓦解，被奴役和剥削的亚非拉国家纷纷摆脱西方殖民统治，获得政治上的独立。虽然这些前殖民地国家在政治上摆脱了殖民统治，但在思想观念和意识形态上，却依然受到西方宗主国的影响。于是，相当一批来自前殖民地后又流散至宗主国的知识分子们开始重新审视东西方的文化政治关系，他们通过揭露殖民者对殖民地人民的意识形态控制来建构他们自己的理论话语。后殖民话语颠覆了殖民主义的二元对立和本质主义的思维模式，解构或消解了帝国中心话语，成为第三世界对抗西方文化霸权，实现本国和本民族的非殖民化目标的有力的精神武器，同时也在一种跨文化的关联中推动了东西方的交流和对话。

值得指出的是，流散写作与后殖民主义有着紧密的联系。正如前文所述的那样，全球化背景下的流散直接或间接地肇始于欧洲殖民者在全球范围的殖民活动，正是西方的殖民活动和帝国扩张才使得欧洲的殖民者将欧洲的强权和文化强加到殖民地。而伴随这一过程的是双向流散：一方面是宗主国向殖民地的“欧洲流散”；另一方面是殖民地的人民受到政治、经济和文化各方面的影响由第三世界流散到宗主国中心，其中有相当一些来自第三世界国家的学者、作家也在流散行列。他们开始重新思考西方殖民主义的历史和现实，重新审视殖民地文化和殖民文化的关系，从而促成后殖民文化理论和后殖民文学的空前繁荣。理论方面的代表有巴勒斯坦的萨

---

① 朱刚：《二十世纪西方文艺批评理论》，上海：上海外语教育出版社 2001 年版，第 299、295 页。

义德、来自印度孟买的霍米·巴巴、来自印度孟加拉的斯皮瓦克和来自牙买加的斯图加特·霍尔等；文学方面的代表有来自印度的拉什迪、加勒比海地区的奈保尔、南非的库切、尼日利亚的阿契比等，他们都是一些有着丰富流散经历的学者和作家。这些理论家们建构的关于文化帝国主义、东方主义、种族主义、民族主义、文化身份认同的理论话语往往与这些有着后殖民写作背景的作家的作品主题内涵存在互为映衬的关系，如果说后殖民主义理论是对殖民主义和殖民主义之后的历史审视和反思的话，那么这些流散作家的作品则为理论的论证提供了很多生动、新鲜和感性的材料。虽然后殖民写作背景下的流散文学研究领域讨论的话题众多且错综复杂，我们再讨论有着后殖民写作背景的流散文学中的政治和文化维度时，也就只能提纲挈领、删繁就简地就流散作家对于东方主义和文化帝国主义意识形态的批判以及他们的文化批判立场上所表现的“杂糅性”作一个概要性的介绍。

在建构后殖民主义理论话语的代表性的理论家中，来自巴勒斯坦的萨义德无疑是最突出的一位。他的代表作《东方主义》历史性地回顾了欧洲自 18 世纪以来的东方学研究传统，发掘出了一整套表述东方的、旨在配合欧洲的殖民活动并使其合法化的霸权话语。在其对东方主义给出的三种定义（即学科层面、本体论层面以及权力话语层面的定义）中，他尤其看重第三层定义，即东方主义是一种渗透了福柯式权力的严密的话语系统，它控制和左右西方对于东方的思考、想象和描述，是一种“作为一种西方式的认知范式对于东方进行宰制、重构和施加权威”的权力话语。[①] 易言之，东方主义就是一种隐蔽在东方学研究之中，旨在稳固殖民关系，与殖民势力有着共谋关系的政治教义。在东方主义话语中，东方总是作为一个与西方相对立的“他者”形象出现，西方的“自我”和东方的“他者”构成一种内涵层级关系的二分对立。在东方主义话语中，东方社会成为野蛮、落后、专制和腐败的象征，东方人懦弱、狡诈、荒淫、缺乏理性和有待于教化；西方则代表了强大、正直、道德、理性、文明的一方。如此，欧洲的权威和正面形象得以凸显出来，东方文明有待欧洲文明去拯救。而在其

---

① 朱刚：《二十世纪西方文艺批评理论》，上海：上海外语教育出版社 2001 年版，第 299、295 页。

另一部重要著作《文化与帝国主义》中，更是开拓了《东方主义》的视线，不再将论述局限于前一著作中讨论的中东地区，而是力图揭示现代西方帝国中心（包括美国）与海外殖民地的关系。他费了很多笔墨来论述有着殖民历史背景的英国小说在支撑和合理化帝国主义方面所发挥的作用，并指出作为小说这样一种文化形式，如何以一种隐形的方式参与了帝国主义的殖民进程，与海外扩张构成了共谋关系。萨义德的批评锋芒无疑是犀利而深刻的，而其理论也为许多有着后殖民写作背景的流散作家揭露殖民话语的霸权实质，重塑民族历史文化提供了有力的思想武器。

在后殖民写作领域，有相当一些写作于欧洲的帝国中心，而来自第三世界殖民地的流散作家都直接或间接地接触到了殖民主义的历史和现实，在他们的后殖民流散写作中，他们往往更多地关注受到殖民和压迫的民族及其族民的切身利益和经历以及他们的文化认同。揭露殖民主义和帝国主义意识形态中的霸权话语本质，钩沉殖民地被湮没的历史，重新改写英语文学的经典和着力弘扬本民族的文化传统，这些都成了他们在其流散写作中所要揭示的主题内涵和采用的艺术手段。2003 年获得诺贝尔文学奖的库切就是这一领域比较突出的代表。其代表作《等待野蛮人》就是这样一个反思帝国的建构与殖民地关系的作品。库切以他那特有的寓言般的写作风格，叙述了一个发生在帝国边疆小镇的故事。帝国对于可能在那里发生的暴动的猜测和恐慌折射出帝国和边疆或蛮荒之地的二元对立关系。帝国必须消灭一切与自己为敌的对立面，或者使他们归顺，以巩固自己的帝国霸权。而帝国大厦的行将崩溃也寓含着这种人为的二元对立的不合理性。不消说库切通过帝国权威的形成过程的文学叙事，解构和颠覆了帝国的霸权话语，挑战了殖民主义的权威。而在另一部作品《福》中，库切对于西方文本化帝国的典籍之作《鲁宾逊漂流记》进行了后殖民的重写，是一部典型以仿拟的形式对抗殖民主义话语的文本。在对《鲁宾逊漂流记》的解构式颠覆中，那个代表殖民者形象的、在小岛建立起自己的帝国的鲁宾逊变为了《福》中孱弱无力的、生活在贫瘠环境中一筹莫展的克鲁索；而在《鲁宾逊漂流记》以被拯救者出现的，在鲁宾逊之前学习英语、学习《圣经》的星期五则变成了一个被割去舌头、一直保持沉默的存在。他没有自己的名字，也没有自己的历史，是一个属物的存在。他的沉默一直在不同章节中给予凸显，到小说的结尾更是成为压倒一切的力量。那位英国妇女苏珊和作家福都试图破解星期五的沉默，展示了操纵者对于他者进行意义填充的过程，但二者都没有成功。通过这些细节的设计，库切试图解释殖民主义历史中被遗忘和湮没的事实，即黑人拥有自身的真相，却被剥夺了言说的权力，而殖民者对被殖民者的表述永远都没法接近历史的真实。这些都是库切在质疑和颠覆殖民权威，重构被殖民者的历史，并重新思考殖民者和被殖民者之间的伦理关系。不消说这些文本都体现了后殖民背景中流散写作的文化政治的维度。另一位来自加勒比海岛国特立尼达和多巴哥的诺贝尔文学奖获得者、流散作家奈保尔也是后殖民写作领域较受关注的一位，其对于帝国主义和殖民主义进行批判抨击的文化政治锋芒丝毫不亚于库切。在其《米格尔街》中塑造了一系列居于特立尼达岛的殖民地人民的群像，他们或是盲目地崇拜西方的文化，不顾殖民地的现实；或是追寻帝国中心在文字和想象时空中给予他们建构的乌托邦。总而言之，这些可怜的生灵都内化了殖民主义和帝国话语这些意识形态的影响，没有了自己的意志和追寻自由的权力。这些都反映了殖民者对于被殖民者弥散渗透般的文化影响。而在另一部以非洲为背景的小说《河湾》中，奈保尔更是对于殖民主义之后非洲国家的所谓“独立”极尽嘲讽，从而以一种新颖的角度彰显殖民主义在文化上给予殖民地国家难以消弭的政治和经济影响。不仅如此，还有一些作家竭力抵制殖民主义者的历史和文化，钩沉或重建殖民地人民的历史和文化，非洲的流散作家阿契比就是这方面的代表。在其成名作《瓦解》中，作者有意将伊博族文化作为一个整体介绍给读者，其内容涉及宗教信仰和祭祀活动、婚丧嫁娶甚至农耕方式、艺术审美、生活情趣等诸多方面，并详细叙述了本民族的历史。同时，对殖民主义的凶残和霸道，对白人文化给予伊博族文化致命性的打击和摧残，他也不吝笔墨于英国殖民者对于尼日利亚侵略的历史叙事。小说中详细叙述了白人的到来给伊博族文化带来了巨大的变化：传教士开始在非洲传教，建立法庭和政府，带来了与当地的宗教、信仰、习俗完全不同的文化。当他们的利益受损或者侵入的企图受挫，他们会通过军事武力的镇压来扑灭伊博族人的怒火。殖民主义的影响使得伊博族文化在白人文化的强大压力下，处于土崩瓦解的边缘。不消说，这些文本都具有了反殖民的特征。

但是值得注意的是，这些活跃于后殖民写作领域的流散作家大多接受了西方式的教育，接受了西方文化的熏陶，因此当他们带着这种眼光和视角看待前殖民地时，自然就会产生那种俯视一般的“东方主义”的评论，从而表现出他们与殖民主义共谋的一面。在库切的《等待野蛮人》中，透过乔尔上校的玻璃镜片，相对于帝国，游牧于荒野的野蛮人被书写成肮脏的、撒谎的、愚蠢的、没羞没耻的、对于帝国的文明社会构成威胁的敌人，而行政长官对于野蛮人姑娘亵玩式的探寻也体现了一种殖民者凝视被殖民者的权力；而在奈保尔的“印度三部曲”之一《幽暗国度》中，他以带有某种猎奇色彩的手法详尽地描述印度的风土人情、阶级、种性制、宗教和文化，竭力强调他与他的同胞的差异和他对母国的“衰败”的厌恶。他对印度贫穷的揭露、对印度人以肮脏为美的习俗的观察和讽刺，都使得读者想起了吉卜林和福斯特，以至于他被印度作家辛格斥责为“一个绝望的新殖民主义的仆从”①。另外，我们在阿契贝的《瓦解》中同样也能找到这种西式的眼光。这位接受过西方文化教育的阿契贝，虽然对于伊博族文化充满深厚的情感，但对于伊博族文化的弱点同样有着清醒理性的认识，对其沉疴痼疾，他同样挥动他如同手术刀一样犀利的文笔，切入其文化肌肤的深处。在整部小说中，他既描述了伊博族文化中那些神秘奇异、绚丽多姿、阳刚强悍和充满温情的画面，又揭露其扭曲人心灵、摧残人的身体的愚昧、丑陋和非人性的一面。他也不是绝对地否定西方的文明和先进的文化传统，而是以睿智的方式辩证地看待殖民初期外来文化给伊博族文化所带来的一些积极的变化和西方文化给伊博族文化在社会结构和民族心理上产生的影响。这些文本情节都使我们能够很容易地找到他们对于西方价值观和理念的认同和因此而产生的文化政治立场取向。

其实很多的批评家都已经指出了有着后殖民写作背景的作家的这种文化政治立场的双重性，譬如萨义德对于康拉德这方面的意识形态二重性，就给予了这样中肯的批评，他说，“康拉德既是一个帝国主义者，同时也是一个反帝国主义者”，其原因就在于，包括康拉德在内的这些流散作家在处理殖民地题材时的矛盾心理：既向往殖民地的（有着原始意味的）自然风光，又不愿离开（带有现代化特征的）帝国的主义；既同情殖民地人民的不幸遭遇，同时又摆出一副来自宗主国主子的派头居高临下地俯视殖

---

① Brown John L. V. S., NaiPaul: A Wager on the Triumph of Darkness, *World Literature*, 1988, Issue 2, p. 223.

民地“他者”的模样。这种文化政治态度的双重性可以使我们想到后殖民主义理论中文化“杂糅性”的概念，而这一概念可以很好地解释他们矛盾含混的态度。萨义德在《流亡的反思》一文中就指出：“流放存在于一个中间位置，它既不完全在新的系统的一边，也没有完全摆脱旧的系统，它处于与旧的系统半牵连半脱离的位置，它一方面是怀旧和感伤的，另一方面又是模仿的能手，并偷偷地放逐。”[①] 这就是说，流放者或流散者是一位在更广阔的领域里的穿梭者，他/她占据着一个非常微妙的“阈限空间”。而霍米·巴巴的“杂糅”理论概念于此有着深层上的相似性。巴巴认为多元文化的混杂，不但使得异质文化之间有彼此交混穿插的可能，在这种跨疆界文化的能量释放过程中，许多新生的意义也因而得以产生。对于巴巴来说，“杂糅性”是指殖民化产生的接触区内的新的跨文化形式，表征了这个模棱两可的区域，但是这个区域并非呈现两种文化的对峙，而是两种文化内部的分裂而造成的张力。这种由殖民文化与被殖民文化的混杂而产生的新的过渡空间，巴巴称之为发声的“第三空间”，它超越了传统的二元论，表现出一种既是此又是彼，既非此也非彼的模糊暧昧的状态。巴巴的“第三空间”更加强调它对于构建新的文化和身份政治的含义。在他看来，“第三空间”是一片罅隙性空间，“它既反对一种回到一种原初性的自我意识，也反对放任于一种过程中的无尽的分裂的主体”[②]；这是一个居间或阈限的空间，是翻译和协商的边缘，文化认同总是居于这一矛盾而又模糊的空间中。总而言之，有着后殖民写作背景的流散作家是一个另类族群，他们生活在异国他乡，因为独特的文化身份而对殖民主义持一种矛盾的态度：一方面他们认为自己生活在帝国的边缘，而往往不自觉地求同于自己的同胞，持批判和谴责帝国主义的立场；另一方面又接受西方文化的熏陶和影响，因此在他们的思想深处，自觉或不自觉地会产生某种新殖民主义的意识。英国后殖民作家艾勒克·博艾默曾在论述这些来自殖民地的流散作家时，指明了他们所具有的双重视界，“这些殖民地流散作家身处迥异的文化视界的夹缝之中，他们能借鉴多种传统，却又不属于任何一个

---

① 王宁：《逆写的文学：后殖民文学的历史意义和当代价值》，《外国文学研究》2011 年第 5 期，第 24 页。

② Edward Said, *Representation of the Intellectual*, New York: Vintage Books, 1993, p. 49.

传统。面对令他们不舒服的边缘地位或附属身份以及他们最终会诉诸也能成为自己经验的东西（根据具体情况可以指自己对环境的切身体验、迁移和入侵），他们大多采取了既依附又背离的策略"①。这些流散作家在生存与创作中总是呈现出这样的矛盾和悖论的情境。

第四节　流散文学研究的现实意义

文学的文化批评现在已经成为文学批评中最为重要的方法，它是把文学活动视为一种文化，以文化这一独特的视角切入文学的研究，揭示文学中所潜在的各种文化要素和文化问题，或是在文化的视野下解释各种文学现象的发生和形成。②较之于传统的那种纯粹的审美视角，这种对于文学文本的文化解读往往会得出不同的见解和判断。在当今的批评范式下，新批评那种彻底脱离社会历史文化语境而只是专注于文本的细读的方法早已成为明日黄花，与此相对照的是格林布拉特倡导的文化诗学强调文学文本与政治、权力、社会话语组成的历史语境存在不可分割的关系。任何文学文本都是特定的由各种话语和实践组成的历史语境的产物，同时文学文本也是对于这种历史语境的一种反应。孤立地研究文学文本，将其视为一个独立自足的审美领域，这种方法早已受到国内外批评者的诟病。美国解构主义学者希利斯·米勒就认为，在当今信息化时代，文学是个幸存者，文学艺术从来就是生不逢时的；而文学研究的时代已经过去了，再也不会出现一个时代——为了文学的目的，撇开理论的或者政治方面的思考而单纯地研究文学，并认为那样做不合事宜。③ 他还预测了未来的文学研究在范畴和范式上将会发生巨大转变，这种转变是从单纯的自身研究变为向与文学话语相关的一切社会话语和实践的空间拓展。的确，文学是文化的重要组

---

① Bhabha, Homi K., *The Location of Culture*, London: Routledge, 1994, p. 254.

② 任一鸣：《后殖民：批评理论与文学》，北京：外语教学与研究出版社 2008 年版，第 10 页。

③ 温越、陈昭荣主编：《流散与边缘化：世界文学的另类价值关怀》，兰州：甘肃人民出版社 2011 年版，第 2 页。

成成分，对于文学文本的阐释和解读就必须引入一个更大的文化研究视角，才可以从文化文本与政治、经济和意识形态话语所组成的相互交错、相互渗透的网络中去寻绎文学文本的意义。这种文化研究特别强调社会文化的整体性，不是局部零散地去研究文学文本，而是就文学文本中所反映的社会现象进行文化整体视角下的综合考察。流散文学所具有的跨文化的性质以及其中所包含的主题内涵和审美风格，就为文化研究领域内的不同理论建构和批评实践提供了最直接、最典型的文本样式。

流散作家由于自身迁徙生活的变迁，他们在其创作中会自觉或不自觉地包含双重或多重的文化元素和文化视角，他们的民族和文化身份也会在双重或多重文化相互渗透和叠合形成的“第三空间”表现出杂糅性的特点。这正像王宁所说的那样：“由于他们的写作是介于两种或两种以上的民族文化之间的，因而他们的民族和文化身份认同就不可能是单一的，而是分裂和多重的。也即他们既可以以自己的外国国籍与原民族的本土文化和文学进行对话，同时又在自己的居住国以其‘另类’面孔和特征而跻身当地的民族文学大潮中。”[①]流散文学文本是天然的多元文化载体，流散文学研究为多元文化研究创造了一个确切的、可以依托的文本（或话语）系统，为文化研究的进一步延展深化创造了新的契机。这是因为研究这样一个由双重或多重文化元素、文化视角和意识所组成的流散文学空间，我们在研究视角和方法上就需要一场彻底的革命，不仅要舍弃传统的那种专注于文本考据和注重作品的点评阐发式的文学批评，也要不满足于采用改革开放以来的某个西方批评流派对于文学文本进行单一研究模式的批评，而应该从流散文学所包含的双重或多重文化的整体视角，采用包括人类学、哲学、社会学、语言学、历史学和心理学的研究方法、研究视角和研究模式，对于流散文学进行全方位、整体和系统的研究。这样的跨文化、跨学科的研究不仅可以帮助我们深入理解流散文学给我们带来的复杂的文学景观和具体而微的文化心理及精神体验，也可以为文化研究或跨文化研究领域的理论建构提供新的佐证以及为相关的批评实践提供丰富和生动的感性材料。流散文学文本的多元文化特质使其成为天然的多元文化载体，为文

---

① 王宁：《流散文学与文化身份认同》，《社会科学》2006 年第 11 期，第 172、34 页。

化研究的进一步延展深化创造了新的契机。流散文学中所蕴含的文化冲突、文化适应、文化身份、种族关系和族裔性等问题，不仅可以让我们对当今全球范围内不同民族与不同地区的文化交流和碰撞有丰富深刻的认识，而且可以通过流散文学中的叙事进一步了解更广范围内的东西方政治权力关系。这对于倡导全球文化多元性、遏制文化霸权主义来说具有强有力的支撑作用。

同样，流散文学之于比较文学研究的意义也值得大书特书。比较文学按照美国比较文学家亨利·雷马克在其《比较文学定义和功用》中的定义就是“超出一国文学范围之外的研究，并且研究文学与其他知识和信仰领域之间的关系，包括艺术（如绘画、雕刻、建筑、音乐）、哲学、历史、社会科学（如政治、经济、社会学）、自然科学、宗教等等。简言之，比较文学是一国文学与另一国或多国文学的比较，是文学与其他表现领域的比较”[①]。比较文学研究想要通过国家眼光把一个民族的文学放在世界文学的整体系统中去考察和比较，即通过在文学思潮、文学理论、作家作品之间的影响和异同关系的研究，认识各民族文学各自的特点，探讨世界文学发展的共同发展规律。马克思在《共产党宣言》中说：“过去那种地方的和民族的自给自足、闭关自守的状态，被各民族的各方面的互相往来和各方面的相互依赖所代替了。物质的生产如此，精神的生产如此。各民族的精神产品成了公共的财产，民族的片面性和局限性日益变得不可能，于是有许多种民族的地方的文学形成了世界文学。”[②] 这就预示着比较文学在由民族间文学的比较到不同民族的比较后，还可以发展延伸至“世界文学”的概念。不消说比较文学中的比较的意图是高远恢弘的，按照华裔美国学者刘若愚的说法，比较文学研究的目的在于“对于不同文化和不同时代之间，不同信仰、假定、偏见和思考方式给予适当考虑之后，我们必须致力于超越历史和超越文化，寻求超越历史和文化差异的文学特点和性质，以

① 王宁：《流散文学与文化身份认同》，《社会科学》2006 年第 11 期，第 172、34 页。

② 王先霈、王又平主编：《文学批评词典》，上海：上海文艺出版社 1999 年版，第 684～686 页。

及批评的概念和标准”[①]。这一追求崇高性和普遍性的努力在比较文学研究的实践中并不顺利，这一学科自诞生以来就不断遭受诟病，危机不断，如比较文学早期所遭受的可比性的危机。它自身的问题也很多：影响研究有多大局限性；平行研究是比较文类，还是比较主题；诸多比较是否具有体系性和结构性，是否能寻找不同民族文学之间的普范性规律等。美国的雷马克针对此问题曾一针见血地指出：“比较文学要是成为一个几乎可以包罗万象的术语，也就等于毫无意义了。”[②] 邹建军也曾指出目前比较文学中存在的问题，主要为四个方面认识上的误区：“异同论”、“学科论”、“比附论”与“扩展论”。其中的“学科论”误区是指比较文学研究中过分重视理论的借用和建构，不注重具体文学文本的具体研究，导致了比较文学研究的“空洞化”；而“扩展论”误区是指比较文学研究中将比较文学研究范围无限扩大的倾向，离开具体的文学文本而去比较不同文化的不同纬度，使得比较文学变为比较文化的研究，无限扩大自身的范围，也因此失去了自己研究的方向。[③]

在此方面，流散文学的兴起对于这一研究所属的比较文学领域，无疑是一种另辟蹊径的解决方法。正如刘洪一先生所说：“流散文学的理论内核与比较文学的学科精神之间，形成的是一种内在的学理联结，也正因为如此，将流散文学纳入比较文学有着必然性的学科原则和学理要求。从方法论的角度来看，对于流散文学的研究，不仅是一种文学研究，并与比较文学研究在方法论层面上形成了内在的一致性。”[④] 这其中的原因在于流散文学研究可以为比较文学研究在研究模式、研究形态的深化等方面提供具体翔实的研究对象，开拓新的领域。流散文学生成于异质文化土壤，在异质文化间的相互作用下发展，由异质文化的相互作用而衍生的种种问题，

---

① 王先霈、王又平主编：《文学批评词典》，上海：上海文艺出版社 1999 年版，第 684～686 页。

② 王先霈、王又平主编：《文学批评词典》，上海：上海文艺出版社 1999 年版，第 684～686 页。

③ 邹建军：《中国比较文学研究出现的问题以及发展前景》，《江汉论坛》2012 年第 1 期，第 110 页。

④ 刘洪一：《流散文学与比较文学：机理与联结》，《中国比较文学》2006 年第 2 期，第 106、108 页。

譬如对于居住地社会进入与彷徨的两难，对新世界的渴望和抗拒，在居住地文化与传统文化之间的困惑和迷惘，对于故国家园的回忆和梦想，都可以成为流散文学探讨的重要内容。的确，流散文学提供了一个双重或多重文化相互冲突和融合的文化叙事，使得许多在比较文学研究中抽象复杂的问题具体化和叙述化，这无疑会给比较文学研究带来新鲜生动的感性材料和具体生动的文学表征，有助于我们将比较文学的理论阐释和分析与细致的文学文本结合起来。其次，流散文学在文化属性上具有文学性和跨文学性等多重性的特点，其研究需要引入双重文化或多重文化的参照系，而且每个文化都有自身结构性的特征，这样我们在文学文本中表征的流散经验的基础上比较双重或多重文化的不同层面和维度就有了方向，而且比较的结果和结论也能服务于文学阐释的本身。在这个意义上，流散文学研究领域的开辟，避免了前述“学科论”和“比附论”的弊病，从而将陷入危机的比较文学从困境中拯救出来。

以跨文化为其核心特征的流散文学以其表征不同民族、不同文化的冲突碰撞的文学叙事，成为我们了解全球化文化交往的前沿阵地。流散作家穿越时空、穿越不同民族国家文化界限的特殊流散经历，使得他们所承载的文化元素和文化因子由母国文化的地域进入异国文化的地域，两种文化在交汇过程不免要发生碰撞、冲突、混杂或融合。在以新鲜生动的文学叙事来反映这一过程的流散文学中，母国文化在传统、风俗、价值观和相关理念上与异国文化会发生怎样的矛盾冲突，流散的个体和群体又如何在由双重和多重文化所形成的网状结构中体验身份的焦虑并寻求自己的文化身份认同，流散作家又如何在由殖民地向宗主国的流散中完成对东西方文化政治关系的反思和批判，以及其他本文未及论述的诸如流散族裔之间的关系、文化记忆和流散文学的美学意蕴等，都成了流散文学研究中的重要课题。同时，流散文学的研究为文化研究领域内的不同理论建构和批评实践提供了最直接、最典型的文本样式，不仅为文学的文化研究注入了新的活力、展现了新的视角，也为比较文学研究中存在的问题提供了另辟蹊径的解决方法。流散文学的研究对于我们了解当今的跨文化交流以及认识全球文化的新格局、新趋势和新规律有着积极而深远的意义。

第六章

全球化背景下的中国电影

当今，全球化已成为一个无法阻挡的大趋势，中国在政治、经济和文化上融入世界的程度都日益加深。随着中国与世界的联系日趋紧密，中国电影业也被卷入了全球化的旋涡。在全球化进程中，国外电影逐步打入中国市场，扩展了中国观众的新视野。与此同时，中国电影也在一代代电影人的努力下逐步走出本土，走向世界。全球化带来了中国电影生产和市场的转变，给中国电影的全球化带来了一个新机遇，从20世纪80年代开始，中国影坛渐渐显现出前所未有的繁荣景象。中国电影在国际上频频获奖，中国电影也越来越得到西方的认可。但是全球化带来的并不全是希望，在全球化的背景下，中国电影也正在经受好莱坞等西方电影和本土商业化大潮的冲击，处在选择的十字路口。

随着中国在政治、经济和文化上融入一体化世界的程度增加，随着中国与国际社会的联系日益密切，也随着国内外各种冲击和压力的增大，经历了百年的中国电影已经被卷入了全球化的大潮，也暴露了各种复杂的问题。一方面，中国电影自身正处于高速产业化的进程当中，中国本土的各种大片纷纷问世，刺激了沉寂已久的国内票房，但同时也出现了内容重复的审美疲劳，大片不断受到诟病；而在过去的2011年中，小成本片，例如《失恋33天》，犹如一匹黑马，以不足千万的制作成本狂收逾3.5亿元的票房，展现了中小成本电影所蕴藏的令人惊喜的爆发力，中小成本电影在“进口大片”与“国产大片”的夹缝中脱颖而出，引起人们广泛关注，但摆脱不了没有票房的阴影。于是，如何平衡“票房”与“艺术”，成为中国电影在发展中遇到的一个难题；另一方面，在全球化大背景下，中国电影也面临着好莱坞的入侵与美国价值观的潜移默化，如何提高自身力量以抗拒好莱坞电影的霸主地位，也是一个重要问题。

在全球化大背景下，中国电影产业冲击与机遇并存，本章通过借鉴学习美国好莱坞电影产业的成功运作，分析并梳理中国电影在近几年崛起的原因与挑战，以实现全球化背景下中国电影的转型与突破。

第一节　全球化与好莱坞的入侵

全球化是全世界人类生活一体化的进程与结果，是超越国家、地区、民族的一种全球整体性的发展趋势。全球化经济是社会发展的主流，全球化主要表现为人类先进的经济基础与文化价值的共同化和普遍化，全球化的结果对任何一个国家都是机遇和挑战。[①] 世界上任何国家的发展趋势和结果都不可能完全代表全人类的共同价值，电影作为一种重要的文化现象，会保持很多本民族的特征。未来电影的发展是各民族、国家之间建立在当代电影技术和电影艺术相融合基础上的政治、经济、历史、文化相互影响的过程。

在21世纪，经济全球化与文化多元化已经成为不可阻挡的历史潮流。在全球化语境下，大众传播媒介发挥着越来越重要的作用。在跨文化传播中，影视无疑具有最大的观众群。“毫无疑问，国际间的交流带来了不同文化的冲击和影响。国际交流最重要的形式之一是国际传播，即通过大众传播媒介进行的文化信息的交流和传递，其中对传播者而言，最便利、最有效的工具是通过天空直接传播的媒介，即广播和电视。同时，作为以视觉图像传递的媒介，电视传播又受到国际间电影交流的历史经验的影响，形成了国际间音像特别是影视交流的新领域。”[②]

全球化是一把双刃剑，一方面，全球化为电影文化的广泛流通，甚至为世界文化的整体发展提供了条件，并使当代文化交流空前繁荣；另一方面，它又加剧了不同文化形态之间的冲突，处理得不好就有可能走向“单向性”和“同质化”，或者导致文化霸权主义。当全球化为强势国家的经济、政治、文化主导时，美国好莱坞电影就成为其他国家本土电影的样本，《泰坦尼克号》、《星球大战》、《碟中谍》等就像一颗颗文化炸弹轰炸

---

① 张凤铸等主编：《全球化与中国影视的命运》，北京：北京广播学院出版社2002年版，第20页。

② 钟大年等主编：《电视跨国传播与民族文化》，北京：北京广播学院出版社1998年版，第121页。

全球，几乎将全世界当作美国电影的超级市场。2011 年，中国票房过亿的进口片达到 17 部，比《阿凡达》领军的 2010 年多了 7 部。在此之前，从 1994 年中国引进好莱坞分账大片开始至 2007 年，中国电影市场上票房过亿的引进片一共才 21 部。2011 年票房过亿的 17 部引进片中，好莱坞大片《变形金刚 3》以 11 亿票房高居榜首，排名第二的则是《功夫熊猫 2》，超过 6 亿，比国产片冠军《金陵十三钗》多近 2 亿，进口片包揽了 2011 年中国电影市场的前三名。

继 1998 年的首映之后过了整整 15 年，2012 年 4 月 10 日，好莱坞大片《泰坦尼克号》3D 版在中国上映，这部电影大家对其内容已经耳熟能详，却是好莱坞在中国市场上的又一次巨大成功。在微博、电视广告等媒体的宣传下，虽然是新瓶装旧酒，这部电影的票房走势仍然强劲。中国观众在电影院中又一次潸然泪下。《泰坦尼克号》的再次成功也显示了自中国向好莱坞开放市场以来，好莱坞电影在中国电影市场的主导地位。

1999 年 11 月 15 日，中美双方就中国加入世界贸易组织问题达成双边协议之后，同意入市后第一年允许外商在华设立合资录音录像公司，外资股份占 49% 以下；三年后允许外资占 50% 以上股份的公司从事电影院建设、整修和经营的运作。中国进口电影的配额增加到 20 部；再三年后，将配额增加到 50 部。2003 年，中国政府进一步明确开放电影制作、放映等市场。正是这样的背景，为中国电影进入一种跨国制作的全球化时期提供了历史条件。[①]

美国好莱坞电影自此几乎将全世界当作输出市场，近一个世纪以来，美国电影横扫全球，几乎占领了全球的影视剧场，而国外的电影产品几乎无法染指美国国内市场。美国好莱坞拥有世界上规模最大，实力最强的电影生产基地，这里聚集着世界顶尖的影视创作者和企业家。它不仅拥有享誉全球的编导、演员、摄影、美工、音响、特技等专业人才，还有一整套科学的营销宣传体系。作为电影产业的超级制作基地，虽然好莱坞仅仅生产全世界电影的一小部分，但它却取得了电影院放映总收入大约 75% 的份额。1996 年，美国好莱坞电影约有一半的利润是来自海外市场，占有欧盟

① 张凤铸等主编：《和而不同——全球化视野中的影视新格局》，北京：中国传媒大学出版社 2005 年版，第 49 页。

电影市场份额的70%，日本电影市场份额的50%，“美国的影视和音像出版业在1998年就成为美国的第一大出口行业，出口总额高达600亿美元”①，到2009年，美国电影全球票房收入创纪录达到了299亿美元。下表的数据也显示2011美国电影海外市场票房的大获全胜。

2011电影全球票房（单位：百万美元）

1	哈利波特与死亡圣器（下）	1 267.6
2	变形金刚3	1 097.4
3	加勒比海盗4	1 038.6
4	功夫熊猫2	625.1
5	速度与激情5	606.9
6	宿醉2	581.2
7	汽车总动员2	501.4
8	里约大冒险	483.4
9	雷神	448.5
10	X战警：第一战	350.9

我们可以看出，在全球去年的票房前十名中，没有一部不是好莱坞影片，同样好莱坞影片也占领了中国市场。据业内人士估算，2011年中国电影总票房超130亿元，比2010年的“百亿大关”再度大幅提升。不过，在这个令人欢欣鼓舞的数字中，国产影片特别是大片的成绩却让人失望，在国产影片数量明显占优势的情况下，获得的票房却仍难以达到总票房的一半，而进口的好莱坞影片牢牢占据了前三甲的位置。

单以美国电影的传播、扩散来说，我国正式引进好莱坞“大片”只不过十多年的历史，在国内院线放映的最多也就一百来部电影，但综观我们的文化生活，尤其是电影领域的发展变化，好莱坞的影子几乎无处不在。它们不仅深刻地颠覆着我们国产电影的运作等技术、程序层面，而且潜移默化地影响着中国电影的电影观、艺术观，并通过电影影响着我们普通百

① 张凤铸等主编：《全球化与中国影视的命运》，北京：北京广播学院出版社2002年版，第119页。

姓的生活方式、消费方式、生产方式以及人们的社会心理和文化心理，尤其是好莱坞电影中所包含的文化和价值观念正对我们的民族文化和价值观念形成巨大的冲击，而这一状况估计在相当长的时期内还将持续下去。

因此，中国电影如何应对 WTO 带来的挑战与机遇？如何积极参与到全球性的影视行业的激烈竞争之中？进入 21 世纪的中国民族电影已形成一种内外夹击的局面。电影观众的严重流失，信任度与关注度的大幅降低，投入与产出的恶性循环，再加上好莱坞电影对中国市场的进一步扩张，都在昭示着不容乐观的前景。

第二节　全球化对中国电影产业的冲击

我们应该看到，全球化给中国电影带来的冲击是显而易见的，中国因为人口众多，经济潜力巨大，因此，在当今的全球化格局中有着十分重要的地位。中国作为一个发展中国家，特别是由于自己特殊的历史进程和社会制度，至今不仅没有积累足够的经济实力，而且也没有有效的营销策略和制作宣传手段，这一切都意味着中国电影在好莱坞的全球化扩展进程中必然会处于竞争的劣势。事实上，在中国没有加入 WTO 以前，不到十部的进口美国主流电影就已经占据了处在无序状态的中国电影市场的几乎半壁江山。中国电影的劣势不仅仅体现为资金缺乏、设备陈旧、人才短缺，更重要的是中国电影根本没有形成成熟的产业机制，也缺乏成熟的市场支持，更缺乏适应文化产业发展的体制保障。目前中国电影所面对的全球化与好莱坞的冲击，无论是外部环境还是内部条件，在一定程度上都面临更加严峻的考验。就中国电影的产业化状况来说，没有按照产业化方式来运作的电影业一旦进入一个世界性电影贸易市场的时候，必然会因为其基本市场竞争能力的缺乏而处于被动的位置，所以中国电影在全球化的大潮下，挑战也许远远大于机遇。

至今，中国电影产业的发展劣势依然非常明显。中国电影还没有真正地走出产业危机，投入和产出仍然严重地不成比例，有产量没有市场，美国好莱坞年电影产值几百亿美元，而中国年电影产值却只有区区的几十亿美元。虽然美国电影产业领先中国很多年，但是中国电影的发展水平和中国飞速发展的经济以及中国庞大数量人口的消费水平是不成正比的。

中国电影事业相当长一个时期服从于中国特殊的国情“计划经济”和“意识形态”的统领，基本脱离了商品市场的轨道，脱离了世界电影发展的共有轨道，在改革开放前电影是国家宣传政治思想和意识形态的工具。新中国开启了新的电影历史进程，建立了新中国成立之初的单一化非市场体制，也由此形成了大大有别于建国前的一种独特的电影生产的计划经济体制。在改革开放和跨入21世纪之后，电影的商业化性质加强，焕发了青春，开始变得多元化，但由于中国电影目前实际上采用的是以计划经济为主、市场经济为辅的工业体制，每年生产的影片中有相当数量的影片与观众的需求不适应，这使国产电影的品牌定位受到观众怀疑，观众对电影失去了期待与希望，必然会放弃观看。

同时，当前电影对资金与技术的要求大大提高，而目前中国电影的生产方式在实质上仍是一种小工业化生产方式，没有形成完整的产业链，没有形成真正具有先进科技手段和现代管理模式的工业化生产。与美国好莱坞等的科技差距、工业差距和经济差距不但没有缩小，反而增大了。电影的发展在很大程度上依赖于经济的发展、资金的投入等外在因素。电影作为借助于工业文明发展起来的新兴艺术，以其耗资巨大、需要雄厚的经济后盾为明显特征，与传统艺术相比较，电影受经济发展水平和经济实力的影响更大，这也就决定了一个国家的电影发展，必将在很大程度上受到经济发展水平的制约。这样，经济上的优势就会衍生出电影制作上的优势，经济上的强势也会通过电影表现出来；相反，经济上的劣势会严重影响电影艺术的发展，其民族特色也必然受到制约乃至扭曲。[①] 也正由于经济上的困难使得中国电影不得不将争取最大的票房回报作为一大考虑因素，中国电影在影院的表现低迷，而中国电影现有的资金、人才、技术、市场资源，只能生产出现有水平的影片，商业因素往往压倒艺术因素、民族特色等，这是一个恶性循环的过程，以至于一些优秀电影人只能依靠民间的或境外的投资来拍片，甚至直接被外国公司或电影机构所雇佣，这样拍出来

① 张凤铸等主编：《全球化与中国影视的命运》，北京：北京广播学院出版社2002年版，第119页。

的电影，其民族或本土特色如何，不言自明。国产电影已经面临生存危机。在一部《泰坦尼克号》就可以顶得上国产电影几乎全年总票房的事实面前，好莱坞的冲击对中国电影的生存是直接的挑战。

在2002年电影《英雄》之前，国内市场几乎是国产电影的唯一市场，《英雄》在2004年竟连续两周稳坐北美地区电影票房冠军，是中国电影在海外市场的新纪录，令世界为之震惊。美国《华尔街日报》说："《英雄》真正拉开了中国大片时代的帷幕。"可以说，张艺谋给世界呈现了一个带着神秘气息的东方奇观，这点或许正是西方人所愿意看到的。《英雄》等影片大大扩展了中国电影的市场空间，逐步形成了内地市场以外的港台、韩国、日本和其他亚洲国家市场，甚至打入了好莱坞。中国商业大片激活了国内电影市场，将分散在各种媒体中的观众重新拉回到了电影院，在一定程度上提升了中国电影工业的水平，在海外市场上显示了中国电影的新风貌。不过，这些少数大腕导演的超级商业大片对海外市场作了错误的想象，认为他们的口味一成不变，一味的古装加武打，以至于不少西方人误认为"中国人活在武侠世界中"。这些商业大片一定程度上也歪曲了民族历史，扭曲了本土文化的形象，甚至危及本土文化的安全。有些大片的主题与主流意识相去甚远，有些大片偏重于华丽的特技而忽视故事的内涵和人性的挖掘，还有些大片故作艰深，令人费解。

在全球化背景下，中国电影试图以模仿、靠近好莱坞来完全融入国际电影市场，事实上却举步维艰。中国电影面临的是全球认同与本土叙事之间的冲突，结果是本土叙事发生严重变异。《英雄》、《无极》、《功夫》、《夜宴》、《满城尽带黄金甲》等电影利用虚无的中国功夫来向世界靠拢。这些电影不是原汁原味地来弘扬中国传统文化的本土叙事，而是试图讲述一个全球化的中国故事。为此，这些电影尽量淡化文化差异，消除易于令人产生隔绝感的意识形态，有时候甚至不顾历史真实来迎合外国观众。《无极》便是一个最好的例子，它试图将中国文化与西方文化糅合在一起，编造了一个不土不洋的故事，以为这样可以博得中国与西方观众的好感。其实，这只是陈凯歌的一厢情愿，《无极》因为缺乏中国传统的文化内涵而感动不了中国观众，也因为故事情节艰深和内容贫乏而吸引不了西方观众，满足不了国际市场的需要。它成了一个没有个性的"四不像"，虽然包装堂皇，但却没有内在的精华，还不如网友恶搞的《一个馒头引发的血案》令人印象深刻。这也是中国电影跟风潮的体现，在这场中国大片跟风潮中，暴露了很多问题：

首先是电影类型的单一化，中国最近几年的海外大片，无一例外的全都是功夫片。虽然中国拥有悠久的历史文明，而且功夫片极具中华特色，但电影作为一种艺术形式，如果要走向世界，就不应该过分呈现民族化、本土化的东西，而应该是世界性、大众化的；也不应该是类型上的一枝独秀或时代上的自我束缚，而应该是百花齐放、勇于创新。譬如《卧虎藏龙》的成功，并没有让李安故步自封或自我陶醉，他没有再碰触同类题材，而是不断进行新的尝试，终于成为最优秀的华人导演之一。占据中国票房主要分量的大片以古装武侠片为主，相似的时代背景、相似的情节、相似的人物形象、相似的动作设计，甚至相似的音乐都给观众带来了审美疲劳，过多的重复性使海外市场也失去了兴趣。武侠片中千篇一律的中国景观和武打情节都缺乏新意，成为一个个空虚的符号，至此，中国电影的国际化策略自然受到阻碍。

其次，为了在国际电影市场上崭露头角，得到更多的票房，中国电影人照搬了市场经济的营销手段和方式，不仅请演员要明星，甚至电影的制作人员也都要明星。开拍前就靠明星的绯闻进行炒作，要上映时更是不遗余力地炒作，而电影的内容却没有多少人去关心了。电影的大部分投资都拿来支付各种明星大腕的片酬了，这样拍出来的电影内涵只能大打折扣，这也不奇怪为什么现在许多观众花大价钱去电影院看国产电影，却一头雾水地出来，抱怨除了几个明星，都不知道影片讲什么。最好的例子就是火极一时的国产恐怖片《孤岛惊魂》，这部电影就是现在所说的“粉丝电影”，意思是主演明星的粉丝包场看电影，以此来提高票房。这部电影票房过亿，其中半壁江山都是主演杨幂的粉丝包下的。但这部电影的情节设计与内容却让普通观众大吐苦水，“通篇都不知道讲什么，完全就是杨幂的个人秀”。这样一味地靠明星卖电影，品牌意识倒是强化了，但同时也提升了影片的资本，使投资者承担更大的风险。

现在，豪华的大场景也成为中国大片的必备，使其制作成本不断攀升。巨星大腕，华美的布景、化妆、服装，夸张的动作设计都让中国大片制作浮于表面。片面强调视听奇观和脱离故事情节内容的单纯炫耀华美特技并不受观众的欢迎。在《十面埋伏》中，章子怡华美的跳舞场景让人震撼，精致的妆容还有服装都让人目不转睛，但是长达十多分钟的舞蹈让人丈二和尚摸不着头脑，和故事情节没有任何关系，造成了情节断裂。美国《华盛顿邮报》评论时说："看《十面埋伏》一点也不像在看一场电影，而像是走进一间富丽堂皇的宫殿。里面的每间房、每个结构、每个角度都给人以愉快的感觉。而且，它并不是温和地吸引着你，而是强烈地震撼着你，你在里面迷失……"①

作为一部走出国门的中国电影，《十面埋伏》已经具备了几乎可以和好莱坞相媲美的影像水准，不管是精美的构图、震撼的场面，还是富有东方色彩的功夫打斗和气氛营造，都达到相当高的水平。虽然影片被拍得艳丽而富有质感，但是通篇都是宫闱的红黄相间和波长色彩的不断轰炸，很难不让人产生审美疲劳之感。《满城尽带黄金甲》又是一个典型例子，为了赢得青少年观众的心，请来了青年歌手周杰伦来担当主演，开拍前就在全国范围内招募"谋女郎"，赚足了眼球，上映时又以宏大的场面特效进行炒作。《满城尽带黄金甲》是一部形式大于内容的电影，虽然能给人留下些许反思的空间，但基本上显得苍白无力。这是一部东方式的眼花缭乱的视觉盛宴，至于其他，就显得差强人意了。

中国电影在资本投入、明星配置和电影特效等方面都做了很大的努力来向全球化靠拢，却并没有得到预期的市场效果，问题出在哪里？

这些华语大片，很多都着重于宏大场面所带来的震撼，因此仅能停留在观众的感官层面，难以深入人心。多年以后，也许有人记得《卧虎藏龙》的竹林，也许有人记得《英雄》的箭阵，也许有人记得《十面埋伏》的笑场……但是影片本身所传达的思想，恐怕鲜有人会记得，因为它们的立意本来就含糊不清。剧情的空洞和立意的平庸也让人诟病，中国大片中的主角个个非富即贵，但是电影中每一个华丽外表下的人物都苍白得可怕，面具化的人物关系和符号化的故事叙述导致了人物空洞而无内涵，缺乏打动观众的特性。而好莱坞除了美国的典型英雄大片外，也有《我家买了动物园》、《生命之树》等描写小人物喜怒哀乐的电影，它们虽然没有华丽的特效，主人公也都是平凡的小人物，但由于电影深度挖掘了人内心的

① 杨旸：《走出去的中国电影——〈十面埋伏〉案例分析》，《电影艺术》2006年第6期。

感情与人性，让观众感受到电影中的人物就是活生生存在于我们周围的，能引发观众的情感共鸣，因而也能取得很好的票房，并且弘扬了积极的人生价值观，即对人生的希望和对真善美的不懈追求。而纵观中国有些大片，大多围绕权力、欲望、背叛等沉重灰色的主题。《十面埋伏》的欺骗与背叛，《满城尽带黄金甲》中宫廷的争斗、欲望与阴谋，和亲人手足之间的尔虞我诈，《无极》中人与命运对抗的无奈。大片中温暖人心的主题太少，影片内涵都比较灰暗沉重，缺乏积极向上的精神和希望。美国好莱坞大片的共同点就是对普世情结的大力弘扬，主角的结局大多都是"happy ever after"，虽然有时有些腻味，但也是人们对人性价值弘扬的体现。观众进电影院看电影本就是为了放松娱乐，看了沉重主题的电影，难怪很多观众的反应是不满足。

改革开放后，中国就已经被纳入全球化的轨道。20 世纪 80—90 年代，中国电影基本上都是以民族文化的边缘状态和独特个性去参与国际竞争的，一系列影片都利用神秘的东方奇观来调动西方观众的幻想，这种文化战略是中国电影一再获取国际电影奖项的主要原因。中国电影融入世界，开拓国际市场，在一定程度上是以加入西方后殖民主义价值标准为代价的，很多在西方获奖的电影都有意无意地延续了西方人对中国的刻板印象，即中国是贫穷的、落后的、愚昧的，张艺谋的《红高粱》、《菊豆》、《秋菊打官司》等都是此类。之后因为李安导演的《卧虎藏龙》，功夫电影又开始流行，接下来的一系列电影都随波逐流忽略了影片内涵而只是大秀中国功夫，期望以此来博得西方观众的眼球。然而进入 21 世纪，这样的电影文化战略将不再是可能、有效和正确的了。一方面，纯粹的好奇将随着不断地重复再现而降低了观众兴趣；另一方面，被这一批电影所塑造起来的中国形象，与真正的中国现实也在逐步拉开距离。[①] 更重要的还在于，电影不仅仅是文化产业的核心，更代表着一个国家或民族的形象。在全球经济一体化的今天，电影更成为一个国家向外输出商品的最好的形象广告。因此，美、韩等国把电影作为本国的中流砥柱产业来发展，而英、法、印、俄等国家则把电影的发展看作是本民族文化特征的保持和延续。

---

① 陈犀禾等主编：《历史与当代视野下的中国电影》，桂林：广西师范大学出版社 2011 年版，第 2 页。

而正在加快迈向全球化步伐的中国，也需要一个全新的形象呈现在世界面前。

国际上对中国电影的兴趣逐渐减弱，而国内市场也依然萎靡不振。在世界电影市场被好莱坞电影完全垄断的情况下，中国电影的海外市场是极其狭窄的。中国电影市场的开放仅仅是扩展了好莱坞的全球市场，并未给中国电影带来任何新的希望。在中国加入 WTO 后，随着好莱坞电影的进一步普及，中国电影业正面临一个双重压力，即不仅仅要吸引观众到电影院看电影，还要在国内票房上同好莱坞影片竞争。中国电影如何回应全球化的挑战并且生存下去，是一个值得探讨的问题。

第三节 全球化背景下中国电影的转型与突破

电影作为现代文明的产物，在其发明之初便由洋人漂洋过海传到中国，并随即在中国落地生根，长成了中国民族电影枝繁叶茂的大树。于是，中国电影几乎是与世界电影同步发展，在全球化的初期便融入世界电影发展的大流中。以 1905 年的《定军山》作为中国电影诞生的标志，中国电影已跨过百年，百年中涌现了多姿多彩的电影人物与影像，也经历了时代风云变幻下各式各样的转型与风潮，形成了理论界目前普遍认同的六代影人：开创了中国本土电影雏形的郑正秋、张石川等为第一代；创造了 30—40 年代社会写实风格的蔡楚生、孙瑜等为第二代；1949 年以后致力于社会主义语境表达的谢晋、谢铁骊等为第三代；1979 年以后追求电影回归本体的谢飞、张暖忻等为第四代；1984 年前后使中国电影走向世界的陈凯歌、张艺谋等为第五代；1990 年后意在多元的张元、王小帅等为第六代。六代影人处在不同的历史背景下，回应着不同历史时期的社会思潮与风气，也使中国电影经历着从传统美学到现代形态的演变，形成了越来越丰富的艺术内涵与表现形式。如今，在全球化日益深化的背景下，中国电影也面临着前所未有的发展机遇与挑战，如何在越来越激烈的全球电影市场的竞争中稳住阵地并寻求突破，是摆在当今中国电影工作人员面前的重大课题。

谈到中国电影的发展自然不得不谈到中国现代性的发展。电影传入中国是在1896年，当时中国人叫它“影戏”。1905年，北京丰泰照相馆拍摄了中国第一部影片《定军山》。后来中国电影的中心转移到了上海。上海作为当时中国最国际化的大都市，也是现代性发展得最彻底的地区。张颐武在《全球化与中国电影的转型》中指出：“现代性一方面生产一种‘启蒙’和‘救亡’的宏大叙事，另一方面，还生产一种平庸的、以现代的生产关系和生产力为基础的日常生活和市民生活。”[①] 而后者，即对平民生活的关注，是中国电影自发展之初就一直关注的焦点。

平民生活也是中国现代性发展的产物。张颐武说：“由于现代都市的发展完全破坏了原有的传统社会结构，现代市民不得不面对个人的复杂的生存环境，他们不得不在日常生活中精于算计，以世俗的理性对付生活的方方面面。现代的市民和传统社会的人不同，他们的社会性在于他们的日常生活是以个人的形态、以财产的存在为基础的。个人的权力和生存状态都脱离了传统社会的有机结构，变成了独立的劳动力，存在于现代工业社会的‘现代性’之中。”[②] 都市的繁荣带动了市民阶层的成长，他们作为中国现代化发展的首批受益者，给中国社会注入了一股前所未有的消费动力。他们精于算计却又大度消费，而其中最重要的消费之一便是娱乐业中的电影消费。而作为当时中国的电影之都，上海拍摄了大量符合市民阶层口味的电影。

20世纪30年代以后的经典电影如《马路天使》、《桃李劫》、《一江春水向东流》、《万家灯火》、《乌鸦与麻雀》等依然是以处理小市民的生活形态为中心的电影。它们依然没有可能，也没有机会脱离电影的市民观众的要求。中国电影一出现，就有着很强的半殖民地半封建的色彩，其最明显的标志就是商业投机性，缺乏经济基础，非常混乱。但这也决定了早期中国电影需要迎合平民观众口味，以追求票房成功。而这种“市民观众”的存在，正是中国电影存在的基本条件。

感伤的、日常生活的表述一直是中国电影一个重要的类型。虽然时代

---

① 张颐武：《全球化与中国电影的转型》，北京：中国人民大学出版社2006年版，第222页。

② 张颐武：《全球化与中国电影的转型》，北京：中国人民大学出版社2006年版，第226页。

潮流风起云涌，民族历史的大背景也渐渐取代市民生活成为电影刻画的主题，但从20世纪40年代的《万家灯火》到50年代至70年代社会主义时期的经典电影代表作中也仍然有许多与市民文化有关，如谢晋的《女篮五号》和《舞台姐妹》等。它们仍然以刻画市民的日常生活为主，而时代只是作为背景来展示。而像《五朵金花》、《刘三姐》等电影都是具有相当强的娱乐性的作品，明显具有传统歌舞片的特征。《铁道游击队》、《独立大队》、《野火春风斗古城》等电影则具有高度传奇性的特点。这些都显示了市民观众仍然是中国电影的主要观影者，他们的趣味和选择仍然是电影发展的基础。

随着时代的发展，市民观众的趣味和审美也在经历着悄然的改变。如果说20世纪30年代的市民阶层需要电影反映他们刚刚获得的市民地位的新鲜感，40—50年代的市民观众需要电影反映他们强烈的社会主义自豪感与革命斗志，60—70年代的观众要求电影带有强烈的社会主义意识形态特征，那么自80年代末开始的中国电影则需要反映出市民观众日益国际化的视野与经验。中国改革开放后于1994年引进好莱坞电影，而这对刚刚从计划经济管制下解放的中国电影是一个沉重的打击。然而，中国电影自经历了60—70年代的停滞以及80年代中后期以来的下滑局面之后，在21世纪初开始有了全面复苏的迹象。据统计，1997和1998年中国电影市场已经萎缩到年产量只有50～70部，而到2009年中国电影的年度票房达到63亿，全年生产故事片456部，年增长率高达35%。造成这一繁荣景象的原因自然有许多，但其中不得不提到的一点便是中国都市新中产阶级的崛起。

中国都市新中产阶级是中国改革开放后出现的一群具有较强消费能力和较高审美要求的群体，他们生长在相对开放的社会环境中，从小就接受了好莱坞电影的熏陶。戴锦华在《光影之隙》中论及这个群体的特点："其一，集中于北京、上海这些屈指可数的大城市以及珠三角城市群；受教育程度高，年纪足够轻。其二，新中产的自我想象、社会指认与印证、梦想、价值都是参照欧美，其实主要是美国中产阶级予以定位的。"① 由此

---

① 戴锦华：《光影之隙：电影工作坊2010》，北京：北京大学出版社2011年版，第12页。

看来，这是一批与之前的市民阶层完全不同的群体，他们不再只是存在于一个城市，也没有之前几个时代中统一的意识形态束缚与认知，事实上，他们体验到的是一种前所未有的全球化视野和个性诉求，与此同时，还有来自改革开放以来社会发展造成的价值真空。一方面他们熟稔好莱坞大片所宣传的美国中产阶级的生活方式及其价值观——以房、车、个人主义价值观为代表；另一方面是改革开放以来“一切向钱看”的巨大社会共识以及传统道德观、价值观的集体沦陷或混乱。而处在这两方共同影响下的中国新中产阶级，不仅仅“作为一个市场的事实获得确认，而且是……为这份内在的中空焦虑所驱使，尝试以某种社会行为与文化选择昭示自己的在场并建构其价值”[①]。而观看国产大片便成为一种昭示他们自己在场的方式。据统计，目前中国大片的观影群体 80% 以上是 15 ~ 35 岁的年轻人，这一部分人处于社会潮流影响的中心，在某种程度上，观看国产大片成为年轻人某种朦胧的时尚与身份行为。

在现当代的国产影片中，有一批新兴电影试图把握与表述中国都市新中产阶级的生活状态与思想特点，尽管直接刻画中产阶级日常生活的电影并不多，大部分也没有达到应有的水准。2011 年可以称为“中小片年”，《失恋 33 天》、《将爱》、《亲密敌人》等中小成本电影纷纷击败众多豪华大片成为票房过亿的影坛黑马，其中的《失恋 33 天》更是凭借其营销、宣传等团队的完美配合，成为 2011 年中国内地电影市场的最大黑马，勇夺 3.5 亿票房。而《失恋 33 天》所讲述的不过就是都市新中产阶级男女日常生活的一部分——失恋的故事。影片放映后所产生的强大话题效应也使都市男女由于情感的态度与抉择这一颇具争议性的话题成为全社会共同关注的现象。都市新中产阶级的男女也纷纷把电影中的“王小贱”和“黄小仙”看作自身理想形象的投射，而这两个形象中所包含的“独立”、“坚强”与“贫嘴”、“自我”的特点也成为这一新兴都市阶层所认同的品质。

然而，像《失恋 33 天》这样反映中产者日常生活、获得观影大众如此热捧的电影并不多。而且，《失恋 33 天》本身的制作水准也难以与同类型的好莱坞电影相媲美。与此同时，院线虽然在近年有较大发展，但地域

---

① 戴锦华：《光影之隙：电影工作坊 2010》，北京：北京大学出版社 2011 年版，第 13 页。

的分布限制了偏远落后地区的观影需求。2009 年，院线与影院全年共有 14 条院线年度票房超过亿元，比 2008 年增加了 4 条，有 5 条院线票房突破 5 亿元，其中 2 条院线票房突破 7 亿元。2009 年全年主流市场新增影院 142 家，新增银幕 626 块，平均每天增长 1.7 块，全国主流院线影院数达到 1 687 家，银幕数达到 4 723 块。电影放映数字化程度全面提升，在 2009 年新建的电影院中，数字影厅达到 500 多个，约占新增影厅的 80%。然而，主要影院依然集中在大中城市，小城市与农村地区的影院设施建设十分落后，而大中城市中主要院线的平均票价均有上升趋势。这无疑使影院观影成为一种越来越奢侈的消费活动，并且脱离了在计划经济时代建立的在农村地区的放映体系。

从《失恋 33 天》这类中小成本电影受到追捧的现象中也能看出中国电影以及中国都市新中产阶级选片品位的变化。从 2002 年的《英雄》开始，华语电影正式进入了大片时代，所谓大片，亦即大制作、大场面、非一般规模的电影。强大的明星阵容、炫目的特技效果以及模仿好莱坞式的情节套路成了中国大片的标志。张艺谋开创的中国大片之路也吸引了大批导演的加入，如陈凯歌、徐克、吴宇森等。然而《无极》等片受到的质疑与随即而来的恶搞也使观影大众对中国大片产生了一定程度的厌倦与审美疲劳，情节空洞、堆积特效成了中国大片的代名词。相反，制作成本低廉却有强烈故事性的中小成本电影因为贴近观影观众的日常生活、表述新中产阶级的价值取向而成了电影市场的新宠。

2006 年的《疯狂的石头》以 500 多万的小成本投资成了当年影坛的最大黑马，同时也把中小成本电影推上了电影市场的中心。影片讲述的是一群草根民众为了一块翡翠而展开的一场嬉笑怒骂的争夺游戏，这种平民视角在人们看多了大片奇幻诡谲的故事情节后不亚于一服清凉剂。其中描写的小人物的悲欢离合继承了中国电影一直以来对平民日常生活的关注，又因其喜剧成分让中国电影摆脱了一直附加于中国电影之上的悲凉沉重之感，焕发出轻松自然的气息。《疯狂的石头》的成功也引领了一批以幽默轻松为主题的中小成本电影的拍摄，之后宁浩导演的《疯狂的赛车》依然延续了票房神话。但中国的中小成本电影并不都如“疯狂”系列影片这么幸运，大部分影片难掩成本低廉带来的制作粗糙、故事杂糅等弊端，即便其中有优秀演员撑场，都难以挽回其整体羸弱的趋势。

与此同时，中国大片依然有着中小成本电影无法企及的票房号召力。虽然中国大片自《无极》、《夜宴》和《满城尽带黄金甲》后一直饱受舆论的非议与调侃，然而它似乎引起国内观众“越骂越看，越看越骂”的循环现象。中国新中产阶级对国产大片的热捧在某种程度上也反映出国产大片传达了新中产阶级的某种集体价值取向。以2007年的影片《集结号》为例，它以8 000多万的投资成本轻松赚回超过2亿的票房，再一次证明了冯小刚票房神话的坚实地位。其本身的定位是一个非“官方”的主旋律影片，讲述的也是一个“秋菊打官司”式的为战友讨回公道的故事。然而本片与以往国内反战片不同的是，它放弃了意识形态的争执，使革命“隐退”，将“人”本身作为影片关注的焦点。新中产阶级对《集结号》的热捧也反映出这一群体的价值取向与建构，进而消解了意识形态对于战争以及国家民族形象的影响。正如戴锦华在访谈中指出的：“《集结号》广泛的社会接受度，印证了新主流表述已开始确立。而对于新中产／影院电影观众而言，这同时是他们在对新主流叙述的认同中获取自己的主体位置与身份想象的征兆。”① 好莱坞式的中国大片想要获得新中产观众的关注，也必定要追寻《集结号》的道路，把这份以西方主流价值观作为核心的新主流表述贯彻影片始终。

在谈到中国电影复苏的条件时，戴锦华在《光影之隙：电影工作坊2010》中提到了第五代、第六代艺术电影的“脉络或曰细流”。她说道：“当中国本土电影生产与市场全面滑坡并濒临崩溃，第五代、第六代的电影制作维系了中国电影生产的脉络，并成为为本土电影生产锻炼、累积人才的特殊路径。尽管第五代电影素有‘票房毒药’的骂名，但事实上，今天中国主流电影生产的台柱子无一例外是当年第五代电影的主将。”② 第五代导演及其作品无疑是中国电影史上最受关注与争议的作品。在某种程度上，他们以其强烈的个人风格与集体群像代表了中国电影在世界影坛的异军突起。他们的出现有着得天独厚的历史条件与知识储备，他们经过了前四代导演在创作上的指导与熏陶，更重要的是，在改革开放初期，他们便

---

① 戴锦华：《光影之隙：电影工作坊2010》，北京：北京大学出版社2011年版，第5页。

② 戴锦华：《光影之隙：电影工作坊2010》，北京：北京大学出版社2011年版，第4页。

接触到了国外大量的电影作品与理论，为其电影创作提供了广泛的视域空间。再加上他们本人丰富的人生历练与历史感悟，使得他们的电影一出现便引起广泛的关注。

李刚在《论中国第五代导演的文化精神》中把第五代导演的创作分为三个阶段，这里将沿袭这个划分。第一阶段是20世纪80年代，这一时期，中国刚刚开放国门，第五代导演初登影坛，异军突起。其作品的实验痕迹较重，然而，其文化主张也最为明显，对民族、历史的思考也最为深沉。“《黄土地》对人们生存的思索，《红高粱》对生命意识的礼赞，《晚钟》对民族命运的挖掘，《猎场札撒》对化外之邦的观照，都成为第五代导演文化精神的理想外壳。这一阶段，尽管他们的作品可能失于直白，流于生涩，过于天真，但也是他们表达自我、关注文化、体察历史最认真、最执着的时期。强烈的主体意识不仅使他们思考，也使他们尽力在作品中给出解决民族命运的答案，当然，这些答案也是见仁见智，众说纷纭。这一时期，第五代导演还处于小众认可的阶段，但也是他们最可贵的探索阶段。”①

第二阶段是20世纪90年代，这一时期，商业大潮开始涌动，消费时代正在到来，中国电影与世界的接触也在逐渐加深。第五代导演在这一时期也受到世界电影节的广泛青睐，在各大电影节屡获大奖。在试图与其他国家电影建立更广泛的沟通的基础上，第五代导演创作了大量基于西方视角的、表现民族劣根性的影片，如《菊豆》、《大红灯笼高高挂》、《风月》、《荆轲刺秦王》、《霸王别姬》和《活着》等。这些影片被国内影评人斥为投合西方观众对于东方世界的“他者”想象的作品，并不能表现当下中国真实的状态。

第三个阶段即21世纪至今为止。这一时期恰巧也是中国政治发展、经济腾飞的时期。经过改革开放三十多年的发展，期间中国加入WTO，成为世界加工厂，并一跃成为世界第二大经济体。又因为“实物经济”而非“虚拟经济”的发展，使中国得以幸免于世界经济危机的打击。与此同时，中国的电影市场也在日益扩大：300～400部的年产量，逐日递增、已达

---

① 李刚：《论中国第五代导演的文化精神》，北京：中国社会科学出版社2008年版，第6页。

6 000块银幕的数量，突破100亿大关的总票房，这些都使得中国电影市场呈现出前所未有的繁荣态势。戴锦华也谈到："中国电影发展最奇特的地方就是，电影产业的变化与中国的社会、政治、经济发展处于完全同步的状态。"这一时期第五代导演顺利获得了大师与权威的地位，成为各种大型节目的总导演、各大电影院校的教授或主任。与此同时，在电影市场全面开放、好莱坞大片席卷中国电影市场与票房的情况下，部分第五代导演开始了中国大片的制造，其中以张艺谋的《英雄》为起点，陈凯歌、冯小刚等导演纷纷献上了各自的大片。至此，第五代导演早年艺术性的追求与实践已经与商业融合无碍，这也使得一部分对第五代导演早年电影簇拥的观众很不适应，并引起了网络上大肆的批判与恶搞，而其中以对陈凯歌《无极》的恶搞最为突出。

相对于第五代权威式的主流话语权，中国第六代导演的作品拥有更平民的视角与边缘化的创作手法。他们是20世纪80年代中后期进入北京电影学院导演系，90年代后开始执导电影的一批年轻的导演。他们没有第五代导演得天独厚的体制内优势，缺乏第五代导演对于宏观历史的把握与鲜明统一的严峻风格，他们从一开始关注的便是边缘群体的生活状态。在1990—1995年这个阶段，第六代电影关注的主要是都市，呈现的是在乡土文明向都市文明转型期间，一群现代青年的茫然无措、理想的拒绝、价值的失落以及自我的凸现。正如汪方华在书中指出的："对生存的体验，从来没有哪一代会像第六代一样独特，第六代导演王小帅、阿年、张元、贾樟柯、王全安等人在谈到自己的影片的时候，总是羡慕第五代得天独厚的优势，能在计划经济体制时代充分实现自己的艺术理想，而他们却一无所有。"① 这份独特的生存体验也让第六代导演的影片有着与众不同的气质。

与第五代导演着力表现民族历史的宏大叙事不同，第六代导演的作品关注的是小人物的悲欢离合。从张元的《妈妈》和《北京杂种》开始，第六代导演强调主体的客观经验与真实的特点开始显露端倪。其实，在《妈妈》之前，北京电影学院1985级毕业生已在一份题为"中国电影的后'黄土地'现象——关于一次中国电影的谈话"的宣言中，以一句"中国

---

① 汪方华：《坚硬的影像：后新时期中国电影研究》，北京：中国传媒大学出版社2011年版，第13页。

电影需要的是一批新的电影制作者，老老实实地拍老老实实的电影”的话语颠覆了第五代的宏大叙事，而确立了以人为本的平凡叙事，并首先将目光投向了生活在社会边缘的平常个体的生存与生命状态。之后，王小帅《冬春的日子》、《十七岁的单车》，路学长《长大成人》，章明《巫山云雨》，管虎《头发乱了》，何建军《邮差》，娄烨《周末情人》、《苏州河》，张扬《爱情麻辣烫》、《洗澡》，贾樟柯《小武》、《站台》，王全安《月蚀》、《图雅的婚事》，陆川《南京！南京!》，宁浩《绿草地》、《疯狂的石头》等都纷纷以自己独特的拍摄视角与手段关注平凡人的日常生活。

第六代导演这种关注视角自然不仅仅在于推翻之前的电影创作理念，更多的是由于改革开放的发展，全球化在中国的逐渐深入，给中国普通民众带来价值观与行为方式的改变。台湾学者罗晓南认为："十年的文化大革命，除了政治权力斗争之外，并没有为大陆带来任何文化现代化的征候，反倒是1978年后的经济改革，不期然地引发了文化层面的空前的变革。这次变迁，不仅超过了社会主义精神文明原先的规划而有所失控，同时也撼动了大陆人民的日常生活方式。"[①] 出国、个体户、下海、发财、盲流、民工、打工、"三陪"等一时间成了社会流行词汇，这种经济对于文化的强大冲击，在一定程度上造成了文化的畸变和一切从经济出发的盲从心理，甚至诞生了一种新的神话。货币成了衡量人的尺度，决定着一个人的价值、成功、尊严、社会威望，人从政治口号的傀儡变成金钱的崇拜者。[②] 面对乌托邦的消失、信仰的不在、理想的碎裂、崇高的坍塌，当代青年失去了精神支撑点，只剩下钱或者说是欲望。

贾樟柯作为第六代导演的翘楚，关注的正是在价值体系日益混乱的当代，底层群众或者边缘人士的生存状态。1997年其首部影片《小武》讲述的便是20世纪90年代末山西小城汾阳一个小偷落网的故事。该片全部起用非职业演员，片中穿插着赵本山的小品、流行歌曲片段、卡拉OK等大众娱乐方式，用几近纪录片的手法展现了一群社会底层人士的生活状态。片中触及了市场经济改革对一个中国偏远县城的根本改变，金钱成为生存

① 罗晓南：《当代中国文化转型与认同》，台北：生智文化事业有限公司1997年版，第49~57页。

② 南帆：《新的神话》，《天涯》1996年第3期，第16页。

的唯一目标，原来是小偷的人通过不法手段发财致富成为社会上受人尊敬的人物，而那些不懂得经商的人则依然是处于社会底层，并受到那些商人的鄙视。片中小武原来同为小偷的哥们小勇，便是其中一例。小勇不做小偷，靠不法手段发财，成为小县城里有头有脸的人物。结婚宴请宾客时他却并没有邀请昔日的哥们小武。按他的话说："如果让别人知道他原来做过三只手，他还活不活?"为了证明自己早已与邪道划清界限，是正派人，小勇不顾及兄弟情分，有意避开小武，连小武的红包都不肯收，认为这钱"来路不明"，但小武却一针见血地反驳道："你走私烟贩烟，开歌厅挣歌女钱，钱一样不干净。"小勇竟平静地说："我卖烟不是走私那叫贸易，开歌厅不是挣歌女的钱，那叫娱乐业。"从小勇狡黠的神情可以看出，在一个赤裸裸的金钱社会，道德底线早已无迹可寻，一切罪恶的交易都可以堂而皇之地成为主流社会所认可的第三产业，而一个以不法手段发财的人也可以因为财富而受到社会的承认。

片中小武的爱情也以失败告终，歌女胡梅梅从北京来到汾阳一个小歌厅，每天过着朝不保夕的日子，与来自四面八方的相同命运的姐妹们挤在一个小四合院里，却在给家人的电话里谎称自己过得很好。她无亲无故，深知一个小女子在外面闯荡不找个大款是没有出路的。小武对她好，为她买了个热水袋，她便以为他是大款，想傍着他过日子，最后更大的老板来了，她便跟着他走了。小武落网后第一个想到的是看看 call 机里有没有胡梅梅的留言，而最终胡梅梅只留了一句"祝你万事如意"。在一个金钱至上的社会，普通人连爱情都成了奢侈品，这或许是小武最大的悲哀。

贾樟柯的电影代表了第六代导演的人文关怀与底层关注，而这一点在全球化日益深化的今天，是一份异常珍贵与清醒的觉知。中国电影在第五代导演轰轰烈烈的国产大片的喧嚣下，需要这一批真实反映老百姓日常生活的电影为被金钱冲昏头脑的中国社会提供一剂清凉针。然而，第六代导演的作品往往由于众所周知的原因不能搬上主流院线为观众所熟知。当贾樟柯的《小武》在柏林电影节上捧回两个奖并获得 2 万马克奖金的时候，他还在担心怎么推销自己的拷贝。王小帅最为自豪的是仅仅花了 9 万元的小制作《冬春的日子》，单是在一个国际性的电影节上就拿了 6 万美元奖金，于是他对自己的艺术立场总是充满信心。然而，他们的电影往往只能凭借国外电影节的获奖而把版权销往国外，在国内，除了某些盗版的影碟，几乎没有机会看到这些影片。如何使第六代导演的作品真正受到中国主流院线与市场的认可，这将是中国电影发展需要解决的问题。这其中除了国家新闻出版广电总局在电影审批制度上的改进，还需要全社会对于这批电影进行更多的认识与理解。

电影这一西方文明的产物横渡重洋来到中国已逾百年，在中国开花结果，产生了六代电影人以及无数优秀的电影。在全球化日益深化的今天，电影在记录这一代人集体群像的同时，也承受着全球电影市场的冲击与挑战。以好莱坞电影为核心的西方电影以其精湛的电影技术以及具有国际号召力的明星阵容迅速夺取了国内市场的主要份额，从而逼迫中国电影推出自己的大片。中国式大片在以第五代导演为主体的电影人的执掌下短时期内赢得了国内的票房支持，同时，也承受着国内电影批评人士和观影大众的批评甚至恶搞。随着大片的增多，以中国新中产阶级为主体的观影大众的观影趣味也在悄然发生着变化。其中以 2011 年的《失恋 33 天》为代表的中小片的异军突起可以看作是中国电影从大片走向中小成本影片的开始。如何真正刻画与反映当代中国各个阶层人士（以新中产阶级为主）的日常生活成为当今中国电影需要思考的问题。而在这一方向，以贾樟柯为代表的中国第六代电影人可以为这一探索指出一条成功且不失水准的道路。

第七章

全球化与消费文化

20世纪80年代后期，伴随着超越国界的经济活动、资本流动、对外贸易、跨国服务、技术转移等的日益频繁，世界经济日趋成为一个紧密联系与不可分割的有机整体。自90年代以来，以跨国公司为主体的资本、技术、产品的全球流动使经济全球化大大加快了步伐，地理上分散的资源和生产要素在这股全球化的大浪潮下得以重新配置，世界市场得以重新整合。从经济学的角度来看，经济全球化无疑有利于资本和产品在全球范围内的自由流动，有利于科技在世界范围内的拓展和渗透，有利于世界各地经济差异的平衡。它是经济发展的必然结果，亦是人类社会进步发展的表现。

随着世界范围内经济交流的日益紧密，各国贸易壁垒逐渐消失，国与国之间原本明确的界限慢慢模糊，越来越趋向于相互依存的生存模式，这股全球化的浪潮无疑已经将世界“压缩”成了一个整体。在这股势不可挡的洪流的侵袭之下，这种整体生存模式也早已跨越了单一经济领域局限，其影响早已扩展至政治、文化、国防、教育乃至公民生活的方方面面。自由主义经济学者们认为，全球化代表着资源在全球范围内的自由流动和配置；而从信息交流的角度来看，加拿大著名的传播学家麦克卢汉则认为全球化就是“信息克服空间障碍在全世界的自由传递”①；从社会学角度出发，英国的吉登斯则认为全球化不过是“现代性从西方社会向世界的扩展”②。学术界对全球化说法不一，但不可否认的是其出发点都来自各自不同的立场、价值观以及认知背景。而无论是以上任何一种阐释，无疑都从某种程度上默认了一点：全球化意味着全球意识的崛起。

然而，全球意识的崛起绝不仅仅意味着跨国资本在世界范围内的重构，随之而来的更是对文化和社会的挑战、冲突以及重构。毫无疑问，文化和社会的重构必将模糊民族性和文化认同的本质。资本的掌控者们“利用资本渗透到最偏远的山区，传播一种影响个人主体构成的消费意识形态，将每个个人都纳入他们的消费世界；他们的目标是逐步打破人们原有的主体性，在世界范围内将人改造成消费的主体。一旦人们变成消费的主

① 杨雪东、王列：《关于全球化与中国研究的对话》，《新华文摘》1998年第12期。

② 杨雪东、王列：《关于全球化与中国研究的对话》，《新华文摘》1998年第12期。

体，就会无意识地进入跨国公司的意识形态范畴，接受‘全球资本主义制度’的观念和影响，失去原有的文化身份和文化认同”①。

不仅如此，更加值得我们注意的是，发展至今的全球化，其主要特征除却“国际化的劳动分工，国际信贷经济的发展，生产系统和劳动过程日趋灵活”之外，还伴随着“标准化的市场新价值符号体系的创立并实际运用”②。“文化认同永远是个动态的概念，它必须在与其他文化的相对关系中进行自我限定”③，一旦资本主义市场化的价值符号体系将文化及文化产业链也纳入其中，我们的文化消费必将遭受严峻挑战。而随着外国资本进入我国，资本主义形态的文化消费方式及理念所带来的冲击，也在悄然地改变着我们的文化构成，最终是否会将我们也纳入“西化”、“标准化”与“同质化”当中呢？

第一节 全球化消费文化的形成

鲍德里亚是 20 世纪 70 年代后法国涌现出的众多杰出思想家中影响颇大的一位哲学家和文化理论家。作为社会理论家和媒介方面的专家，他一直被推崇为“新的麦克卢汉”。鲍德里亚对“后现代”的贡献主要表现在两个方面：一是早期的消费社会理论；二是后期的“仿真、拟向和象征社会”等理论。鲍德里亚关于这两方面的建树也同时呼应着他学术生涯两个最为重要的阶段。早期的鲍德里亚受法兰克福学派的影响较大，他继承了马克思的批判立场，发展了消费社会理论。这一套理论体系在《物体系》、《消费社会》、《符号的政治经济学批判》等著作中进行了具体论述。然而 70 年代中期之后，对政治经济学和消费社会的反思在他的文本中几乎已无

① 杨雪东、王列：《关于全球化与中国研究的对话》，《新华文摘》1998 年第 12 期。

② 王宁、薛晓源：《全球化与后殖民批评》，北京：中央编译出版社 1998 年版，第 91 页。

③ 王宁、薛晓源：《全球化与后殖民批评》，北京：中央编译出版社 1998 年版，第 91 页。

迹可寻了，取而代之的则是模拟和拟向、媒介和信息、科学和新技术、内爆和超现实，这一切构成了鲍德里亚的“后现代世界”。

鲍德里亚的消费社会理论从某种程度上来说揭露了资本主义晚期消费异化的本质，并提出了符号消费的重要概念。这一套理论体系主要可以概括为以下几个方面：

首先，鲍德里亚用符号消费取代了传统消费的定义。受语言学家索绪尔的“所指”和“能指”这一术语的影响，鲍德里亚在《符号政治经济学批判》中提出了其符号消费理论的支点，那便是符号价值与象征交换之比等于交换价值与使用价值之比。在《物体系》一书中，鲍德里亚从符号学的角度更新了消费的定义，他指出：“如果消费这个字眼要有意义，那么它便是一种符号的系统化操控活动……要成为消费的对象，物品必须成为符号，也就是外在于一个它只作意义指涉的关系……而它的合理一致性，也就是它的意义，来自它和所有其他的符号与物之间，抽象而系统性的关系。这时，它便进行‘个性化’，或是进入系列之中，等等。”① 在鲍德里亚看来，消费社会中商品形式普遍地转化为符号形式，而物的交换与消费更多的是在符号的意义上进行的。也就是说，在新的消费关系中，人们的交换早已脱离真实而是建立在一种非真实的基础之上，生产、交换与消费的对象已不再是物的使用价值，而是消费品的意义和其衍生的符号价值。

其次，基于符号消费一说基础之上，鲍德里亚还认为现今的消费社会是一个丰盛的符号社会。物以全套或整套的形式组成，几乎所有的物品都有一系列能够互相称呼、互相对应和互相否定的不同商品。“某一商品代表的不再是本身，而是背后一套一系列的符号体系。”② 然而，不得不指出的是，在消费社会中，物品固然在其客观功能即使用价值和交换价值上具有不可替代性，但在内涵领域中却是一个虚拟的、可以任意替换的符号。当物品“彻底地与某种明确的需求和功能失去了联系”，消费对象不再具体，消费行为即变成了“表面上以物品和享受为轴心和导向的，实际上指

---

① ［法］尚·布希亚著，林志明译：《物体系》，上海：上海人民出版社 2001 年版，第 223 页。

② 原伟泽：《鲍德里亚的符号消费思想评析》，《中共郑州市委党校学报》2011 年第 4 期。

向的则是其他完全不同的目标，即对欲望进行曲折隐喻式表达的目标，通过区别符号来生产价值社会编码的目标”①。

再次，物的消费化使人的真实需求被隐匿起来，取而代之的是符号的编码和操控。鲍德里亚将这一点的阐述称为“物的差异性实践方式”。消费物的使用价值让位于其背后隐藏的符号编码，而符号意义则被区分为各个不同的类别、等级、区块。在现今的消费社会中，消费者们在购买消费品的时候，更多的是看中消费品背后所代表的符号意义，这种类似“身份象征”的符号意义可以通过“购买”被消费者们假性占有，由此通过这种虚假的占有和购买的愉悦来提升自己的社会地位。借用鲍德里亚的话阐释这一点：“物并没有向我们说明使用者以及技术的实践，而是更多地关注社会的主导与屈从、社会的变动与惰性、文化的交流与同化，以及社会的分层与分类。通过物，每个人和群体都在某种序列中找寻他/她的位置，同时根据个人的发展努力地挤入这一序列之中。通过物，一个分层的社会出现了……它试图将每个人放置到某个特定的位置上。”② 鲍德里亚还指出：“……我们不能从消费自身所显现的那样——作为普遍性的对个人的满足——来考察消费，而是要把它看作一种社会命运，它对于某些群体或阶层产生了影响，或者作为一种某些群体或阶层与其他群体或阶层相对立的方式。”③ 从这个意义上来说，后现代社会的消费已经不再是单纯的对于使用价值的购买了，而演变成了一种由符号编码构建起来的新的排列组合过程。“被置于符号编码中的人们，参照某种抽象的范例和时尚的组合进行消费，借此能够成功地将自身与某种社会地位对应起来。”④ 由此一来，消费者通过消费所获得的已经不再是物的使用价值，而是物的符号价值以及其所象征的身份、地位、声望等。

---

① ［法］让·波德里亚著，刘成富、全志钢译：《消费社会》，南京：南京大学出版社2000年版，第50页。

② Jean Baudrillard, *For a Critique of the Political Economy of the Sign*, New York: Telos Press, 1981, p. 181.

③ Jean Baudrillard, *For a Critique of the Political Economy of the Sign*, New York: Telos Press, 1981, p. 181.

④ 宋德孝、闫方洁：《消费物的符号化及其意识形态揭秘》，《哈尔滨师范大学社会科学学报》2011年第1期。

最后一点正是基于“物的符号化”这一重要观点的衍生：在经济政治全球化的今天，大众媒体对于消费品的符号化意义的虚伪构建使之成为消费领域操控消费者的重要途径之一。这一点在奢侈品的广告中尤其可以窥探一二。比如世界顶级的女性品牌香奈儿，又或是全球化的星巴克文化，从这些西方品牌文化的广告设置中不难发现，他们所倡导的品牌概念早已跨越简单的使用价值这一步。香奈儿广告中所倡导的“优雅、高贵、贵族”等概念已经成为一种品牌符号价值意义，而香奈儿的消费者希望获得的也不仅仅是一瓶香水，更多的是想要获得一种由品牌符号所倡导的“优雅、高贵、贵族”的身份地位象征。星巴克文化的消费也是如此。一杯咖啡已经不再是咖啡这么简单，它象征的是一种文化，昭示的是一种身份。当人们花几十块钱购买一杯星巴克咖啡时，他们意欲购买的除了一种味觉上的享受外，还有一种小资文化的符号象征。而对于广告这种大众媒体的新的传播方式，消费社会批判理论家们也各执一词。法兰克福学派认为大众媒体是资本主义商品逻辑对于文化入侵的执行者，而巴特则将广告作为一种书写资本主义意识形态的“神话”[①]。在鲍德里亚看来，“如果说我们是在产品中消费产品，我们在广告中，则是消费它的意义”[②]。广告通过与物品本身的相互指涉，为消费者构建了一个被赋予了符号意义的世界，引领着人们通过广告消费着物品的意向。

全球化消费文化的形成从某种意义上来说也是资本主义社会消费文化向全世界扩张的过程，而这一过程则是自由竞争的资本主义发展为垄断资本主义进而再向全球化扩张的过程。如果说跨国公司在全球范围内得以顺利地推进和扩张有何关键因素的话，消费文化的扩张和大众媒体的传播可谓功不可没。在鲍德里亚所强调的“物的符号体系”中，大众媒体也扮演着无可取代的重要角色。因此，没有大众媒体，现代消费社会也就不会形成，而全球化进程也将无从谈起。

在《资本主义消费文化的演变、媒体的作用和全球化》一文中，杨伯溆、李凌凌具体分析了大众媒体在全球化消费文化传播中所起的“引导和

---

① 宋德孝、闫方洁：《消费物的符号化及其意识形态揭秘》，《哈尔滨师范大学社会科学学报》2011 年第 1 期。

② ［法］尚·布希亚著，林志明译：《物体系》，上海：上海人民出版社 2001 年版，第 223 页。

制造消费需要的作用”，并指出了资本主义发展不同阶段所出现的与之相适应的大众媒体形式及其影响。这篇文章将资本主义分为五个阶段作为考究的依据：

第一个阶段是工业化初期，以“禁欲”为代表的消费文化成为资本积累时期的资产阶级盟友。在这个阶段，“由于原始资本积累以及扩大再生产的需要，不仅从文化上对过分的物质消费进行抵制，更是用法律条文来规范家庭的消费行为，而那些以刺激人们欲望从而拉动消费为目的的广告行业在当时也被主流社会嗤之以鼻”[①]。

第二阶段则始于电话的出现。这一新型信息传播工具的出现使资产阶级看到了进一步积累资本的可能性，因而选择了有限发展电话的道路。在这一阶段，杨伯溆、李凌凌看到了电话对于消费社会的重要意义。首先，电话先于同时期发明的广播的扩散模式从某种程度上来说暗示了当时社会禁欲和积累社会的主流文化；其次，电话在城市的广泛应用使得公司脱离本土社区，从而导致电话所带来的交流上的便利使以公司资本主义为核心的城市逐渐出现。从这两个意义上来说，“电话为消费文化的出现奠定了基础”[②]。

第三阶段是以“人欲”为核心的资产阶级消费文化的初步形成，以百货商场和广告的繁荣为标志。在这一阶段，资本主义经济已经基本解决了初期资本积累的问题，而资产阶级所面临的新问题则是市场的扩展与商品的销售。公司资本的扩大和商品的大批生产使消费成为资本主义经济继续稳步增长的关键因素。鉴于这样，百货商场和广告充当了刺激消费的重要角色。以百货商场为标志的消费体现的是大众普遍对商品“交换价值”的强调和对“符号价值”的诱导，这是转向消费社会的重要一步。而通过广告等媒体的积极作用，新的形象和符号得以建立，消费文化中强调的欲望的满足、享乐主义，以及“炫耀”的消费方式和生活方式从此开始慢慢显露。这个阶段中大众对于消费文化的参与已经为之后资产阶级对于消费文化的构建埋下了伏笔。

---

① 杨伯溆、李凌凌：《资本主义消费文化的演变、媒体的作用和全球化》，《新闻与传播研究》2001 年第 1 期。

② 杨伯溆、李凌凌：《资本主义消费文化的演变、媒体的作用和全球化》，《新闻与传播研究》2001 年第 1 期。

第四个阶段是随着广播电视的发展和离散社会的形成，资本主义消费文化达到完全成熟。这一阶段显著的特点是广播电视等大众媒体的巨大作用开始显现，而商品的“符号价值”发挥到极致，出现了“模拟世界”，这个世界从某种程度上消解了“公共领域”和“私人领域”之间的界限，创造出“离散社会”和“沉默的大多数”①。在媒体以及意识形态消费文化的操控之下，大众成为“消费机器”，这也昭示着资产阶级消费文化的完全形成。

第五个阶段则是资本主义消费文化的扩张与全球化。通过大众媒体在全球的信息传播，资本主义得以在全球范围内兜售其消费文化思想，从很大程度上培养了一批“顺从”的消费者，这使跨国公司在世界范围内的扩展“一帆风顺”。从这个意义上来说，西方消费文化在全世界的传播成了消费文化全球化的引航者。

第二节　消费文化产生的作用

关注时尚的人们可能会注意到一个新的现象，2011 年以及 2012 年的巴黎时装周上增添了许多中国面孔。在闪耀全球的时尚派对中，中国的演员、设计师、歌手们开始频频亮相，与世界时尚舞台有了密切频繁的交流。众所周知，起源于 1910 年的巴黎时装周，其初衷乃是为了帮助新晋设计师入行，那些来自日本、英国和比利时的殿堂级的时装设计师们，几乎每一个都是通过它走进了世界的视野。而如今，秀场上所传递的不仅仅只是设计师的设计概念，更多的是“坚定、准确地传递出品牌形象”。那些远赴巴黎的中国明星穿戴着巴黎秀场上的所展示的奢侈品牌：LV、香奈儿、爱马仕、普拉达、MiuMiu……千里“炫富”可不仅仅是为了彰显财力，更是因为隐藏在这些明星背后的是中国庞大而年轻的新兴消费群体。而更加值得注意的是，在中国，这个群体的年龄已经远远低于西方国家的

① 杨伯溆、李凌凌：《资本主义消费文化的演变、媒体的作用和全球化》，《新闻与传播研究》2001 年第 1 期。

奢侈品消费者，甚至低于同处亚洲的邻国日本。明星背后的奢侈品牌赞助商们正是看中了中国市场巨大的奢侈品消费潜力，而“明星效应”则成为全球奢侈品牌商们在巴黎秀场上安排的最抓人眼球的“人形广告”。

奢侈品的英文表述为luxury，这一称谓来自拉丁文的lux，是“光”的意思。从字面意思上来看，奢侈品应该是闪光的、耀眼的、使人笼罩在光环之下的。而从社会学的角度来看，它们是只有贵族或者拥有一定地位、财富的人才能够享受的物品，它们代表着贵族的形象，是一种身份、形象、品位的象征。世界奢侈品协会2012年1月公布的报告显示，截至2011年12月底，中国奢侈品市场年消费总额已达126亿美元（不包括私人飞机、游艇与豪华车），占据全球份额的28%，中国已成为全球奢侈品占有率最高的奢侈品消费国。

随着我国经济的发展和商业区的不断增多，种类繁多、质量上乘的产品也不断涌现，加之与国际市场的联系加强以及对外贸易的发展，我国成为西方国家奢侈品市场中不可或缺的一分子。而经济全球化、现代交通运输的发展、科技水平的提高、跨国企业的发展、贸易关税的减少、国际间运输成本的降低，都大大地简化了奢侈品原材料寻找和大规模生产、装配、配送的产品生产过程，当前发达的物流也使得这一生产过程得以发展为全球网络体系。而中国整体人均可支配收入的增加则成为奢侈品市场繁荣的主要动因之一。随着可支配收入的不断增加，我国居民的消费欲求也变得越来越强烈，从消费者心理来看，中国消费者“炫富”和“趋同”的心理正是成为他们购买奢侈品来彰显身份的重要动机。

毫无疑问，在消费文化席卷全球的今天，新富人不断涌现，而奢侈品以其独特高贵的光环构成了一种被普遍认可的身份体系。根据鲍德里亚的物的符号化观点来看，奢侈品消费行为中消费者所购买的早已不是使用价值，不过是一堆象征与符号而已。据《每日邮报》报道：“富有的中国游客在英国2010年打折季中消费的奢侈品高达10亿英镑，占英国整个奢侈品行业销售额的1/3。”① 这些在经济高速发展的中国成长起来的新贵们，在欧洲市场上忙碌穿梭，于各大奢侈品卖场血拼。他们的购买能力不输给

① 于柏然：《“消费”还是“被消费”——中国奢侈品消费的虚火》，《广告主市场观察》2011年第9期。

任何一个发达国家的年轻人。然而，在他们疯抢奢侈品的同时，他们也偏离了奢侈品所要提供的真正的“高贵、享受、品质”的理念。他们并不在乎品牌背后的文化或故事，对于这群新贵消费者来说，炫耀性消费的快感才是他们所真正追求的。而网络上吵得沸沸扬扬的郭美美炫富事件以及相亲电视节目女嘉宾“宁愿坐在宝马里哭，也不在自行车上笑”的惊人言论更是赤裸裸地展现了炫耀型消费观下中国年轻人的虚荣与浮躁心理。

在鲍德里亚所构建的消费社会中，整个社会被商品所包围，以物的大规模消费为特征，而消费也被赋予相应的文化含义，成为一种消费文化。需要注意的是，“消费文化所导致的不仅仅是生活观念及消费方式的改变，而且是就时间、空间、社会、个人、民族和国家等要领在认识和理解上的革命性转变”①。可以说，一种消费文化的转变在某种程度上来说也是一种世界观、价值观、人生观，甚至存在方式的改变。换句话说，“这种改变不仅是社会经济结构和经济形式的转变，同时也是一种整体性的文化转变”②。而全球化进程开始以来，奢侈品消费文化一直在“与世界接轨”和“全球化必然趋势”的庇护下蓬勃发展。自始至终，奢侈品消费者忽略的是消费主义商品符号及其所负载的价值观念和民族文化认同，在他们享受消费快感的同时，他们也在或多或少地积极参与着资本主义全球化的扩张和秩序的重建。而消费主义也正在迅速地改变、重塑着我们认知世界的方式，拜金和拜物的虚荣与浮华正在逐渐啃噬着现代人重要的精神认知以及身份认同。人们不断寻找着迷失的身份，用消费的快感刺激着焦虑的神经，不断地从消费中获得认同，却逐渐丧失了内在最为重要的根基。

第三节　奢侈品广告的符号化研究——以香奈儿为例

作为国际奢侈品行业的巨头之一，香奈儿的品牌影响力早已在一百多

---

① Grant McCracken, *Culture & Consumption*, Bloomington: Indiana University Press, 1990, p. 169.

② 罗钢、王中忱：《消费文化读本》，北京：中国社会科学出版社 2003 年版，第 2 页。

年前就开始在世界范围得到传播了。从加布里埃·香奈儿女士小小的女装帽店开始，香奈儿时尚帝国的战役就已经悄悄开始打响。勇于打破传统的香奈儿永远有着高雅、简洁、精美的时装设计理念，即便是在香奈儿女士逝世之后，由卡尔·拉格菲尔德担任时尚总监的香奈儿仍然深谙品牌背后“流行稍纵即逝，风格永存”的指导理念。在香奈儿众多的产品如服装、珠宝、配件、香水、化妆品之中，除却时装之外，最为闻名遐迩的便是它的香水了，那款风靡全世界的五号香水更是成为“高贵优雅”的代名词。自梦露那件著名的“睡衣”——Chanel No. 5 诞生以来，香奈儿的香水始终以高贵优雅的形象深入人心。在其最为流行的时期，全球几乎每半分钟就能卖掉一瓶，直至今天，Chanel No. 5 依然稳坐世界销售冠军的宝座。从香奈儿女士在巴黎香水界鼻祖 Ernest Beaux 研制的几款香水样品中选择了第 5 款香水的命运式的安排开始，仿佛便注定了这款香水，甚至这个品牌与“5”这个数字的奇妙缘分。它所能传达给我们的已经远远不止香奈儿第一款香水，又或是一个抽象的数字“5”那么简单的概念了。作为第一款合成花香调香水，Chanel No. 5 完全打破了当时香水的传统设计，它以一款长方体附以利落线条的简洁设计，表现了女性的勇敢与大胆，同时也奠定了香奈儿香水奢华与优雅的品牌概念基础。那么，Chanel No. 5 的美丽传奇到底是如何抒写的呢？

前面已经提到，在消费文化侵袭的今天，符号价值早已取代了物品的使用价值，成为人们竞相追逐的对象。而品牌则提供一种对符号的塑造、培养以及管理功能，它以一种独特的形态承载着商品符号在文化意义上的分门别类。那么，从这个意义上来说，香奈儿这个响亮的奢侈品牌无疑也是通过一种独特的品牌符号的塑造、传播而得以在如今消费文化盛行的奢侈品市场上创建起其无可比拟的时尚帝国的。本节将通对香奈儿品牌香水 Chanel No. 5 的广告的分析，来阐释作为商品符号象征价值典范的奢侈品，其符号意义是如何被赋予以及被赋予的过程背后隐藏着的手段和意义，进而最终说明符号意义是如何从文化世界转移至奢侈品上，使其成为一种区分社会地位标签的。

19 世纪末，瑞士的语言学家索绪尔指出了语言内在意义研究的模型符号，从此符号学成为一种用符号法则对人类社会进行研究的科学。借由符号模型，索绪尔指出，所指和能指组成的对应关系是人为的、任意的、不受限制的，凭借各种感觉媒体来感知能指，依靠文化背景来解读所指，从而形成丰富的符号体系。在印刷时代，文字被视为最主要的传播方式，然而伴随着科技的进步，我们已经进入了一个传媒多元化的视觉时代。视觉符号的应用从某种程度上来说是一种科技的进步，但从另一个方面来说，却影响着受众思考的方式和思考的深度。因为有了“看”，我们以最快速简洁的方式获得了信息，却也因此省略掉了“读”和“想”这些原本可以由文字阅读来获得的思考方式，从而造成了思维的退化。这样一来，视觉语言的受众者们不仅囊括了传统的文字阅读者，同时也将一部分非“图盲”的“文盲”纳入其中。因此，在这样的传播语境中，广告这种快捷、简单、易懂的交流方式，无疑成为传递品牌文化的最佳方式。

（一）人性符号

纵观香奈儿历年的广告，不难发现女性的角色一直贯穿始终。直至2013年5月份，才有著名男影星布拉德·皮特担任香奈儿代言人的消息，然而在此之前，与香奈儿结缘的无不是风华绝代的缪斯女神们。在艾斯黛拉·沃伦与香奈儿合作的1999年的Chanel No. 5香水广告中，我们看到了一位穿着金色紧身连衣裙的极品美女站在一个巨大的数字“5”前面的画面，艾斯黛拉·沃伦完美的身材曲线、飘逸的长发与正在空中飘洒着的5号香水相得益彰，表现了一种高尚、飘逸和典雅的气质。作为一位年轻的超模，艾斯黛拉·沃伦在广告中性感迷人的气质像极了那位“穿着”香奈儿香水入睡的女神玛丽莲·梦露。然而，在Chanel No. 5广告的女性角色中，除了拥有绝好身材和性感迷人气质的艾斯黛拉·沃伦、玛丽莲·梦露以及拥有绝世美貌的最美“邦女郎”卡洛尔·布盖外，我们还看到了更为丰富的女性气质的呈现。比如香奈儿史上最著名的广告之一，由妮可·基德曼代言、《红磨坊》导演巴兹·鲁尔曼执导的浪漫而唯美的爱情广告片。这条基于大热电影《红磨坊》故事主线的、长达两分钟的广告讲述了这样一个故事：妮可·基德曼扮演的女星从尖叫的影迷和摄影记者的包围中匆匆脱身，冲进汽车，发现由演员桑托洛扮演的年轻作家坐在后排座位上。两个年轻人在公寓的晒台上拥抱，而公寓屋顶上悬挂着的正是著名的“双C”（香奈儿的标志）。其后，女主角发现自己还是离不开光彩夺目的明星生活，因此，男主角就带着“她的吻、她的笑和她的香味”离开了。作为高贵典雅的代名词，澳大利亚女星妮可·基德曼无疑是Chanel No. 5的最佳代言人。她气质极佳，脸上总是挂着迷人的微笑，而且喜欢佩戴银色的首饰，这些都与 Chanel No. 5 的定位非常吻合，这样知性、高贵、典雅的广告诠释又为香奈儿增加了除却性感、美丽之外更为重要的符码。除此之外，妮可·基德曼的独特之处还在于，她不喜欢男人送她香水，反而认为女人应该选择自己的香水，选择一个适合自己气味的香水，就像她所演绎的爱情故事一样，敢爱敢恨的爱情是由自己来选择，不是由别人来干预的。妮可·基德曼独立、自由的女性形象无疑与创始人香奈儿女士所倡导的“自由”的品牌风格一拍即合。2009 年，最新的 Chanel No. 5 代言人法国女星奥黛丽·塔图又为我们展现了更为丰富的女性气质。借由《天使爱美丽》而声名鹊起的奥黛丽·塔图，虽在外形上没有妮可·基德曼明艳照人，但气质却更趋内敛、果敢、独立。在成功演绎电影版香奈儿传奇《时尚先锋香奈儿》之后，奥黛丽·塔图便与香奈儿合作，拍摄了一部极具香奈儿特色魅力的广告。广告中奥黛丽·塔图搭乘着一辆灯光摇曳的列车，在夜晚时分穿越欧洲古朴的小镇，与陌生男子短暂相遇、分别，最后在旅途的目的地再次相遇，而时，奥黛丽·塔图已经完成了从女孩儿到女人的蜕变。在这一次别有新意的文化寻访旅程之中，奥黛丽·塔图灵气逼人的特质所散发出来的复古、深沉、神秘也与香奈儿的品牌理念完美地结合在了一起。

这就是 Chanel No. 5 想要塑造的女性角色，又或者是因为这些女性拥有的与生俱来的特质让香奈儿找到了她们。她们所散发的魅力不仅仅是对于男性的挑逗、诱惑，更多的是不可替代的气息、气质。从妮可·基德曼的那支香奈儿香水广告开始，女性拥有香水的目的已经不再仅仅是为了取悦男人或博得男性的欣赏了，在香奈儿的世界里，女性之所以选择香水，是源于她们自由而独立的选择。男性在香奈儿影像广告中代表的往往只是一种“收获”，又或是为了配合“邂逅”的故事情节而出现的配角，而女性，却成为香奈儿广告中不可或缺的主角。在男女平等的概念深入人心、女性独立自主的意识越发强烈的今天，香奈儿将女性购买香水的诉求点从吸引男人注意力转至女性自我享受和自我选择的策略，无疑是其长期以来成为广大女性消费者宠儿的重要因素之一。

（二）气味符号

鲍德里亚在其《消费文化》一书中指出，现代社会中物品的生产价值早已远远超过人们所需，而人们在过度消费中体现出来的则是对符号消费文化的狂热追求。如果说香奈儿的双 C 标志已经变成了香奈儿的一种符号标志，那么 Chanel No. 5 则已经因其著名的“气味”延伸成为一种独一无二的物理符号。用香奈儿自己的话来说：“这就是我要的，一种截然不同于以往的香水，一种女人的香水。一种气味香浓、令人难忘的女人。”正是这种气质独特、截然不同的香水气味成为 Chanel No. 5 独特的符号注解。

1921 年，香奈儿女士在 Dmitri 大公爵引荐下，认识了宫廷调香师 Ernest Beaux，5 号香水因此萌芽。Chanel No. 5 创立初期，香奈儿女士就已清楚，自己想要一瓶拥有与众不同香气的香水。当时，市面上流行着单一花香的香水，但她却要一瓶“闻起来像女人的香水”，想要创造第一瓶抽象概念的香水。她对调香师 Ernest Beaux 说：“我想为女人创造一瓶独一无二的香水，含有前所未见的成分。”Ernest Beaux 打破香水创意的藩篱，第一次使用了乙醛，带出花香多层次缭绕、富于变化的香精。第一瓶 Chanel No. 5 使用大量珍贵花材，每一瓶 30 毫升香精中，蕴含高达 1 000 朵格拉斯茉莉、24 朵伊兰伊兰，以及 12 朵五月玫瑰。如此奢华用料，才成就了 Chanel No. 5 的核心价值，创造了独一无二的气味。除此之外，每一瓶 Chanel No. 5 的核心配方都是从世界各地运来的，前味的伊兰伊兰，原生长于菲律宾，在马达加斯加岛和梅约岛采收，蒸气萃取的精油散发出令人陶醉的气味；中味是五月玫瑰，来自格拉斯，且非常娇贵，其气味浓郁的秘密，在于每年五月开花，必须在三周花期内、太阳尚未露出曙光之际采收，并立刻加工做成原精，而一公吨五月玫瑰只能获得 1.5 公斤的原精；Chanel No. 5 最令女人陶醉的秘密是格拉斯茉莉。和谐的茉莉香气最能传达女性独特个性。正是耐人寻味的乙醛调基础，加上格拉斯茉莉与玫瑰个性的组合，造就了 Chanel No. 5 与其他香水截然不同的气味。除此之外，香奈儿严格把关香水生产的每一环节。无论是原料调和或添加酒精，都要严密监控。除了科学理性的分析，最后的确认则借由香水大师 Jacques Polge 敏锐的嗅觉，拉回最熟悉的记忆，维持一贯的可信度。每一罐装瓶好的香精，必须由经验老到的师傅，亲手在瓶口处加上一层薄膜，手工捆上棉线，再以双 C 标志的蜜蜡封印，象征最高的荣耀。最后，当消费者们购买了一瓶 Chanel No. 5，她们不仅购买的是一种代表着高雅、精致、经典身份地位的符号象征，更是一种气味的认定，一种只属于 Chanel No. 5 的嗅觉体验。

（三）视觉符号

广告的影视呈现是一种光影的流动表达，连贯的影像辅以声音效果，为受众营造出身临其境的强大视觉感受。镜头的捕捉和特写、角度的变化、灯光的烘托、色调的控制以及广告文案的叙述，这一系列的要素结合起来使一则广告在短短几分钟之内爆发出不可思议的表现力。广告通过视觉符号所传递的不仅仅是语意信息，更是一种情感信息，而这两种信息的双重表达一方面传递了产品信息，另一方面则在产品与受众之间建立了无形的情感认同，巩固了受众对于品牌符号文化的精神崇拜。在奢侈品广告中，这些功能的作用更加强烈，商品的消费无疑被“篡改”成了一种对于符号的购买，或是对于符号的崇拜。影视广告借用视觉符号所构建起来的“所指”，便是一个交织着品牌文化价值理念“灌输”、“引导”的符号组合空间。广告的视觉表现力也因此成为品牌文化的有效植入，扮演着符号文化传承的重要角色。

在香奈儿的香水世界里，符号的记忆可谓是无处不在。影视广告中的双 C 标志，钻体切割的香水瓶形，独特的数字“5”，这些符号成为最为显著的符号记忆。广告中不管故事情节如何发展，主角的个人特质如何耀眼，最终的落脚点都会巧妙地与香奈儿标志对接。如 2002 年，妮可·基德曼主演的 Chanel No. 5 广告中，她穿着深 V 领长裙走上红毯的最后一幕，V 领长裙背后垂吊的那条闪耀的项链，在特写镜头中闪耀的炫目光辉又一次让我们看到了“5”这个标志；而在 2009 年奥黛丽·塔图的广告中，我们在最后一幕男女相拥的画面中依然瞥见了礼堂地板中央显著的双 C 标志。在香奈儿的影视广告中，关于产品的标志已经不再是为了完善广告创意而设计的标签，而是渗透在影片中的一种视觉符号、一种品牌文化理念传播的媒介。而作为诞生于时尚帝国法国的香水品牌，香奈儿广告中一直不变的法国情怀也是其符号塑造的独特语境。

香奈儿一系列的创意广告走过贵族的奢华、都市的璀璨，在新一季的广告中，又回归到欧洲的复古，它带给我们的不仅仅是一季又一季的流行新产品，或是一瓶高贵优雅的浓情香水，更是一种历史、一种文化精粹的积淀和展示。

第四节　文化消费作为促增长、调结构的手段

作为消费结构的重要组成部分，文化消费是促进经济增长和产业结构优化的重要手段。美国学者托夫勒认为，人类社会在经历农业社会和工业社会后，开始步入后工业经济社会，而第三次浪潮的到来，则昭示着人类社会将进入一个物质极为丰富，并开始向更高层次的精神层次追求的发展阶段。20 世纪 90 年代后期，另外两位美国学者约瑟夫·派恩和詹姆斯·吉尔摩则指出："人类社会在经历了农业经济、工业经济和服务经济社会三个阶段后即进入了'体验经济'的时代。""'体验经济'时代的着眼点在于消费和生产的合二为一，它以消费者作为价值创造的主体，让消费者充分体验消费带来的愉悦。"[①] 20 世纪 80 年代中后期，我国开始了对"文化消费"的研究。早期的研究对"文化消费"的定义显得有些局限，认为文化消费是人们为了满足文化生活的需要而对物质和劳务的消费。随着经济的发展、社会的进步以及全球化的全方位影响，后期研究者越来越发现，文化与经济这两个领域正在对彼此产生着前所未有的影响。首先，商品的生产消费越来越重视商品的符号价值，从而使文化因素成为社会经济活动中的主要力量之一；其次，随着文化产业化的推进，在经济规律和技术发展的共同推动下，人们对文化产品的消费方式从观看转向了参与，并在很大程度上导致了文化消费观念的变迁，商业因素也由此在消费社会的文化活动中提升了自身的影响力。而在文化消费时代，对于商品的消费已经不仅仅是一种单纯的消费活动，在它背后运作的一整套商品符号体系还隐含着商品与文化，如身份地位、社会形象、生存状态等之间的紧密联系。因此，后期的研究者们对于广义的文化消费概念给出了这样的解释：文化消费主要是指"人们为了满足自己的精神文化生活而采取不同的方式来消费精神文化产品和精神文化服务的行为，是对精神文化类产品及精神

---

① 邱羚：《我国文化消费的理论与实证研究》，《商业经济研究》2011 年第36 期。

文化性劳务的占有、欣赏、享受和使用等”①。

在全球化席卷世界的今天，人类的生活方式、文化消费方式也在悄然地发生着改变。随着媒介技术的发展，我们已经进入了一个新的大众传播时代。如果说过去我们主要的媒介是纸质书籍、主要的文化消费方式是阅读的话，那如今的社会则可以称作是一个“视觉时代”。这是一个大众媒体急速发展的时代，媒介的广泛应用使得过去只能为少数人所接触到的文学艺术作品如今走进千家万户。而在“读图文化”向“电影文化”的转型中不难看出，影视文化已经逐渐取代传统文化传播方式，成为大众文化的典型传播方式。影视文化的起源大约可以追溯至传统的民间说唱艺术，它从某一方面来说，代表的正是整个社会的主流娱乐取向。而从经典的、精英的以阅读为中心的文字话语到以影像为中心的大众共享的文化消费方式的转变则昭示了“人类延续了数千年的文学生产与消费方式的根本性转变”。

安东尼·吉登斯在《现代性与自我认同——后现代的自我与社会》一书中指出：文化全球化使得“远处发生的事对即将发生的时间以及自我的亲密行为的影响都变得越来越平凡”。而现代媒介的迅猛发展则印证了这句话的意义。文化全球化对传播方式以及传播对象提出了更高的要求，新的传播方式除了优于传统的传播速度之外，更重要的则是在于其更为广阔的覆盖面要求以及更加快捷方便的知识信息对接模式。鉴于文化大众化的趋势，我们的文化生存模式和运作模式发生了根本改变，而影视化的出现则为大众消费提供了最为简便的信息对接模式。也正是因为影视传媒的发展，我们得以在全球的任何角落都能顺利观看到一场在美国本土举办的NBA实况转播，也可以在任何东南亚国家乃至较为落后的一些非洲国家实时跟进日本大选的情况。可以说，全球化影响之下，新的媒介传播方式给予了信息更加快捷的传播速度和更加广阔的传播空间，而文化消费的主体也逐步从精英转向大众。

然而，文化消费以及传播方式的悄然改变也引起了另外一些值得思考的问题。首先，随着新传媒的产生，不同传媒力量此消彼长以及技术的突飞猛进，纸质媒体的生存空间必然会受到空前挤压；当影视语言逐步成为大众文化消费的主要方式，纸质媒体是否会在这场残酷的淘汰赛中逐渐消

---

① 邱羚：《我国文化消费的理论与实证研究》，《商业经济研究》2011年第36期。

失？当 iPad 的出现逐渐弥补了纸质书籍笨重不堪的缺点时，图书馆会不会渐渐消失在大众的视野中？其次，影视传媒的图像叙述以及多媒体播放等性质大大增强了文化的娱乐性以及消费特征，图像文本的娱乐性渐渐褪去了语言文本所固有的细腻精致的审美性，从而麻木了信息爆炸时代中现代人的思想，使文化消费的受众者们成为娱乐的俘虏，模糊了文化消费的初衷，造成了文明的退化。在《娱乐至死/童年的消逝》中，美国著名媒体文化研究者尼尔·波兹曼指出，一切公众话语日渐以娱乐方式出现，并成为一种文化精神。而我们的政治、宗教、新闻、体育、教育和商业都心甘情愿地成为娱乐的附庸，毫无怨言，甚至无声无息，其结果是我们成了一个娱乐至死的物种。在这样一份有如控诉书一般的文学批评中，波兹曼指出："我们的语言即媒介，我们的媒介即隐喻，我们的隐喻创造了我们文化的内容。"① 从另外一个层面上可以解释为，我们的媒介控制着我们的文化，掌管着文化创造的过程。而当最便利、最直接、最普及、最易被大众接受的及时性影视消费媒介脱颖而出成为时代的宠儿之后，大众文化消费的中心也随之被确定了。书中反复引用了赫胥黎的一句话：摧毁我们的不是我们所憎恨的东西，恰恰相反，是我们所热爱的东西。在文化全球化这个大背景下，"泛娱乐化" 成为这个时代的又一个特征。过去的人们通过对语言文本的阅读和缜密的分析，从而获得客观理性的逻辑思维的训练，反观如今的社会，多元化的文化消费模式已经不再需要我们对信息进行过多的再加工，我们更加习惯的是做一个不需要消化的被动的信息接受者。当网络以及电视等媒体的大量图片、视频、新闻不断刺激着我们的眼球时，我们一方面获得了娱乐的快感，却未曾想到，与此同时，我们也正经历着心灵以及思维的荒漠化。在波兹曼的《娱乐至死/童年的消逝》中，我们也看到了媒介对儿童的影响：童年的诞生，是因为印刷媒体在儿童和成人之间强加了一些分界线，而在电视之类媒体的猛烈攻击下分界线变得越来越模糊，而那些成人的"秘密"问题则转变为娱乐，新闻和广告定位在 10 岁孩子的智力水平。然而不容怀疑的是，无论是成人或孩童，文化全球化时代都有意或无意地参与着"被娱乐"以及"泛娱乐化"的过程，他

---

① ［美］尼尔·波兹曼著，章艳、吴燕莛译：《娱乐至死/童年的消逝》，桂林：广西师范大学出版社 2009 年版，第 15 页。

们或许认为看得见、摸得着的科技成就是人类社会的进步，却忽略了科技虽是服从于思想，同样也是“思想荒漠化”的重要幕后推手。而最重要的一点是：人类社会发展的真正标志也绝不是科技的进步，而是思想的进步。

在鲍德里亚看来，“我们这个消费社会的特点是在空洞地、大量地了解符号的基础上否定真相”[①]，物的符号意义代替其使用价值成为一种可以被任意重塑的概念，而大众传媒在符号意义的重塑上扮演着最为重要的角色。当符号的能指与所指之间的联系逐渐被消解，大众传媒任意构建着物与象征之间的联系时，物的符号意义便服从了大众媒体的解读与重构，从而使得物成为象征的载体。因此，通过编码规则和传播技术，大众传媒为我们构建了一个仿真的世界、一个由媒介支配的社会。从某种程度上来说，消费社会里物品的使用价值已经渐渐消失了，也就是说符号所指向的物品的“真实”内容已经消失了，商品的内部交换已经被改写成了一种符号的交换，而所有的互动，在大众媒体看来，都只是仿真世界里的一种交流而已。

相对于媒介技术并未发明的传统社会，人们通过语言、文字、阅读等来认识世界；而在媒介技术迅猛发展的今天，这种传统的认知世界的方式已经让位给了视听一体的影像技术。凭借声音和图像，影像技术满足了大众的视听享受，它将语言描述转化为可视的屏幕形象，其直观性、自由性使观众获得更为强烈的审美观感。当然，最值得注意的一点是，它不同于以往阅读时代对于阅读者文化层面的要求，影像从某种程度上来说，解除了文字符号对于大众的限制，打破了传统时代精英文化的枷锁，使文化能通过简单易懂的画面在大众之中得到普及。动态的影视画面直接冲击着认知的改变，当快速、连续、直观、拒绝深刻的文化传播方式得到大众的认可之后，人们对于精英文化的抗拒感越来越浓厚，而影视文化传播的这一特点，也成为大众媒体信息传播娱乐化的关键原因。“影视追求直截了当的叙述、扑面而来的视觉冲击、跳跃不羁的悬念，因此，对受众的直接感官刺激加大、加快了，但是那种迂回曲折的精神挣扎、似断实连的心理逻

① ［法］让·波德里亚著，刘成富、全志钢译：《消费社会》，南京：南京大学出版社 2000 年版，第 92 页。

辑、入木三分的性格刻画、峰回路转的情感历程、欲说还休的生命况味消失了。”① 由此可见，影视传播技术虽然为大众展现出了多元的主体，其情感力量也颇具感染力，但所有的故事或观念点却是通过娱乐化的方式呈现，以观众最易懂的方式出现。实验证明，“看是人类获取外部信息最佳和最主要的方式，视听是最具直观性和同步性的信息呈示方式，它与客观真实性的天然联系使观众有身临其境之感，使人对视像几乎不假思索地接受，需要受众参与和思考的程度较低”②。因此，虽然从很大程度上来说，影视媒体，如电视、网络等，在其迅速发展的几十年间俘虏了无以计数的参与者，但却从另外一个角度强制性地剥夺了受众理性地思考的权利，使观众丧失了对文字阅读判断、推理、揣摩以及细细品味的主动权。

在众多大众媒体传播工具中，电视和网络可谓是展示大众传播与消费紧密联系的最好例子。当以电视为核心媒体的消费文化利用不计其数的符号和形象流动生产出无休止的现实仿象时，消费者往往会失去对现实的把握。在这个“超真实”的时代，是“原版”还是“复制品”已不是问题的核心，因为真实与“仿象”之间的界线已经渐渐被模糊。在鲍德里亚的眼里，这些在电子时代通过色彩及其他方面的处理混合而产生的形象比真的东西还要真，即所谓的一种“超真实”。但从这种模拟或者比真实还真实的形象符号中是不可能发现真实的，其不过是仿象而已。

纵观网络时代的出现，我们一样可以看到这样的“超真实”。网络的出现使得人类社会关系在现实社会之外有了另外一个“真实”的存在，为人们互相联系构建新的社会关系提供了一种新的可能。从一般运营的意义上来说，网络是一个提供虚拟服务的经济实体。与现实中的经济实体一样，网络里分门别类的商家正是通过网络这种媒介工具为网民们提供各式各样的商品及虚拟服务。从这个意义上来说，网络的出现并未逃过商品逻辑的支配，在五花八门的网络世界里，消费行为无处不在。而借助网络这种新媒体，商品符号化的范围也变得更加宽广，网络本身所具有的传播方式快捷的特点也使符号本身扩张得越来越迅速。

---

① 黄有发：《准个体时代的写作》，上海：上海三联书店 2002 年版，第 101 页。

② 许艳、赵景艳：《论电子媒介对文化消费的影响》，《新闻世界》2010 年第 8 期。

正是面对资本主义社会中发达的技术媒体所造成的符号和信息泛滥，也就是所谓的“信息爆炸”对现实世界的吞噬和掩盖，鲍德里亚从对现代技术的反思角度出发，提出了“仿真”和“仿象”的概念。受其导师列斐伏尔的影响，鲍德里亚在后期的哲学思考中丰富并改造了列斐伏尔的“不在场无罪证明结构和仿真”的概念，消化延伸成为其“仿真、仿象、内爆与超真实”的重要哲学思想，为大众传媒及其技术批判奠定了重要的理论基础。仿真是针对世界之真的观点而提出的区别于仿象的完全不同的概念。它认为我们周围的世界是一种非真的状态，这种非真的状态是一种“模拟”之真，但却是比那种原始之真还要更加“逼真”，即“拟真”，故“simulation”一词也可以解释为“拟真”，即“比真还真”之意。[①] 仿真与仿象的关系在于：仿象经历了从文艺复兴的仿造到工业革命的生产，再到消费社会的仿真三个等级或次序的变化。仿真是仿象的第三个等级或次序，是描述当今以符号消费为特征的消费社会的一个重要概念，是“超真实。仿象主要是从与实在相对立的意义上来谈的，它是一个‘没有本源、没有所指’的‘像’”[②]，其特征是非真实的。而20世纪末期出现的网络的“虚拟空间”等现象，应翻译为“仿象”，更适合现代技术发展所形成的世界图景。互联网的普及为信息的集中和扩张提供了有利的平台，也为信息环境中虚拟主体的建构提供了有利的佐证。然而，在这个被构建的信息平台上，信息与信息所代表的意义不断膨胀，便出现了鲍德里亚所提到的“内爆”现象。在鲍德里亚看来，内爆是仿真和仿象的大爆炸，是符号按自己的结构原则的大量衍生。他还指出，电子时代信息总是被大规模复制和传播，在缔造传播的过程中耗尽了自身，内爆了一切。因而，我们所感知的、在网络世界中所发生的事件都变成了现实世界中事件的仿象，信息技术的拟真性拉开了人们与真实之间的距离，取代了人们对于真实性的理解。

受控于意识形态领导下的传统媒体其自上而下的信息传播总是经过国家意志的重重过滤和筛选。传统媒体受控于国家意识，因而公众通过媒体

---

① 孔明安：《物·象征·仿真——鲍德里亚哲学思想研究》，合肥：安徽人民出版社2008年版，第78页。

② 孔明安：《物·象征·仿真——鲍德里亚哲学思想研究》，合肥：安徽人民出版社2008年版，第80页。

所接触到的信息从某种程度上来说只不过是真实信息中的沧海一粟，然而网络却打破了这种状况。网络给大众提供的是一个拟真的、公平的媒体空间，各种各样的信息在这个平台上展示、交流，在它的领域内，国家的意志不能再发挥其全部作用，公众所面对的是浩瀚无垠的信息与知识。在网络意识形态的引导下，我们拥有了由这个平台为我们所构建起来的世界观和价值观，我们的世界在网络中展开，“当媒体空间中的信息超出人们的理解能力以后，人们便无法辨认接触到的信息内容究竟是什么，只能感触到信息的形式”①。因而当媒体传播的内容已经不再被大众所理解，其影响和意义也就产生了内爆。作为交流与沟通的重要工具，媒介是连接符号信息和现实的一个不可或缺的通道。然而，当大量信息被复制成为时代传媒的一个显著特征时，传播变成了一种符号衍生的过程，符号和现实被内爆之后，沟通也就不具备任何意义了。

鲍德里亚认为，一方面理性的人在当代社会中的死亡是因为一个更大的力量取消了他们理性的存在的可能，只是这个力量不是语言结构，不是权力，而是信息内爆出来的仿象；另一方面，人之死遭遇的是一种“伪死亡”，“当代社会中的个体遭遇的是不同于理性奴役的新的隐形统治，就是仿拟的统治”②。全球化文化浪潮席卷下的世界网络，就好似一个信息爆炸的仿拟世界，虚拟空间的参与者们不再掌握着主体的信息选择权，我们从“他者”那里获取信息而成为另一个他者，而这种主体的中心性的消失，则使我们逐渐成为一个始终漂浮着的互动者。在鲍德里亚看来，正是这种内爆导致虚拟网络中的人们迷失了自我的真实身份，当信息不断涌现时，人们选择的欲望出于非确定性的转台，内爆导致了主体之死。而符号的衍生导致人们逐渐丧失了真实存在感，却从另一方面被内化成了拟象社会的一部分，以仿若真实的状态生存于感性世界的仿象社会中，成为“超真实”社会中的一分子。而内爆的实质即在于模糊了真实与非真实之间的界限，在逐渐演变之中创造了这种“超真实”。

如今，我们所看到的大众传媒实则已经被商业驱动力所创造出来的符

① 张肖萍：《消费·内爆·超真实——关于鲍德里亚理论之网络随想》，《文学界》2011 年第 3 期。

② 张肖萍：《消费·内爆·超真实——关于鲍德里亚理论之网络随想》，《文学界》2011 年第 3 期。

号文化所控制了。这种操控用虚无缥缈的符号取代了实实在在的自然物，它以感官享乐的直接性代替了审美体验的必要性，以其话语霸权在某种程度上引领着大众文化的消费方向，并最终控制了大众的审美趣味、价值倾向甚至生活方式。而普罗大众也渐渐适应、妥协于这种符号文化霸权下的操控，他们沉醉于“超真实”的世界中，以仿拟社会中的尺度来度量周围发生的一切，他们早已臣服于媒体所制造的巨大假象之中。鲍德里亚所提出的“超真实”的概念，可以说是将世界以一片死气沉沉的幻象而呈现，他宿命地将主体之死的命运扩展到艺术以及真实世界中的人类，甚至是世界和宇宙的终结。然而，需要看到的是，大众媒体发展到今天，给人类社会带来的进步也是有目共睹的，如果说鲍德里亚悲观的宿命论是文明进步的一种警醒的话，拟象人类社会中主体性的缺失以及消费符号化等问题则需要我们认真地逐一面对。

第八章

全球化背景下的家庭和休闲方式

同“后现代”概念一样，“全球化”作为一个当代的历史社会背景，存在着诸多问题。在绝大多数场合，它会带着引号出现，意味着绝非世界统一标准的后现代化和全球一体化。正如在中国所说的“全球化”并非与西方的“全球化”接轨，反而代表的是这个概念背后独具的社会现实。尽管如此，关于全球化在世界范围内的影响的讨论仍然层出不穷。

有一部名为《虚拟革命》的 BBC 英国纪录片，主要讨论数字革命如何改变了人类的生活，包括学习、购物、投票以及交友等。在它的第二集《国家的敌人》里讲述了 2009 年 6 月关于伊朗选举的一个事件，在总统选举的余波中，反对派的支持者涌上街头，发泄他们对操控选举的不满。由于伊朗政府以防暴警察予以回击，禁止任何媒体进入该国进行报道，于是示威者便通过 Twitter 来告诉世界发生了什么。在开始的 18 天里，有 200 多万条 Twitter 被 50 多万人发送出伊朗，在高峰时段，每小时有 20 万条关于伊朗的 Twitter 发布。这样的例子在近几年里时有发生，单个国家的生活由于网络的作用已不再成为现实。它告诉我们，网络作为全球化最关键的工具，可以帮助我们获得目击群众的信息，实时传送到全球各地。网络正在改变着世界，包含政治、文化、经济等一系列领域。得益于全球通讯的迅猛发展，网络作为其中一个最大也是最有效的媒介，它无须中介，是互动并且流动的，无时无刻不在连接着地球的每一个角落。大众文化在这样的背景下传播的途径变得更为便捷，人们的日常生活不再局限于一个村子或地区这样狭小的地域和文化辐射，人们选择的生活方式，其中包括人们的家庭生活、休闲方式、消费模式等，无不在和传统进行着角斗。传统受到现代的冲击，而传统面临的危机则带来了国家社会结构转型的变化，人们对待婚姻、爱情以及个人追求等生活态度都发生着不知不觉的变化。在对全球化激烈的争论中，英国学者安东尼·吉登斯把思想家分为两类人：一部分是怀疑论者，他们认为全球化只是人们爱谈论的一个话题而已，全球经济并没有因此而与从前有什么不同，这个世界仍然像多年来那样运转；[①] 另外一部分则认为全球化是人们必须直面的真实境况，世界每一个角落都可以感受到它发出的信号。支撑着三百年近代史的民主国家正在发

---

① ［英］安东尼·吉登斯著，周红云译：《失控的世界》，南昌：江西人民出版社 2001 年版，第 3 页。

生动摇，世界正变成一个真正的“地球村”。[①] 安东尼·吉登斯称这部分人为激进分子，并且把自己也归于此类。很明显，家庭生活以及休闲方式等生活方式的转变是每一个人都能切身体会到的。当“丁克”这样的词不再只出现于西方话语中，当人们不再守着固有的传统过日子，而是随手 click 就能看到 Lady GaGa 的演唱会，当我们在身边的美术馆就能直接欣赏到世界著名的画作，而不是飞到美国现代美术馆驻足，我们可以感受到，全球化已经改变了我们的生活。

在经济的基础上，全球化带来的不仅是物质和产品的流动。从经济全球化出发，近年来又涌出了政治全球化、文化全球化、社会全球化、科技全球化等。正如安东尼·吉登斯所说：“在世界上所有的变化中，最重要的还是那些与我们的生活息息相关的事情——在性、人与人之间的关系、婚姻、家庭等方面。”在如何看待我们自身以及我们与其他人之间的关系等问题上，全球性的变革已然发生了。[②] 当家庭走进社会，单个或群体融入社会的方式也随之改变了。

民主国家，作为全球化的基本组成部分，是谈及生活方式时一个不可绕过的话题。如上文激进分子所提到的全球化，这是否意味着扩大化的民主国家文化呢？还是正在日益削弱民主国家文化？以经济为开端的全球化，而后延伸到政治以及整个文化，使得世界作为一个清晰可见的形象，慢慢逼近我们。在这其中，大众文化的全球化在 20 世纪末的发展是有目共睹的。曾经带有浓厚国家民族色彩的“国际交流”一词已不再流行。“文化的生活方式，以及生活习惯中被意识化的部分，正在全球范围共享。”[③] 生活中那些被冠以“时髦”的现象，作为大众文化的“先锋旗帜”，可以如同自然现象一样跨越国境。在地球的每一个角落，你可以看见年轻人穿着现代欧美、日韩风格的潮流服饰，耳朵里充斥着 R&B、New Age 音乐；Damien Rice 并不只是爱尔兰的大叔，更是全球女孩追捧的民谣歌手；奥斯

---

① ［英］安东尼·吉登斯著，周红云译：《失控的世界》，南昌：江西人民出版社 2001 年版，第 4 页。

② ［英］安东尼·吉登斯著，周红云译：《失控的世界》，南昌：江西人民出版社 2001 年版，第 49 页。

③ ［日］山崎正和著，周保雄译：《社交的人》，上海：上海译文出版社 2008 年版，第 268 页。

卡颁奖礼可不是美国人民的闺房秘事，世界的眼光都在打量它；若要一睹法国埃菲尔铁塔的风采，不一定要去巴黎；若要品尝日本寿司、意大利面，更是在家门口就可以享用到。人们的休闲方式、生活习惯、家庭生活等都深深地烙上了全球化的印记，文化的无国籍化正在全球蔓延。“文化侵略”，“文化帝国主义”，“快餐文化”等以往新潮的词早已过时，一种名为“世界文化”的东西在悄悄出现，人们在接受一种生活方式时，并没有给他贴上“外来文化”的标签，更不用去挖掘它来自哪个国家。而这种态度，从本质上来说也是来源于全球化潜移默化的影响。十万里外的东西变得触手可及，世界的形象是否真的越来越清晰了呢？如果大家都手拿可口可乐，穿着欧美服饰，怀揣共同的家庭观念，观看同样的世界名画，欣赏同样的著名歌剧和音乐，是否意味着全球文化的同质化，生活方式的趋同呢？就整体而言，西方在全球化的影响仍然是占据主导地位的，但如果就此断论说全球化就是“美国化”、“西化”等单方面的文化输入，是否显得有点武断呢？

哈维曾用“时空压缩”来描绘全球化带来的社会变化。而多利·马西对此提出了质疑，她认为此概念采用了一种西方殖民者的态度，代表的是极其有限和片面的社会层面①。因此她觉得有必要指出“时空压缩”指的是跨越空间的活动和沟通，是“社会关系的地理延伸以及我们对这一切的体验”②，而不是哈维所强调的时间、空间以及资本推动世界前进。其次是“时空压缩几何权力”的问题。全球化带来了资源流动和人与人之间的紧密联系，然后关乎哪一方真正在流动，哪一方没有流动，更甚者该流动真正牵涉的权力有多少，却是更为关键的问题。“不同社会群体和运动的流动性有着显著的差别和关联性，有的处于控制的主导地位，有的开启流动的步伐，有的更多的是处于接收端，而有的甚至是被此禁锢着。”③ 那么在全球化浪潮中，生活理念、休闲理念等的传播是否也遵循着这一原则呢？

---

① Bird, Jon, et al. Ed., *Mapping the Futures*: *Local Cultures*, *Global Change*, London: Routledge, 1993, p. 59.

② ［英］安东尼·吉登斯著，周保雄译：《失控的世界》，南昌：江西人民出版社2001年版，第181页。

③ Bird, Jon, et al. Ed., *Mapping the Futures*: *Local Cultures*, *Global Change*, London: Routledge, 1993, p. 61.

安东尼·吉登斯认为人类已然进入了一个“失控的世界”，一股“骇人的毁灭力量”正席卷现代社会，而这一观念与其结构化理论[①]，尤其是结构化理论中对时间和空间重要性的强调十分切合[②]。不管哈维如何强调时空的压缩，抑或多利·马西所质疑的“时空压缩的几何权力”，在安东尼·吉登斯看来，时空不再像前现代社会里那样总是相连在一起了。当人们进入现代社会，时间越来趋于标准化，因而破坏了时空的连接。

随着现代性的发展，空间渐渐冲破地域，与物理上不在场或远距离的人发展关系越来越成为可能。对安东尼·吉登斯来说，地域变得越来越“捉摸不定”，即“场所完全被远离它们的社会影响所渗透和塑造……场所的‘可见形式’隐藏了决定其本质的那些远距离关系”[③]。时空分离的概念之所以在此提出，是因为它对于现代性具有相当的重要性，“他们内在的动态力量（与前现代形式相比较而言）和它们连接地方和全球的能力，使理性化组织如官僚机构和国家的发展成为可能”。不仅如此，时空分离也为现代性的抽离化提供了先决条件。“社会关系从地方性的互动情境中‘脱离出来’，并且通过模糊的时空跨度重构”[④]。这也是本章讨论地方性生活方式得以在全球传播的一个基本立足点。根据安东尼·吉登斯的解释，抽离化机制包含了两种类型，其中包括和我们的生活与休闲方式紧紧相连的后者——专家系统。安东尼·吉登斯把“专家系统”定义为“能够在大范围内组织我们生活于其中的物质和社会环境的技术成就或职业专家的系统”[⑤]。认真观察我们的生活，我们的日常生活环境确实被专家系统所创造出的某种社会倾向或趋势所影响着，而这种专家系统是跨越国界的，同时也弥补着时空分离所带来的缺憾。

---

① Giddens, Anthony, *The Constitution of Society*, Cambridge: Polity Press, 1984, p. 29.

② ［美］乔治·瑞泽尔著，谢立中译：《后现代社会理论》，北京：华夏出版社2003年版，第201页。

③ Giddens, Anthony, *The Consequence of Modernity*, Cambridge: Polity Press, 1990, p. 19.

④ ［美］乔治·瑞泽尔著，谢立中译：《后现代社会理论》，北京：华夏出版社2003年版，第202页。

⑤ Giddens, Anthony, *The Constitution of Society*, Cambridge: Polity Press, 1984, p. 27.

第一节　家庭的变迁

不管是原始人，还是现代人，都有血缘关系可循；无论是私生子，还是试管婴儿，其父母都是存在于这个世界上的。现代化促使家庭发生了很多的变迁，这种变迁在全球是相互影响的，由此引发的形形色色的家庭问题层出不穷。但是要对“家庭”下一个定义，却是令众多人类学家和社会学家头疼的事。《简明不列颠百科全书》上甚至把“家庭”和“婚姻”并列为一个条目——“家庭和婚姻”[①]。因而很多研究者对“家庭”本身的定义往往避而不谈，而是围绕着“家庭”的一些经验性话题在探讨：家庭和婚姻，家庭所包含的夫妻关系，父母与子女，结婚，离婚等等。

家庭的变迁是随着社会经济基础的发展而变化的。西方以工业化生产为组织形式的现代社会正逐渐向以知识为基础的后现代社会转变，家庭形式也随之转型中。家庭的发展历程其实就是两性关系的发展过程，在两性关系发展的基础上，家庭这种新的组织形式也就产生了。

马克思和恩格斯都把血缘家庭当成人类历史上的第一个家庭形式。然而在血缘家庭产生之前呢？回顾古希腊罗马时期，那个时候还没有家庭的概念，由于古希腊人最根本的性格是追求肉体上的享受，他们的婚姻生活没有任何两性情感。熟识古希腊罗马历史的人可知，古罗马人相比古希腊人更为粗野，并且崇尚武力，这一点反映在婚姻生活上便使婚姻成为了一种“严肃、纯洁却又平淡无奇的男女搭配”[②]。这样的关系透射到男女平等上也无迹可循。女人温顺地服从于蛮横粗野的丈夫，男女并无平等而言。进入到由基督教教会主宰的中世纪时期，欧洲社会的婚姻活动也受到基督教的婚姻观念和性观念的强烈束缚。在资产阶级时代，以婚姻手段拓展事

---

① 魏章玲编著：《美国家庭模式和家庭社会学》，北京：世界知识出版社 1990 年版，第 13 页。

② ［德］爱德华·福克斯著，富强译：《欧洲情爱史》，北京：华文出版社 2006 年版，第 5 页。

业，是获取资本的捷径，婚姻和家庭愈加背离彼此。因此，忠贞在资产阶级时代从没有受到重视，婚外恋更是普遍现象。随着资本主义的发展，时代的开放，夫妻关系遇到的危险越来越多，人们的机会不再像君主专制时代那样受限制，家庭生活渐渐地被资本主义毁了。[①] 但是与其像爱德华·福克斯所说的资本主义毁了家庭生活，倒不如说家庭生活被资本主义改变了，无论是结构、男女平等关系还是家庭模式。

第二节 英美的家庭模式

作为第一个完成从前工业社会到工业社会转变的国家，英国在历史上一般被认为它的社会结构在16世纪到19世纪中叶发生了巨大的转型，随之也带来了家庭结构的变化。封建时代的结束使得社会阶级结构发生了很大的变化。全国人口的五分之一聚集在上等阶级：贵族、不动产占有者和自由民，而另外五分之四的人口主要包含自由职业者、商人、手艺人和体力劳动者[②]。在这样阶级分明的社会，英国仍然实行父权制，虽然相对过去有所缓和。17世纪中叶子女的婚姻仍由父母包办，但基于浪漫恋爱基础上的自主婚姻已经出现，这一点我们也可以从文学作品中窥见一斑，妇女的权益意识在悄然滋生；到17世纪末，英国的女权运动就已经开始萌芽。这一系列悄悄的改变不能说工业革命无任何作用。许多人愿意相信是工业革命导致了家庭结构的转变，但也有人认为家庭其实并没有发生那么大的变化，人们以为是“新家庭”特征的东西，其实更早以前就已经出现了。这是关于家庭结构转变的“突变说”和“延续说”的争论焦点。相对而言，“延续说”是较为新近的观点，认为从16世纪开始英国就是一个核心家庭占主要地位的国家，每户人口平均人数大约是5人，历经三个世纪之

---

① ［德］爱德华·福克斯著，富强译：《欧洲情爱史》，北京：华文出版社2006年版，第219页。

② 魏章玲编著：《美国家庭模式和家庭社会学》，北京：世界知识出版社1990年版，第13页。

后，家庭模式一直以小规模的核心家庭为主，并无剧烈变迁。[①] 那么19世纪中叶以后的时代呢？20世纪前半叶接连爆发的两次世界大战，英国都卷入其中。“二战”之后，英国连同其他的资本主义国家都面临经济复苏的社会境况，在大举改革的同时，社会也在发生变化。20世纪60年代以来，性解放的浪潮席卷西方社会，带动的还有两性关系的变化，出生率的下降，同居现象的越来越普遍（到现在，北欧瑞典的同居率居世界首位，同样结婚率也最低），女权运动的蓬勃发展，推迟婚姻或保持独身的人增多了，不生育、同居、非婚生育子女、离婚和单亲家庭的比例上升，这些变化不但改变了个人，同时也改变了社会环境。这一系列的社会现象或运动使得家庭这个整体发生了巨大的变化，也促使了西方第二次人口转型。安东尼·吉登斯认为婚姻和家庭已逐渐地变成了“空壳状态”：名称没有改变，内在的基础性质已经动摇了。[②] 这样的“空壳状态”正在全球蔓延。

在美国，事实上20世纪50年代以前和以后的婚姻与家庭状况是很不相同的。美国的传统家庭大概形成于18世纪，受基督教文化教义影响较深，因此略显保守。工业化时代的到来使得传统家庭模式发生了变革。当我们回视美国自“二战”以来在婚姻、离婚、再婚等方面的趋势可以看到，连着两代人的经历有太显著的差别：20世纪40年代末到50年代结婚生子的男女和在60—70年代跨入成年的子女。老一代的男女大多生活在20世纪20—30年代大萧条时期，并且历经了第二次世界大战。由于20—30年代较低的出生率，这个群体的数量相对较少。然而当他们步入中年后，这一代人所生的小孩的数量却明显增多。大概有六分之一的妇女生育高峰期在50年代，并且至少生育了两个孩子。这个阶段也直接导致了“Baby Boomer”的诞生，也就是“二战”后生育高峰出生的人的统称。50年代，等到前一代的人到达二三十岁时，美国的结婚率一直在增长之中，而离婚率也相对的低和稳定。然而等到Baby Boomer时期出生的孩子成长起来，一切都不同了。60年代初期离婚率陡然上升，在1966年到1976年十年间翻了一倍。进入到21世纪，第三代，也就是Baby Boomer时期所生

---

① 傅新球：《英国社会转型时期的家庭研究》，合肥：安徽人民出版社2008年版，第21页。

② ［英］安东尼·吉登斯著，周红云译：《失控的世界》，南昌：江西人民出版社2001年版，第55页。

的孩子成长到结婚年龄，虽然现在预测他们的婚姻和家庭生活为时过早，但是我们可以从80年代足够高的离婚率看出未来一个大概的轮廓。年轻人倾向于推迟婚姻，且更愿意选择同居。比起50年代那种父母—孩子式的常规美国核心家庭模式，如今这样的家庭的比例已明显下降。[①] 以核心家庭模式为主导模式的家庭模式在20世纪末已备受冲击。“由丈夫挣钱养家、妻子操持家务、夫妻共同抚养未成年孩子的典型现代核心家庭模式占美国家庭总数已不到15%，双收入家庭、单亲家庭、独身户等家庭模式总体上远远超过了50年代占主导地位的体现白人中产阶级价值的现代核心家庭模式。”[②] 由美国人口普查统计显示，20世纪末、21世纪初美国家庭存在着如下几个事实：未婚同居者达370万对；大约40%的初次婚姻以离婚而告终；近一半的美国儿童在18岁以前已不再同时与亲生父母生活在一起；每年超过200个妻子遭到丈夫殴打；在美国每天有3个儿童受虐待而死。未婚同居现象在欧洲也同样盛行，核心家庭模式越来越少，家庭规模趋于缩小，甚至也出现了“丁克”家庭。

个人权利的强调到底使家庭生活变得更为美好还是把家庭推向传统的另一端呢？安东尼·吉登斯认为现代人们的情感关系（性爱关系，父母关系，友情关系）正在变得更加民主和纯粹，[③] 即他所说的“情感民主”。“当然感情方面的民主并不是意味着没有规矩或者缺乏尊敬，只是通过另一种方式体现出来。”[④] 甚至在“情感民主”的影响下，人们对同性关系的接受度也在提升。

---

① Cherlin, Andrew J., *Marriage*, *Divorce*, *Remarriage*, Cambridge: Harvard University Press, 1992, p. 3.

② 程遂营：《北美休闲研究》，北京：社会科学文献出版社2009年版，第76页。

③ ［英］安东尼·吉登斯著，周红云译：《失控的世界》，南昌：江西人民出版社2001年版，第58页。

④ ［英］安东尼·吉登斯著，周红云译：《失控的世界》，南昌：江西人民出版社2001年版，第58页。

第三节　其他国家的家庭

以上讨论的是西方国家影响下的家庭生活变化的一些趋势，而在另外一些传统保留较完整的地方，诸如非洲、中东或东亚，这样的现象是否趋于普遍化呢？跟随全球化和西方资本主义的脚步，发展中国家同样面临着城市化和工业化的冲击。可以说全世界的家庭生活都处于不断变化中，现代化减弱了血亲联系，个人“自由”进而可以使得自我发挥更大的选择空间。“当传统社会接受了孩子并非经济财产这一工业化的经济观念之后，便出现了避孕方法的普及和随之而来的家庭规模的缩小。”① 然而我们仍然不可忽略另一个事实：在现代化程度较低的一些非洲国家，比如加纳，每个家庭仍然平均有 6 个孩子，家庭的规模并无缩小趋势。在受宗教影响的一些中东国家里，妇女的地位仍然低于男人。

一位在美国获得博士学位的伊朗人回到祖国，他将在三所大学中选择一所任教。一位美国朋友恰巧在当地拜访他，他发现在所有学校的全程面试中，这位近四十岁的伊朗博士的哥哥都陪同左右。问及缘由，他表示会遵从哥哥为他作出的选择。这让美国朋友感到吃惊。博士回答说：“因为哥哥现在是一家之主，他认为如何决定是对整个家族最有利的，我就会去做。”这不禁使我们思考教育资源的全球化是否会带来思想观念的趋同。然而由此种例子看出，家族的传统和信念仍然无法被教育背景所替代，美国并非如欧洲国家那样承袭贵族传统，强调的是个人自由，这样的思想无不在其教育中渗透。但是伊朗博士的决定却是来源于传统。不得不说家庭的传统，乃至家族的传统在当今全球化国家里仍然是影响人们生活和行为方式的主要因素。

中国，作为标榜五千年历史的文明古国之一，受到中华民族的传统风俗习惯影响，文化、历史和宗教传统完全不同于西方后工业化国家。在中

---

① ［美］文森特·帕里罗等著，周兵译：《当代社会问题》，北京：华夏出版社 2002 年版，第 304 页。

国社会中，儒家文化对家庭价值观和行为模式有着强烈的影响。因此中国的家庭结构、两性关系一直和西方有着显著的差别，这主要是由中国过去所经历的社会历史和传统所决定的。它不同于直接受礼于工业革命的英国，也异于不经封建社会而直接进入现代社会的美国。

关于家庭起源的观点，在中国往往以马克思主义经典著作为依据，认为私有财产和氏族社会的解体是家庭产生的原因。马克思说："每日都在重新生产自己生命的人们开始生产另外一些人，即增殖。这就是夫妻之间的关系，父母和子女之间的关系，也就是家庭。"由此可见一个男人或女人等单个关系都不可能构成家庭，家庭是关乎两性关系的一个整体。而每次两性关系的变化都牵动着家庭形式的变化，进而又反作用于两性的发展。从蒙昧时代的群婚制，到野蛮时代的对偶制婚姻，再到专偶制婚姻，最后进入到无产阶级家庭的婚姻自由，亲生父母、亲生子女的身份一步步明确，妇女的社会地位和权利义务也逐渐平等化，这些进步为婚姻自由的形成铺平了道路。①

家庭是如此大的一个社会范畴，它所囊括的概念包含了男女平等、性解放、家庭模式等等。20 世纪影响西方国家家庭生活的趋势正在全球范围内发生作用，一些新颖的词汇频频出现，比如以前走红的"丁克"一词，由于电视剧《夫妻那些事》再次地浮出人们的视线。"丁克"是英文 DINK（Double Income，No Kids）的音译，也可作 Child-free 理解。关于丁克这一社会现象的最初起源并无考察，但无疑是来自西方的生活模式，这是由丁克所具备的生活条件所决定的。这一现象在城市青年和白领夫妇间尤为盛行，其实 20 世纪 80 年代就在中国悄悄出现，而近几年愈加流行。一般情况下，丁克家庭的成员双方都有收入，通常是社会上的中产阶层，收入水平和消费水平较高。从这点也就可以理解这种生活方式得以在中国生存的根本原因。西方民主思想的存在保证了他们这种自由生活方式的选择权力，而 20 世纪民主思想的传播，也使得这种带民主性质的生活方式无形中走红了。因此现代社会的家庭的关键词则落到关系民主化上了。

近 30 年来，中国社会正经历加速转型以及从计划经济到市场经济的体

---

① 麦冬梅：《从家庭的起源透视婚姻自由的产生——读马克思、恩格斯合著：〈家庭、国家和私有制的起源〉》，《新学术》2008 年第 3 期。

制改革，改革开放的姿态在互联网传播的推波助澜之下显得更加高涨，人们的生活观念也因此受到西方观念很大的冲击。如风靡全球的美国情景剧《老友记》，在全球化的背景下传遍世界各个角落。一个中国女大学生和一位澳大利亚中年男子在出租车侃侃而谈这部他们共同喜爱的片子，这是实实在在发生的。总体来说，中国内部社会结构的转变再加上全球化浪潮的冲击，使得中国婚姻与家庭的改变都不可避免地呈现在我们的普通日常生活之中。那么，中国近30年来婚姻家庭有了哪些变化呢？

从婚姻形态上来看，主要呈现以下几点：

（一）初婚年龄提高

1950年我国第一部《婚姻法》规定男女法定结婚年龄分别为20周岁和18周岁；到1980年第二部《婚姻法》则提高到了22周岁和20周岁。这主要归因于国家鼓励晚婚晚育、受教育时间的延长、个人自主选择机会的增多等原因。

（二）婚姻自主程度提高

考察婚姻自主程度的重要标志主要包括夫妻成婚前的认识途径和婚姻决定方式。国家统计局抽样调查表明：女性婚姻由本人决定和本人决定、征求父母意见的比例为61.5%，城镇女性为77.2%，农村女性为56.2%。

（三）通婚半径的扩大

此现象对于表现全球化的影响无疑是深刻的。跨种族、国籍的婚姻已不再成为新鲜事。这正是基于全球文化交流、生活方式趋同的一个活例。

（四）婚姻的多元化加强

我们当然不能把“单身者”称为一个家庭，但是越来越多单身者，或者说自愿独身者的出现，加上同居者，同性恋家庭比例的扩大，无不在削弱传统核心家庭。这一点在某种程度上同欧美家庭婚姻的变化趋势是一致的①。

此外，随着人们选择权的扩大和自主程度的提高，离婚率升高、出生率降低、婚姻愈加的复杂化成为全球的趋势。Andrew Cherlin 在 *Marriage*，*Divorce*，*Remarriage* 一书的导言里描述了这样一个假想的情景：在比尔10

---

① 何雪松：《社会问题导论：以转型为视角》，上海：华东理工大学出版社2007年版，第150页。

岁时，父母分居离异，此后他和母亲居住在一起，每周六和父亲见一次面。4 年过去，母亲再婚，比尔有了一个继父。18 岁，比尔离家上大学，毕业后和女友同居在一起。一年半后两人结婚，随后也有了孩子。数年过去，两人的婚姻开始变质，最后离婚收场，孩子归母亲监管。3 年之后，比尔再次结婚了，对方带着上一段婚姻所生的孩子，和比尔又诞下一小孩，一起组成了一个新家庭。比尔的第二次婚姻持续了 35 年，直到他去世。这样算来，中年的比尔就历经了 6 个家庭，因此累积了较大数量的亲属关系或类似亲属关系的人。现在大部分人应该不会历经以上所有的变故或家庭变迁，但是 Andrew Cherlin 估计说，如果当前结婚、离婚、再婚和同居的现象在未来几十年继续有增无减，这样的情景将不会成为新鲜事。婚姻越来越复杂化，2011 年有部家庭伦理剧《家的 N 次方》吸引了很多人的眼球，一个结过 3 次婚的女人嫁给了同样结过 3 次婚的男人，而双方都有各自上段婚姻的子女，家庭重组，生活也变得愈加复杂，生出了许多的悲欢离合。电视剧是现实生活的一个反映，此电视剧编剧胡非子也承认说身边许多朋友、亲戚都经历过家庭重组，这部戏就是为他们而写。这部剧的走红也从侧面反映了转型中的中国的婚姻和家庭生活的复杂化。这同全球的变化几乎是一致的。社会的变革必然带来家庭的变迁，但我们同时看到不管家庭形式如何变化，人类社会也有可能走向大同，两性之间的关系仍然不会改变，婚姻和家庭仍是最后的归属。

第四节　休闲方式

当家庭成员融入社会，除了参与社会分工进行劳作以外，还有一项更加重要的活动——休闲。当然家庭本身以及家庭活动已然是一种重要的休闲形式。家庭成员之间的交往和交流占人类休闲活动的一个重要位置，因为我们很少有与朋友和家人分离开来的休闲活动。

全球化加速资本运作，促使人们从现代社会过渡到后现代社会。后现代社会的不明确和模糊给予了人们家庭生活方方面面的不安全感。而这种不安全感也随着国与国之间的交流在传播着。家庭模式的变化一方面反映了社会的结构变化，代表着社会民主的进一步发展，背后也透露出后现代社会人们情感的缺失。后现代的消费文化正好为这种缺失提供了慰藉。休闲文化和消费文化是密不可分的，当代人的休闲总是不可避免地同消费联系在一起，不管是物质上还是精神上的消费。

休闲在英文中一般取“leisure”一词，词源上看，leisure 可被视作 license（许可）和 liberty（自由）的合成，意为“被允许”，指的是“摆脱生产劳动后的自由时间或自由活动”[①]。休闲，或者闲暇在国外的研究历史由来已久。德国学者约瑟夫·皮珀的《闲暇文化的基础》一书直陈了历史上曾经盛行但如今却为人所忽略的一个哲学事实：闲暇的观念。他认为闲暇是来源于节庆崇拜，在古希腊时代的柏拉图和亚里士多德以至中世纪的托马斯等人身上都可以看到闲暇曾作为古代人珍视的哲学概念。“许多伟大真知灼见的获得，往往处在闲暇之时。在我们的灵魂静静开放的此时此刻，就在这短暂的片刻之中，我们掌握到了理解‘整个世界及其最深邃之本质’的契机。”[②] 休闲和知识、愉悦是不可分离的，这样的思想一直影响着欧美对休闲的研究。这是从哲学层面谈论休闲。过渡到现实生活中，过去人们往往会为“闲暇”贴上“懒惰”，“不思进取”等标签，现代人理所当然地把闲暇当成是“补偿性的替代品——从非人性的劳作中空洞而带强制性的脱逃”[③]。然而在约瑟夫·皮珀看来，“闲暇是一种寻常的人生哲学，是一种生活的观念”，而并非玩乐。工作是必然的，因为它是我们安身立命的生存手段，同时人类不应该忽略的另一点是，人的存在并非为了工作和生存，“工作只是手段，闲暇才是目的”[④]。当然针对不同定义的休闲，人们对它的感受不一样。许多北美学者也往往通过追溯到古希腊时期来探讨休闲的概念，本节无意于探讨争议性定义，或者把休闲上升到很

---

① 程遂营：《北美休闲研究》，北京：社会科学文献出版社 2009 年版，第 3、7 页。

② ［德］约瑟夫·皮珀著，刘森尧译：《闲暇文化的基础》，北京：新星出版社 2005 年版，第 2 页。

③ ［德］约瑟夫·皮珀著，刘森尧译：《闲暇文化的基础》，北京：新星出版社 2005 年版，第 2 页。

④ ［德］约瑟夫·皮珀著，刘森尧译：《闲暇文化的基础》，北京：新星出版社 2005 年版，第 3 页。

高的理想境界，而是把休闲当作逐渐进入到普通大众日常生活中的一个概念。即从外在压力中解脱出来，追求相对自由的生活，“以自己所喜爱的、本能地感到有价值的方式，在内心之爱的驱动下行动，并为信仰提供一个基础”①。是否能实现这样的效果，则是因人而异，如能在无意休闲活动获得以上的意义往往就吻合了最古老的休闲理念——“休闲优越于劳动”。

第五节　多样化的保健运动

如今，被公认为世界上最多样化的健康运动的瑜伽，是一种亲证自然的修炼方式。它跨越了多种文化，包括印度教、佛教、耆那教、西方哲学；也广泛涉及各种语言，包括印度语、藏语、孟加拉语、梵语、泰米尔语、巴利语等。它不再是局限于印度的民族体育运动，它在全世界的传播，对全球化生活方式的趋同则是一个很好的证明。身处后现代的人们更加注重内心宁静的追求，这一点并不分国界，于是瑜伽很好地把全球的人们连接在了一起。

北美的休闲研究由来已久，这同它本身的休闲方式的发展历时很长是分不开的。因此在全球化背景下，西方发达国家影响发展中国家呈总体趋势，比如橄榄球、高尔夫球等体育运动，但也不排除发展中国家的休闲方式流入西方，成为一种风尚的可能。起源于印度的瑜伽是最好的例证。从某种程度上讲，瑜伽的历史同印度本身的历史一样悠长。起源于古代印度哲学弥漫差等6大派中的一派的瑜伽，在公元前就已经产生。5 000年前，一群瑜伽修行者静坐在印度喜马拉雅山麓地带的原始森林中，思索人类的痛苦和烦劳的根源，慢慢顿悟到人们只有醒悟到本来应有的真实自我，体会到与宇宙浑然一体的感觉时才会获得心灵永恒的安宁。② 因此提到瑜伽，往往和“冥想”、“沉思”、“平衡”等词分不开。究其来源，瑜伽确实是

---

① 程遂营：《北美休闲研究》，北京：社会科学文献出版社2009年版，第7页。

② 蔡德贵：《筷子、手指和刀叉——从饮食习惯看文化差异》，北京：世界知识出版社2009年版，第201页。

印度先贤在深沉的观想和静定状态下，从直觉了悟生命的认知。然而古代瑜伽和现代瑜伽也有一定的差别，古时的瑜伽是修炼灵魂的，是将“真正”的“我”由肉身的“我”中修炼出来，去和永恒不变的“梵”结合为一，以此脱离六道轮回，达到三摩地的法喜之中。而到近现代，瑜伽在印度迅速传播与发展的同时也发生了很多的变化，其中出现了各种修习法分支，分化出哈他瑜伽等诸多分支，派生出许多瑜伽整体观的学派。早在印度民族资本主义兴起时期，瑜伽理念就成为社会变革的先进思想工具，而传统的瑜伽思想也在新的时代下吸收新思想、新文化，得到了新的发展。19 世纪的克须那摩却那被称为印度的现代瑜伽之父，其后的爱恩加和第斯克佳也成为新瑜伽运动的佼佼者。

瑜伽的研修理念贯穿印度人的政治、文化生活中，如今已成为其重要的民族体育文化和生活中不可缺少的成分。作为印度人民普及性的强身健体与拓展心灵智慧的运动，目前在印度除了传统瑜伽之外，还有大量的世俗瑜伽，即抛弃宗教神秘色彩，以修身养性、防治疾病、延年益寿为目标的瑜伽修习活动，这也是西方现代瑜伽的雏形。许多专门研究瑜伽的机构与培养瑜伽专业人才的学校纷呈辈出，越来越多的瑜伽师漂洋过海赴欧美收徒授艺，将瑜伽向全世界广泛传播。

奥林匹克的全球化一直以来是全球体育运动文化的趋势，也就是偏西方式的，众多的民族性体育运动始终游走在边缘。印度瑜伽，作为东方体育文化的代表之一，在主流的全球化语境中给自己贴上了鲜明的标签，在奥林匹克全球化的背景下扳回了漂亮的一局。过去，西方世界对瑜伽几乎是一无所知。直到 20 世纪，西方人开始对东方宗教哲学文化产生兴趣，当时流行于西方的文化偶像们如“披头士”，率先对瑜伽的坐姿表现出浓厚兴趣，至此西方人开始对瑜伽这种健康运动形式逐渐理解与接纳，他们逐步认识到瑜伽是一种在不平静的世界里寻求内心平静的有效方式。目前瑜伽已经在全世界广泛流行且形成了一定的规模，与此同时还出现了研究瑜伽的组织、学院和机构等。根据美国《瑜伽期刊》估计，在美国目前有超过 600 万人在学瑜伽，1 700 万人对瑜伽感兴趣，英国也有数百万人在学瑜伽，而在东亚国家，诸如韩国、日本，瑜伽同样盛行了多年。瑜伽在中国的起源，严格意义上说是随着佛教传入中国的，也就是东汉时期。瑜伽在佛教中属于修持三学“戒、定、慧”中“定”的范畴，即“禅定”，也即

“止观”。近年来瑜伽在中国也越来越受到追捧，成为普通市民、精英白领等热衷的体育运动。

瑜伽广泛传播的背后是对全球化文化的一个证明，同时也给全球化文化传播提供了启示。瑜伽走向世界，并不仅靠它传统的印度文化的哲学理念和宗教信仰，因为现代人热衷瑜伽主要是从健体强身出发，从休闲方式出发，因此，某种民族文化得以在全球传播，必然要丢失掉本来所拥有的一些东西，吸收当地的文化因子，变成一种普遍大众可以接受的东西。Tony Spybey 在《全球化与世界社会》中阐述道：“任何社会体系的再生产都是一个流动的过程，必须历经全球化和本土化的双重影响，前者包含作为一种被全球化了的文化跨域时空发散出的习惯性影响，而后者则包含一种更加扎根于本土文化中的跨越时空的惯例式的影响。”① 这同 Roland Robertson的“全球化与本土化的相互渗透”的理念是不谋而合的。但是正如 Appadurai 所指称的，文化的全球化并不等同于同质化，虽然全球化包含了一系列使得文化趋于同质化的手段，比如装饰、广告策略、语言霸权、服饰风格等，这些手段被当地政治、经济文化吸收，但仍然会被当作国家主权异质而遭受遣返。不管是在本土还是全球的传播，瑜伽都不再是一开始所呈现的面貌，而这是随着社会改变必然要做出的调整。它首先着眼于身体的强健，其次是身心合一。它确实包含一切趋同化的手段，即人们追求生活方式的趋同，一种由外到内修行的精神修行。瑜伽的全球化传播更多体现的是后现代人们生活方式的转变，由注重资本、物质转向了注重精神和内在的追求。

音乐作为一种人类休闲的视听形式，它的转变或者新芽萌发也体现着新时代全球化的一些特征。人类正在走向一种平和与宁静，这一点从70年代出现的新世纪音乐便可以看出端倪。新世纪音乐（New Age Music）也被称作冥想音乐、环保音乐、太空音乐或新时代音乐，是介乎于古典和轻音乐之间的一种21世纪新型音乐。“其丰富多彩、富于变幻，不同于以前任何一种音乐：它并非单指一个类别，而是一个范畴，一切不同以往，象征

① Tony Spybey, *Globalization and World Society*, London: Polity Press, 1996, p. 113.

时代更替、诠释精神内涵的改良音乐都可以归于此类。"[①] 早在60年代末期，德国一些音乐家开始运用创新演奏形式，即在原音演奏或即兴表演中融入电子合成器音响等概念，由此引发了越来越多的音乐家采用更加多样的方式诠释音乐，形成新世纪音乐的雏形。New Age（新时代）又指 The Aquarian Age（宝瓶座时代），西方神秘学认为现在是一个转型期，正准备进入"宝瓶座时代"。"宝瓶座"象征人道主义；人类由追求社会、物质、科技层面的进步，演进到注重"心灵"、"精神"层面的探索，找到超越人种、肤色、民族、国籍以及宗教派别的人类心灵的共通点，认知人类的"同源性"和"平等性"，从而达成四海一家与和平的远景。[②] 新世纪音乐有着几个显著的特点：其一是传统文化色彩浓厚，或者说民族元素丰富，带有"寻根"意味。比如日本喜多郎的作品《丝绸之路》、《敦煌》、《天竺》等，大多都以表现人类演进轨迹为主题，渲染一种历史和自然的苍凉与壮观。其二是它所体现的崇尚自然、返璞归真、宁静致远、淡泊明志的人文精神[③]不同于引领时尚的流行音乐，这同当下日益发展的都市文化形成了巨大的反差。比如台湾漫画大师蔡志忠与一流新世纪音乐家林海、吴金黛等人跨界合作的音乐专辑《天地》，打造出一种庄子自然哲学的音乐奇想，呈现出人类和大自然横跨古今、物我两忘的心灵对话场景。这样的"世界音乐"，并没有削弱国与国之间的界限，反而成为一种"第三种文化"，一种蕴含了多元文化的音乐，并不是两国之间单纯的文化交换。在中国，网络上有这样一群热爱新世纪的乐迷们，他们建立新世纪音乐的分享网站，挖掘新世纪音乐背后的文化内涵，共同分享新世纪音乐带来的心灵感受。他们大多是一群独立、成熟、内心宁静、偏理性的人，新世界音乐俨然成了他们的一种生活方式。笔者认为新世纪音乐正是全球化时代文化融合的一个最好的象征，交融了本土和全球文化于其中，但是却不代表音乐类型的同质化。

Mike Featherstone 在谈到全球文化时，采取了这种折中的态度，称其为"第三种文化"。有人认为全球化使得弱小国家主权削弱，在目的论进化

---

① http：//xk. cn. yahoo. com/articles/071212/1/6ns2. html.

② http：//baike. baidu. com/view/5949. htm.

③ 杨叶青：《稍纵即逝：杨叶青广播文集》，北京：中国广播电视出版社 2008 年版，第 241 页。

主义或其他的宏观逻辑形式的影响下，这些主权国家必然会被吸纳进入一个更大的实体，最后成为一个带有文化同质化的全球实体。Mike Featherstone认为这是一个误导，我们必须摒弃采取二元对立的逻辑讨论全球化问题，以及把全球化当成一种文化的同化的逻辑。这是一种后现代的全球意识，是一种“自觉超越狭隘阶级、民族、国家界限的意识”①。后现代全球意识主张克服现代社会所造成的人与自然、人与人之间的二元对立思维，而转为信奉有机论，即改变现代人机械式的世界观，取而代之一种联合的欢乐和顺其自然的愿望。② 激进的个人主义也是被后现代全球意识所不容的，不管是家庭婚姻、瑜伽，还是新世纪音乐在一点上都很好地吻合了后现代的全球意识。

本章立足于日常生活，结合社会学、后现代社会理论和全球化理论，对当下的家庭婚姻以及人们的休闲方式进行了初步的论述。后现代全球意识要求重建人与人之间的关系，即男人和女人的关系。③ 作为家庭产生的重要基础，两性关系的发展在全球化背景下的现代社会里发生了哪些变化呢？本文主要以工业化为权衡标准，集中论述英美两国家庭模式以及家庭中男女关系的一些变化。20世纪60年代以后，英美两国的家庭都发生了根本性的变化。除了传统模式的核心家庭外，还出现了许多新型模式，诸如单亲家庭、继亲家庭、同性恋家庭、丁克家庭等，也有不组建家庭的单身和同居者。在这样的趋势下，发展中国家也受到了不小的影响，比如中国近30年婚姻形态的变迁，也体现出了全球化浪潮席卷的痕迹。在家庭和婚姻的变迁后，有社会问题的隐藏，也有民主情感的滋生，安东尼·吉登斯就把这种变化称作“情感民主”。此外，婚姻的日趋复杂化无疑是全球的一个趋势，随着人们自主权程度的提高，以及全球信息的流动，家庭不再是传统的从一而终，在这背后也有民主思想的推动。后现代的全球化意识向人们提出了新的挑战，它要求人们不再以现代社会二元对立的思维看

---

① 俞可平、黄卫平：《全球化的悖论：全球化与当代社会主义、资本主义》，北京：中央编译出版社1998年版，第87页。

② 俞可平、黄卫平：《全球化的悖论：全球化与当代社会主义、资本主义》，北京：中央编译出版社1998年版，第92页。

③ 俞可平、黄卫平：《全球化的悖论：全球化与当代社会主义、资本主义》，北京：中央编译出版社1998年版，第94页。

待事物，而是在充分尊重差异的基础上，形成一种共同的认识和实践。文化的传播并不是哪一方压倒另一方，而是衍生出另外一种更加包容和代表一切追求的共鸣的东西。在人们的休闲方式的论述上，本章选取了瑜伽和新世纪音乐的全球传播来说明这一点。在这种观点出现之前，还有一个关于民族国家的争论。长期以来，建立在领土疆界上的民族国家一直是我们进行想象和分析的主要坐标。全球化的确在撼动着民族国家的传统疆域，不管是地理上，还是文化上。尽管在很多地方，本章并没有深入地探讨国家和民族认同的基本政治身份标志会不会消失这样的话题，但是从婚姻变迁、瑜伽传播和新世纪音乐本身的性质来看，传统的民族国家在面临挑战的同时，更多的是文化的融合。全球化是一个跨越时空、穿越国界的过程，是一种超越民族的当代意识。

第九章

全球化与多元文化身份

自从中国加入 WTO 以来，全球化这个词变得越来越时髦。尽管这个概念被广泛使用，它的含义却经常被误解，因为人们常通过经济联系和金融活动来思考它。实际上，全球化受到文化、经济、政治因素的共同作用与推动，涵盖领域广泛而复杂。一般认为，在全球化话语中存在着身份认同问题。如果将身份视为固定的、自然的和永恒不变的，矛盾就会出现，因为这样的观念常常有争议并对多元文化身份形成阻碍。虽然全球化力量有其压制和侵蚀本土文化传统和身份认同的一面，但它也可以为人们重新建构身份提供新的参考系。由于中国参与全球化的进程越来越快，这使得对全球化和文化身份认同之间关系的讨论在当代中国显得尤为重要。作为描述不断加强的跨国界人类交流互动的概念，全球化涉及各种不同的社会、经济和文化的变化。因此，不同学科赋予全球化不同的含义，对其广义主题的不同诠释进行激烈辩论也就不足为奇。尤其在人文社会科学学科当中，全球化作为重要的学术研究专题，得到了深入的探讨，如全球化内容的多维性和超学科性，以及它在大众新闻传媒和跨文化交流方面的诸多论题。在中国，人们往往不再使用固定模式去概括或阐释全球化，关于全球化的著作大量涌现并迅速产生影响。这表明，全球化理论和实践正在得到长足发展。譬如，对待全球化的不同认知和态度可以用诸如“世界化”、“国际化”、“跨国化”、“一体化”、“相互依存”、“西方化”以及“趋同”来概括。需要注意的是，当把这类概念当作特定能指时，有其正确的一面，但是就全球化的广泛主题和实践来说，它们都不能代替全球化。在中国，全球化是一个现实存在。国情的变化和全球化趋势的出现，反映了中国在经历了改革开放后，已经广泛而深入地融入了国际社会。

第一节　全球化略考

从历史层面看，全球化进程与现代化，或与安东尼·吉登斯的“反思性现代性”的发展同步进行。关于全球化起源至少有两种看法。全球化起源，被认为可以追溯到哥伦布和达伽马分别于 1492 年和 1497 年开始的划时代航海的地理大发现壮举，甚至更早。托尼·斯拜贝认为，“欧洲人开始对世界其他地区施加影响，并在世界所有大陆移植他们的文化体制，西方主导的世界观念和体制从此产生”①。

然而，众所周知，在欧洲航海前后的历史时期，尤其在19世纪40年代鸦片战争爆发前，一种由中国文化为主导的跨文化社会体系就已经在东亚和东南亚形成并与西方同步拓展。毋庸置疑，中国的精神文化传统（如以儒家天人一体的哲学思想为基础的人文主义）、制度文化（如科举制、以家庭伦理维系的人际关系）和物质文化（如四大发明、物质生产等），共同向世界阐释了文化和文明的内涵。17、18世纪欧洲启蒙运动时期一些重要思想家的人文主义思想就受到了中国文化传统，尤其是经典儒家思想的影响。但是，由于其内部的封闭性和缺乏转化生成的力量，这个体系没有维持多久就逐渐衰落了。虽然现代性始于14世纪伊始的文艺复兴时期，但实际意义上的现代性实践发生较晚，直到18世纪晚期至19世纪中期的英国工业革命才为其先导而开启了现代化进程。在“革命的现代性”② 时期，资产阶级利用启蒙运动思想争取独立、反抗封建制度，促进了欧洲和其他地区资本主义的发展。在中国，现代化历史进程相对比较短暂。千百年来，中国一直将自己封为“四海之内的中央王国”③，闭关锁国直到19世纪40年代。之后，中国历经了鸦片战争，一些开明的知识精英吸取教训，开始放眼“中央王国”之外，寻求切实可行的富民强国之路。从此，不管是左派还是右派当政，不管是资本主义还是社会主义制度，也不管是奉行自力更生还是与西方列强睦和的模式，现代化都在不同历史时期作为强国富民的方略被政府采纳和实践。中华民国的奠基人孙中山曾在他的“中国重建大纲”中详细阐述了中国现代化方案，但是他的大政方针由于连年战乱和社会无序而无法实现。毛泽东也设想建设一个现代化国家（即工业、农业、科技和国防现代化），但他所提出的现代化目标却被自己乌托邦式的幻想（人民公社和“大跃进”）和政治运动所打碎，导致贫困加剧和大量饥荒与社会灾难。1966年，随着文化大革命运动的展开，形势更加恶化。党的领导人发动了疯狂的“阶级斗争”，迫害所谓“阶级敌人”，

---

① Tony Spybey, *Globalisation and World Society*, London: Polity Press, 1996, p. 24.

② John Hartley, *Popular Reality*: *Journalism*, *Modernity*, *Popular Culture*, London: Edward Arnold (Publishers) Ltd., 1996, p. 56.

③ Tony Spybey, *Globalisation and World Society*, London: Polity Press, 1996, p. 26.

最终将国家推到崩溃的边缘。直到十一届三中全会后，中国才真正开始实行改革开放政策。这个后来被称为具有中国特色的社会主义，极大地改变了中国面貌。

有人认为，当前的全球化是一个既能满足现代化要求，又有助于维持稳定和发展局面的新的保障理念，也就是说，中国人奉行自主的“现代化理论”而不是所谓“依附性理论”。可以看到，全球化不仅加强了不同国家地区间的经济联系和相互依赖，同时又强化了市场竞争机制和现代信息网络的主导地位。全球化提供了更多贸易投资机会，带来了更高的生活质量，促进了国家体制和社会的更加开放以及综合国力的增强。当然，全球化也具有相互竞争的题中之义，如“适者生存”、“自然选择与无情淘汰”。其中，发达国家由于拥有更多资本、更快捷的信息途径、更具功能的社会结构，而在世界经济和其他事务中处于有利地位。当然，全球化也是一个政治进程。当一个国家置于一个开放性的国际政治态势中，它必然面临许多政治问题。这些问题在全球化过程中具有不同于以往的特点，因此发展中国家在处理政治、经济和社会问题时面临着更多挑战。必须解决的问题包括“促进政治体制改革与保持社会稳定”、“提高效率兼顾公平”、“经济发展与环境保护”等，解决这些问题和难题任重道远。

第二节　论辩全球化

根据胡维特的观点，如果混淆全球化与它的前身，即国际化（跨国界经济活动的简单扩张过程）和跨国化（跨国界组织生产和营运），将会导致对全球化诸多的争议和误解。[①] 罗伯森的全球化概念则集中在与日俱增的全球性联系和人们世界意识的不断增强，以及由此所导致的空间和时间的不断压缩。[②] 在他看来，全球化可以被视为“时空的压缩”。此外，与现

① Ankie Hoogvelt, *Globalisation and Postcolonial World*, London: Macmillan Press Ltd., 1997, p. 203.

② Roland Robertson, *Globalization: Social Theory and Global Culture*, London: Sage, 1992, p. 3.

代性同步发展的全球性，也可以理解成一种文化趋向。沿着这一思考轨迹，可以区分出两种不同的文化观念：一种认为文化是受到束缚，并受到特定地点的制约，因而是内向型的；另一种认为文化是外向型的“跨地域学习和交流的过程”。皮特斯认为，内向型文化虽然曾经在历史长河中辉煌一时，使跨地域文化黯然失色，但现在正逐渐隐入幕后，而由不同元素构成的跨地域文化正凸显其优越性。[①] 托尼·斯拜贝认为，全球化主要是由民族国家、全球经济运行、通信联系、文化传播、世界军事秩序以及其他国际性活动构成。[②] 阿帕杜莱也持类似观点，提出了当代全球化趋势的五个重要特征，即种族、科技、金融、传媒和意识形态的全球性流动。[③] 换句话说，全球化是包含种族群体集散、科技发展、金融贸易、传媒影像以及意识形态冲突在内的动态运动系统。这些动态发展并不受制于单一的或占主导的所谓“宏大计划”。当我们以阿帕杜莱的观点来体察世界时，有必要了解为什么全球化在泛文化层面上走得如此之远，因为它涉及“文化化”这一更为广泛的认知。如是，全球化就不仅指涉地方或非地方性文化身份，它也涉及主体性和文化认同等问题。当今，有关中国文化身份的讨论不能囿于属地，形成中国文化身份的因素多元而又复杂，而产生这些多元与复杂因素的文化的原因，在于不同历史和社会的条件与背景。

在对全球化不同的界定当中，安东尼·吉登斯的观点为人熟知。他指出：“全球化可以视为世界范围的社会关系的强化。相隔很远的不同地方的事件以蝴蝶效应的方式播散，即世界范围的社会联系将相隔很远的不同地方连接在一起，发生在千里之外的事件会对本地产生影响，反之亦然。”[④] 安东尼·吉登斯的观点可以理解为，在我们这个星球上，从事各类社会活动而不受全球性意识形态和体制的影响几乎是不可能的。由是观

---

① J. Pieterse, Globalisation as Hybridisation, in M. Featherstone, S. Lash and R. Robertson (eds.), *Global Modernity*, London and Newbury: Sage, 1995, p. 101.

② Tony Spybey, *Globalization and World Society*, London: Polity Press, 1996, p. 200.

③ Arjun Appadurai, Disjuncture and Difference in the Global Cultural Economy, in Mike Featherstone (ed.), *Global Culture: Nationalism, Globalization and Modernity*, London: Sage, 1990, pp. 295 – 310.

④ Anthony Giddens, *The Consequences of Modernity*, London: Polity Press, 1990, p. 15.

之，全球化也不能仅从经济上相互依赖或跨国经济活动的简单扩张来理解。全球化过程是由文化、经济和政治共同推动的，它甚至改变了即使是世界最贫穷地区的社会与文化状况。作为经济、社会和文化过程的全球化进程并不是均衡或统一的，事实上，不同国家、不同社会群体有着不同的全球化体验。

在《共产党宣言》中，马克思和恩格斯已经对全球化给予了关注，书中写道："美洲大陆的发现为现代工业建立世界市场铺平了道路……资本家为开辟商品市场到处扩张。他们必须到处安家，到处落户，到处建立各种联系。资本家通过先进的生产工具，便捷的通讯手段，将所有乃至最野蛮的国度都使其进入了文明……一句话，资产阶级按自己的样子创造了世界。"[①]马克思和恩格斯认为，资本主义市场的推动力是全球化进程的主因。凭借开拓疆域和在经济领域的扩张，资本主义"产生了巨大的商业市场、航海运输、科技发明、通信手段以及工业生产力，创造出一个物质丰富而又繁荣多样的新世界"[②]。如今，这一发展趋势并没有明显地减弱。

作为全球化重要表征的后现代通信技术和手段，实现了世界各地最方便快捷的相互联系，这也意味着少数族群和主流社会能够更多相互理解和交流，而不必受传统通信方式的阻碍。互联网的一个突出特征是，它基本实现了社会全员信息交流的功能，打破了报刊进口许可和传统媒体的垄断。作为一种廉价的和相对平等的交流方式，互联网确保了少数群体能在政治文化领域发出声音。今日全球性信息交流、大规模人口流动以及不断增长的跨国经济贸易，促成了新的文化身份的不断涌现。罗伯特·唐恩认为，全球资本的重组、新传媒的广泛使用、信息技术普及以及新的政治文化组织的出现是多元文化身份形成的基础。[③]

全球化和多元文化之间有着密切联系，但二者常处于权力和话语权的博弈之中。辩证地说，全球化被认为是"跨国经济政治文化的合力与共同

---

① Ann Cvetkovich & Douglas Kellner, Introduction: Thinking Global and Local, in Ann Cvetkovich & Douglas Kellner (eds.), *Articulating the Global and Local*, Colorado: Westview Press, 1997, p. 87.

② Ibid.

③ G. Robert Dunn, *Identity Crises: A Social Critique of Postmodernity*, Minneapolis: The University of Minnesota Press, 1998, p. 56.

构成的矩阵。它们在全球流通，创造了普遍的全球化条件，经常逾越甚至抹去了历史形成的国家和地区分界。但是全球概念也整合地方差异，如社会结构、基本权力、从属阶级、性别和种族成分”①。因此，全球化和地方化是通过力量的对比、排斥与吸纳而取得平衡的。在全球资本主义背景下，市场竞争机制的观念不仅被用于经济活动中，也适用于文化身份的形成与建构。一些身份被削弱和排斥，而另一些身份得到了承认和加强。而且，文化身份杂糅化也被认为是全球化语境中身份建构的趋向。

第三节　多元文化和中国身份

多元文化主义是一种基于“社会应该容纳和珍惜文化多样性”观点的理论和政策模式，多元化社会则是包含着数种不同文化共同体的社会，其特点是带有重叠而又独特的世界观、价值观、历史观、意义系统、社会组织形式和习俗惯例。作为描述近几十年来世界社会变化的重要话语，多元文化主义强调当代西方关注民族文化多样性，主张尊重差异，促进跨文化交流以构建文化平等的社会。多元文化主义表现为一种更加自由和民主地处理民族文化多样性的模式。文化异质不被认为是一种暂时现象，而是一种永久性的存在。多元文化主义试图保持多元的个人与群体和平共存的理想状态，它的目标是保护民族文化多样性，同时促进文化互动交流。互动交流的中心问题，是如何调节文化同质化与异质化之间的紧张关系。随着全球化的发展，世界上的强势文化对弱势文化构成了严重的挑战，同时也使得如何保护、传承和发展民族与国别文化多样性的问题更加突出。全球多元文化涉及国际政治、公共政策、经济发展、文化教育和语言教学等领域。2000 年联合国教科文组织编写的《2000 年世界文化报告》把重点放在“文化的多样性，冲突和多元共存”方面。2001 年 11 月 2 日，联合国

---

① Ann Cvetkovich & Douglas Kellner，Introduction：Thinking Global and Local，in Ed. Ann Cvetkovich& Douglas Kellner（eds.），*Articulating the Global and Local*，Boulder：Westview Press，1997，p. 75.

教科文组织在巴黎举行的第 31 届会议上，发表了《世界文化多样性宣言》。宣言指出，尊重文化多样性，保持文化宽容和交流合作有利于世界和平与文化共荣。通过尊重文化多样性、承认文化差异、促进跨文化交流和制定并执行多元文化共存共荣政策来建立更加包容的社会。

关于文化身份问题，随着全球化时代各国为了表达和争取与一定文化特征相适应的权力策略的社会实践，它逐步受到人们的关注和研究。在跨文化交流领域，它作为具有普遍意义的文化议题脱颖而出。身份已经成为诸多理论论争和政治领域的焦点。值得注意的是，身份总是和关于身份意识的表达及身份认同联系在一起。鉴于全球化时代社会结构的频繁调整、远距离通信和互联网的普及使用、文化参照的位移以及人类关系的不断变化，人们不断反思着自我与他者的身份问题。理论上，它涉及人的主体性的建构和由此出发的行动与思想的自觉性、能动性、统一状态、协调一致以及确定性；实践上，身份直接关系到文化和社会构成的主要与次要成分，以及主流和非主流的定位与换位，也涉及权利的分配和争夺话语权等实际问题。

多元文化与文化身份认同，是全球化背景下文化研究的突出问题，它们既和全球化相对立，又迎合全球化的到来，对身份意识和身份观念问题的探讨已成为关注的热点。关于文化身份的理论研究是与后现代主义和全球化理论结合在一起的。一方面，作为一种抵制形式，强调身份是对后现代时期全球化文化均质化的回应；另一方面，全球化也为建构新的文化身份提供契机，因为全球化时代的商品、文化、资本和信息的流动总是伴随着大规模的人口流动。[①]遍及各大洲人口迁徙的跨国离散现象，为新的跨国杂糅化文化和身份的产生创造了条件。这表明，在社会和文化发生巨变的时期，人们赖以定位自身、从而获得相对稳定的个人和集体身份的传统参照系正逐渐消失。身份的传统本源，诸如阶级、国家、民族、地方、文化、社区甚至宗教，由于现代资本主义发展的趋势而受到弱化和动摇。国际性的大规模生产、销售和分配被视为蚕食和破坏这些身份传统来源的重要原因，而跨国化则侵蚀了地方和区域的固有身份的意义。斯图尔特·霍

---

① Scott Lash & John Urry, *Economy of Signs and Space*, London: Sage Publications, 1994, p. 108.

尔指出："保持社会长期稳定的旧有身份正在被瓦解，而新身份正在形成，并破坏了现代个人的主体统一性。"[①] 汉纳兹认为"现代社会将身份关系转变为差异关系。这样一来，所构建的不是脱离差异的身份，而是与之相反"[②]。

显然，当前的全球化潮流在给文化身份观念带来挑战的同时，也带来了新的文化体验。同时，全球化和地方化的交叉融合形成了杂糅文化身份的新模式。换言之，全球化渗入地方文化，文化身份重构随之产生。虽然全球化力量有其文化霸权性并压制、侵蚀文化传统和身份，但它们也能为重新建构个人身份提供条件。

在中国语境下，全球化为我们认识和解析新的文化身份以及文化潮流提供了良机，涉及主流文化、高雅文化、流行文化和各类亚文化等。从诸多文化领域所发生的重要转变可以看出，现存的象征性的等级制度被解构，更加通俗和民主的文化驱动力正在增加，它正在模糊以上文化之间的界限。后现代主义文化研究和文学研究在中国学术界受到了更多的关注。中国文化研究的"范式转变"预示着新的研究课题、批评对象和阅读策略不断涌现。钱中文指出："今天的跨学科文学批评不仅仅涉及人文学科，而且也渗透进包含社会科学，甚至科学技术等共识与差异并存的更大领域，目的是要将文化研究与文学批评结合起来，摒弃统一的文学批评，构建多级文学理论。"[③]其结果是，具有泛文学性质的文化研究已成为近年来跨学科探索的领域。因此，新的文化身份和文类将在不同文化媒介和标准之间相互碰撞、融合、确认以及互补过程中被建构起来。在中国，主流文化霸权虽然仍具影响力，但不断涌现的通俗文化、大众文化和消费文化也不容小觑，越来越多的人正在改变对待它们的态度。

---

① Stuart Hall, *The Question of Cultural Identity*, Milton Keynes: Open University Press, 1996, p. 307.

② Ulf Hannerz, Cosmopolitans and Locals in World Culture, in Mike Featherstone (ed.), *Global Culture: Nationalism, Globalisation and Modernity*, London: Sage Publications, 1995, p. 78.

③ Qian Zhongwen, Two Dangers in the Context of Plural Cultures and the Future of Literature Theory, Conference Proceedings for "The Future of Literary Theory and Criticism", Beijing: Language and Culture University, 2000, p. 67.

新的文化身份出现，例如“通俗文化”的流行，意味着与主流价值观的竞争和对经典的挑战，因为这些新文化身份不仅满足了人们的需求，而且也为人们提供了进行文化参与、演绎文化身份的需要。有批评家注意到，“卡拉OK尽管在西方已经不再时髦，但它在全世界的娱乐中心都能找到，在中国，这一文娱形式十分普及，即使是在偏远的中国小乡村亦如此”①。令人关注的是这种媒介文化的双重作用。再如，MTV这一从美国经由香港引入的文化娱乐形式，也被转变成为国家政治意识形态服务的宣传手段。然而，人们注意到它的双重作用，这种改良的音乐样式与其说唤醒了昔日的“革命热情”，倒不如说人们被这个“自娱自乐形式”所吸引。与此同时，严肃的政治怀旧情绪也在这种活泼的形式中得以消解。如是，正统而经典的文化也在这一过程中被世俗化了，由此引起人们激烈的争论。有人认为，商业化的通俗文化不是真正意义上的文化，因为它被用于牟利而不具有启蒙或教育作用。而另有人认为，通俗文化是国际文化旅行和全球资本主义扩张的必然后果，要理解这一文化必须考虑全球性“媒体流”、文化话语权、市场经济以及文化“消费者”等因素。② 前者的指向是，文化的商业化是一种资本主义文化意识形态，是精神污染，危害大；而后者认为，通俗文化的作用主要是丰富大众生活，将文化从精英的象牙塔中解放出来。通俗文化形式多样，满足了不同文化需求，所以它促进了社会进步和文化繁荣。在文化身份形成过程中，一些人担心中国传统文化价值观逐渐式微，宣称“人类精神危机”的到来，其他人则看到了快速致富的机会，全身心投入文化产业的竞争，致力于文化商业运作甚至炒作，全然不顾作品的艺术和精神追求。然而，尽管存在论争，新的文化身份还是正在形成，并为人们所接受和消费，通俗文化已成为人们生活中不可或缺的组成部分。

围绕中国传统文化价值观，过去一直存在着反复激烈的争论。对中国传统文化持怀疑论者意识到西方文化在中国的强势，将批判矛头指向了传统文化，使用了大量诸如“封建文化残余”、“专制主义”、“目光狭隘”、

---

① Tony Spybey, *Globalisation and World Society*, London: Polity Press, 1996, p. 164.

② 王宁：《全球化与后殖民批评》，北京：中央编译出版社1998年版，第128页。

“迷恋正统”等犀利言辞，试图证明中国传统文化不顾人性和人的创造性，将人置于道德工具支配下，压制了人的创造力。中国漫长的封建君主制和个人主义精神缺失凸显出了中西方文化间的差异。[①] 其他论者则对传统文化持正面评价和坚守态度，使用了“物质与精神和谐”、“强调社会责任感”以及“不败的东方哲学智慧”等褒扬之辞。他们坚称，由全球资本主义不合理的分配和后现代世界所产生的难题，能够通过借鉴中国传统文化价值观加以解决。在他们看来，诸多中国文化理念，如“天人合一”、“主客体相互依赖”、“重道而非手段”、“社会集体合作”、“政体伦理相统一”等，是非常实用的，尤其是当它们应用于社会阶层互动和人与自然关系之中时。[②] 诚然，反传统文化的声音在中国知识界向来不大，只有少数人对本国文化和传统怀有贬抑之意，甚至主张否定中国文化传统和价值，全盘西化。这使人们回顾起中国进入现代性探索以来，对中国文化遗产的攻击与反击持续不断、此起彼伏的情景。一直以来，中国的现代化既与西方化联系在一起，同时又与之保持距离。

由是观之，评价中国传统文化的价值问题仍在进行，焦点集中在传统文化遗产，如儒家学说的基本原则是否阻碍了现代化发展等。儒家学说着重强化权威和等级结构，道德和责任受到皇帝、臣子、父亲、丈夫这样的地位较高者意志的支配，统治者有保持公平和坚持法理的道德责任。只有遵守这些道德规定并以此治理国家，社会才能获得繁荣进步。有人认为，从权威关系中的角色来看，“儒家文化价值观”影响了“日本工业文化”和东亚“四小龙”的经济发展。[③] 还有人试图在经典儒家学说中寻找英雄主义和个人主义观点。[④] 更有人置评：“儒家学说和共产主义之间可以画等

---

① Liu Kang, Is There an Alternative to (Capitalist) Globalization, in Fredric Jameson and Masao Miyoshi (eds.), *The Cultures of Globalization*, Durham: Duke University Press, 1998, p. 199.

② 李宗桂：《中国文化概论》，广州：中山大学出版社 2001 年版，第 58 ~ 63 页。

③ Tony Spybey, *Globalisation and World Society*, London: Polity Press, 1994, p. 33.

④ Tu, Weiming, The Historical Significance of the Confucian Discourse, *China Quarterly*, 1994, Issue. 4, pp. 1131 – 1141.

号，如同说苏格拉底、柏拉图或耶稣基督共同促进了现代欧洲民主的形成。”[①] 合乎中国实际的探讨，则涉及儒家学说是否能同中国市场经济相调和。在部分中国学者和专业人士看来，答案是肯定的。

第四节　语言的文化身份

文化理论家指出：“语言体现和反映了社会文化生活不断演进的变化和特点，特别是语言形式的使用和意义。”[②]作为社会发展不可或缺的部分，语言是社会生活的基本条件之一，对文化身份的形成发挥着重要作用。索绪尔对现代语言学所作出的伟大贡献，就是强调了语言言说者（语言表达我们的身份）而不是言说者操控语言，语言具有指代说者的功能，是语言在言说主体。根据维特根斯坦的实用主义观点，语言和社会是相互关联的，但他更强调语言作为文化的构成力量，坚持语言和社会实践是不可分割的，而不是社会实践高于语言。[③] 沃罗什诺夫认为，在社会关系中语言功能占据支配地位。[④] 结构主义者更强调语言在身份建构这一持续过程中的重要性。他们提出，正是通过语言的习得，我们才成为人和社会的存在。通过语言，我们逐渐“了解”了自己的身份。现代语言学家许国璋在《中国古代文字学家许慎眼中的语言和社会》一文里，详细阐述了社会语境中的语言理论。许慎认为，字词代表事物，事物组群则构成了类别。在对词和类别进行分类结合的过程中，可以发现其中蕴含的意义和行为体系、社会等级制度、交往结构以及不同价值体系。在一定程度上，许慎的

---

① Flemming Christiansen & Shirin Rai, *Chinese Politics and Society*, Hertfordshire: Prentice Hall Europe, 1996, p. 301.

② G. Robert Dunn, *Identity Crises: A Social Critique of Postmodernity*, Minneapolis: The University of Minnesota Press, 1998, p. 33.

③ Michael Peters, Ludwig Wittgenstein, Ellis Cashmore & Chris Rojek (eds.), *Dictionary of Cultural Theorists*, London: Edward Arnold Publishers Ltd., 1999, p. 109.

④ G. Robert Dunn, *Identity Crises: A Social Critique of Postmodernity*, Minneapolis: The University of Minnesota Press, 1998, p. 211.

语言学理论对于诠释今天的文化身份具有借鉴意义。作为文化载体，语言言说身份，它对分析全球化影响下中国文化身份变化具有实践作用。如今，中国广泛而深刻地参与全球化进程，国人的全球性意识反映在不同的文化层面上，其中包括语言层面。基于语言文化与经济活动的不同，全球化并不排斥文化多元化和语言多样性。从全球化所带来的便利条件和其文化功能方面加以考虑，我们应该充分利用全球化的文化潜力，为后代保留语言多样性和身份多元化。我们之所以需要保持语言的多样性，是因为语言机制是人类社会构成方式中自然有益的成分，语言更是建构个人和群体文化身份的基本要素。

中国在全球化过程中大量引入外国文化理论，包括语言理论。跨文化交际和教育交流导致了语言习得和语言教育的诸多变化。今天，中国人所使用的语言在内容和形式上都表明了文化身份的演变。一直以来，政府在全国范围内推广普通话。通过大众媒体的广泛宣传，遍及城乡的推普教育收效巨大。与此同时，官方政策并没有限制不同方言的使用。随着港澳特区和台湾地区加强同内地的文化、经济交流，地方方言显得越来越重要。作为一种文化交际和商贸交易的工具，地方方言拥有着自己的文化身份，如粤语在粤文化圈和海外发挥着特殊作用。

中国的大学、中学、小学，十分重视外语教育尤其是外语教学。近年来，外语学习更是热度不减。因此，当下有人相信，掌握英语和必要的电脑技能，是找到较理想工作、过上舒适生活的必备条件。根据部分地方政府出台的政策，如欲获得晋升或在国外从事学术交流或国际合作的资格，教师、医生和工程师等专业人士必须通过相应的英语考试。当代作家、媒体人巴里·特纳认为："在将近四分之一世界人口中，总计达15亿人能说流利英语。作为75个国家的官方语言，英语是国际贸易领域与娱乐界的语言。80%世界电子存储信息使用英语。"① 然而，英语未必一定成为未来唯一的世界语言，因为至少汉语和西班牙语分别在亚太地区和美洲表现出强劲的势头，没人能忽视这些强大而重要的语言竞争对手。显然，全球"语言支配权"仍处在激烈的竞争之中。因此，我们需要十分重视汉语在国家

---

① Barry Turner, The Rise and Fall of English, *The Writer's Handbook 2004*, London: Macmillan Publishers Ltd., 2004, p.41.

语言教育发展中的优先地位，同时加强跨文化交流和海外汉语教育的实施和推广，尤其是确保汉语教育和研究在本国受到足够重视。

总而言之，全球化和地方化之间的“排斥与容纳”模式，常常被描述成中国参与全球化进程的特点。国际社会的和谐和张力，共存于全球化时代。改革开放30多年来，中国取得了令人瞩目的成就，物质和精神文化得到快速发展，“经过长期自我封闭之后，中国已经成为极为重要的国际事务参与者”①。中国多元文化身份与方兴未艾的全球化话语，在本质上是相互协调的，但有时也存在着矛盾。作为具有全球意义的地方文化身份，它不仅表明中国已全面融入全球化的“世界社会”，与此同时，前者也表达出对后者进行干预的倾向。中国是全球化的一员，但中国的文化身份与意识形态具有“中国特色的社会主义”发展模式，以及坚持共产党领导、革命传统和社会主义精神文明的“主旋律”，这些都必须在中国文化身份的大语境中加以认识和考量。

中国的发展离不开世界。融入全球化进程给中国带来了社会进步和经济繁荣，其中所产生的问题，也必须在这一过程中得以解决。库马尔认为：“全球化本身不仅意味着标准化和依赖性，它也能带来新的世界主义和全球意识。”② 鉴于后现代主义和全球化话语对“宏大叙事”的质疑和解构，保持本土化的“主旋律”既有必要，也具有挑战性。我们深信，只有在全球化语境中，我们才能更好地理解和担当中国文化身份；也只有在这一语境下，中外交往与跨文化交流才变得越来越重要。

（本文原为英文，并曾在广州“全球化：交流与合作”国际论坛宣读）

---

① Peter Dicken, *Global Shift: Transforming the World Economy*, London: Sage Publications, 1998, p. 139.

② Krishan Kumar, *From Post-industrial to Post-modern Society*, Oxford: Blackwell Publishers Ltd., 1995, p. 193.

第十章

全球化与中国移民的身份认同

美籍华人蔡美儿于2011年伊始出版了一本书，回忆自己对两个女儿的教育历程。她培养的女儿们成功登上了卡耐基金色大厅的舞台，这让很多美国家长的新年很不踏实。蔡美儿的回忆录《虎妈战歌》也成了畅销书。然而，她严苛的家教激起了全世界范围的激烈讨论且讨论的内容已经不局限于“虎妈”本人，而是华人母亲是否比西方母亲们更优秀。

《虎妈战歌》这本书比较的不是各具特色的各国教育体系，而是华人家庭和西方家庭的教育传统。蔡美儿就是用中式教育来培养两个土生土长的美国女儿，这种比较在一定程度上激化了“中国威胁论”——有着中国血统的孩子们不仅在同龄的中国人中相互竞争，甚至将西方的同辈甩在了后面。在中国移民遍布世界的今天，“虎妈”引发的讨论愈发激烈。本章主要探讨中国母亲怎样在英国教养她们的孩子：第一代中国移民如何融入英国主流社会，第二代移民的身份认同和社交圈的选择受到了哪些影响。研究对象大都在英国生活超过10年，有些甚至已经跻身于精英阶层。通过对他们的研究，可以探知中国的知识分子移民想要融入英国的主流社会并不太难，但在成为移民国的成员后，他们又会主动回到华人社交圈中。

第一节 全球化和中国移民

“全球化”一词是1985年莱维特（Theodre Levitt）首先提出来的。[①]其内容涉及政治、经济、社会、文化、价值观、民主、人权等领域。根据历史的发展，全球化的研究学者们倾向于把全球化进程分为四个阶段：前现代（1500年以前）、现代早期（1500—1850年）、现代（1851—1945年）以及当代（1946年以来）。[②] 19世纪和20世纪早期是集中的全球人口大规模迁移阶段。移民作为全球化进程中的一个重要因素，是自16世纪前后资本主义世界市场开始到现在的一种形式，移民与全球化是相辅相

① 江学时：《全球化与拉丁美洲经济》，《拉丁美洲研究》1997年第4期。

② Castles Stephen，Migration and Community Formation under Conditions of Globalisation，Conference：Reinventing Society in the New Economy，Toronto：University of Toronto，2001，pp. 9 – 10.

成的。

为什么选择移民？人类的迁徙大多为了更好的生活，现代便利的交通条件和全球化恰恰在客观上鼓励了移民。作为全世界人口最多的国家，中国移民在世界的移民史上扮演了重要的角色。

移民一直都是全球化的一部分。[①] 布洛克（De Block）和白金汉（Buckingham）[②] 认为可以从两方面研究国际化：一个是经济和贸易，另一个是文化和传统。因此，从经济和文化的角度来探讨移民是可取的。根据移民的动机，斯道克（Stalker）[③] 将移民分为如下类别：定居者——想在新国家永久居住的人，他们主要是技术移民，或有亲戚或是有钱的投资移民者；合同工，他们能在工作时间内停留；专业人才，包括跨国公司的职员，他们因为工作的原因要在各国间迁徙；无证工人，这是对非法移民的一种比较中立的称呼；难民和庇护申请者，联合国对难民的定义是这个人"有充足的理由恐惧来自种族、宗教、国际、特定社交团体的会员或政治观点的迫害"。

根据丘立本对国际迁徙的研究，自 15 世纪末以来，世界大规模的国际移民有三次：第一次是 15 世纪末至 19 世纪中叶，第二次是 19 世纪中叶至 20 世纪中叶，第三次是"二战"后至今。[④]

对移民来说，到一个全新世界生活的重要动力就是脱贫致富。[⑤] 斯道克[⑥]曾在对移民原因的分析中指出：

各种试图用最简化的方式解释国际移民的理论都建立在"推与拉"的基础上——主要是故国贫困生活的推力和目标国劳力短缺的拉力。当然也有更加有雄心的模式，包括那个给自己堂而皇之冠名为"世界系统"的理

---

① OECD, *Globalisation*, *Migration and Development*, OECD Publishing, 2000, p. 28.

② Deacon, D. et al., *Researching Communications*: *A Practical Guide to Methods in Media and Cultural Analysis*, London: Hodder Education, 2007, p. 33.

③ Stalker, P., *International Migration*, Cornwall: New Internationalist, 2001, p. 56.

④ 丘立本：《经济全球化与中国人口的国际迁移》，"经济全球化与华侨华人研究"学术研讨会论文，2001 年。

⑤ Thuno, M., Introduction, Beyond "Chinatown": Contemporary Chinese Migration. in Thuno, M. ed., *Beyond Chinatown*: *New Chinese Migration and the Global Expansion of China*, Malaysia: Nias Press, 2007, pp. 1 -31.

⑥ Stalker, P., *International Migration*, Cornwall: New Internationalist, 2001, p. 20.

论。但是其中一个影响最持久的因素是“新鲜事物带来的震撼”——比如现代化和全球化打乱了人类现在的生活，动摇了他们的固有体系，从而让人们进入一个流动性更强的世界。

思（See）① 在他对菲律宾的华人移民的研究中也采用了“推拉理论”。在他的分析中，阐释了东道国对大规模华人移民涌入其国家的愤怒，这个会在后文中讨论。

通过对英国新闻报道的研究发现，英国对移民，尤其是难民，有着系统性的蔑视。在当地人眼里，他们的到来是在掠夺当地人的工作，或是寄生于本该更慷慨的福利制度，移民的后代们更表现出对当地法律和文明居民们的侵犯性的威胁，种族主义被看作是移民的后果。②

2010 年，德国总理安吉拉·默克尔宣布德国的多元文化论自此结束。③ 之后，英国首相戴维·卡梅隆附议，将英国的多元文化论视作“草把子”④，让其他文化融入英国主流文化的论调又死灰复燃。

经济被广泛认为是移民的根本原因，而且影响着东道国的态度。因此，将移民者的工作和物质生活纳入研究范围是非常必要的。

随着工业化的发展，发达国家出现了劳力荒，但空缺的工位多是低薪、非技术性的工作。⑤ 斯道克的研究显示，美国相当一部分的门卫来自墨西哥，意大利超过 30% 的清洁工是移民，英国移民中的 70% 都从事着餐饮业，等等。⑥ 这些移民被叫作 3D 工人，因为他们做着“肮脏（dirty）、危险（dangerous）、艰难（difficult）”的工作，⑦ 就为了家人能过得更好

---

① See, T. A., Influx of New Chinese Immigrants to the Philippines: Problems and Challenges, in Thuno, M. ed., *Beyond Chinatown: New Chinese Migration and the Global Expansion of China*, Malaysia: Nias Press, 2007, pp. 137 – 162.

② Deacon, D. et al., *Researching Communications: A Practical Guide to Methods in Media and Cultural Analysis*, London: Hodder Education, 2007, p. 30.

③ Connelly, K., Angela Merkel Declares Death of German Multiculturalism, *The Guardian*, 2010 – 10 – 17.

④ Lambert, R., David Cameron's Crackdown on Extremism Is Counterproductive, *The Guardian*, 2011 – 02 – 08.

⑤ Stalker, P., *International Migration*, Cornwall: New Internationalist, 2001, p. 56.

⑥ Stalker, P., *International Migration*, Cornwall: New Internationalist, 2001, p. 56.

⑦ Ibid, p. 67.

些，孩子能得到更好的教育机会。[①] 为了孩子——第二代移民，这个信念是移民的一个决定性因素。

一部分二代移民同父母一起迁入新的国家，他们通常在新国家比在父母的故国生活得更久，在新国家有了新的生活。他们和故国渐行渐远，甚至不习惯再回去。[②] 在之后的调查报告中，斯道克为这个群体赋予了一个新的名字——“过渡的一代”。其他的二代移民则是出生在东道国。这部分人中，有的讲当地语言，受当地教育，交当地朋友；还有的则如隐居般生活在一个小圈子里，过着和当地社会不同的生活。

但是，所有这些二代移民都面临一个共同问题——如何定位自己。一方面，他们的父母大都希望他们可以遵循故国的传统和习俗，“但另一方面，他们又想自己的孩子可以在新的国家取得成功，建立自己的社交圈子，了解新的制度”[③]。因此，这些移民二代们都煞费苦心地平衡“父母期望的家庭角色”和自出生以来就浸染着他们的文化。[④]

当研究具体到中国移民时，斯道克的分类就不够全面了。这个分类没有提到两类重要的中国移民——被殖民者和学生。新中国成立后，得到承认后被收回的殖民地只有香港和澳门。而香港的殖民者英国则是 20 世纪最具代表性的殖民国。讽刺的是，目前，香港移民也是英国众多中国移民中一个颇具代表的群体。

自中国在 1840 年中英鸦片战争中战败、签订了《南京条约》后，香港就处于英国的统治之下，直到 1997 年回归中国。[⑤] 临近 1997 年，一些香港

---

① Stalker, P., *International Migration*, Cornwall: New Internationalist, 2001, p. 36.

② Castles, S. and Miller, M., *The Age of Migration: International Population Movements in the Modern World*, 3rd edition, London: Palgrave Macmillan, 2003, p. 20.

③ Deacon, D. et al., *Researching Communications: A Practical Guide to Methods in Media and Cultural Analysis*, London: Hodder Education, 2007, p. 35.

④ Ibid, p. 22.

⑤ Yuen, J. K. S., The Moon in Foreign Countries Is Particularly Round and Bright: Narratives of Chinese Immigrant Women in the UK, *A Journal of Comparative and International Education*, 2008, Vol. 38, Issue 3, pp. 295 - 306.

人因对未来怀着不确定的心理，纷纷移民外国，比如英国。[①]

中国的儒家精神已经在港人的血脉中流了数千年，英国的殖民主义和帝国主义也在百年的殖民统治中印刻在香港的社会结构和发展之中，再加上中国特色社会主义在香港回归后对香港和港人的影响，[②] 香港人形成了一定程度上自相矛盾的性格。他们保留着传统的中国文化，但却和大陆的社会主义保持距离；他们不甘于英国的殖民，却乐于享受因殖民得来的特惠政策。[③]

因此，研究移民英国的香港人很有意义。他们移民到了原殖民者的国家，会比其他中国移民融入得更快吗？他们的社交圈构成如何？他们怎样在中英两国文化间取得平衡？

在中国大陆，一些来自城市的学生们也有机会出国留学，之后便设法移民。自 1939 年以来，大约 900 000 名中国学生出国留学，其中 3/4 的人没有回来。[④] 近年来，更多的中国留学生选择回国而非移民（比如 2003 年，有两万名学生归国）。但是，“中国在 2004 年有 115 000 名学生出国，这个纪录让它成为世界第一学生出口大国”[⑤]。

在很多国家，教育已经成为一个收益不菲的产业。[⑥] 一方面，这些国家都需要国际学生，通过支付高昂的学费来为本国经济作贡献；另一方面，这些学生为了接受更好的教育或者毕业后能有更好的工作机会，自愿为海外求学路买单。所以，留学成为中国人迈进发达国家的新途径，“中

① Li，P. S.，The Rise and Fall of Chinese Immigration to CanYing：Newcomers from Hong Kong Special Administrative Region of China and Mainland China，1980 – 2000，*International Migration*，2005，Vol. 43，Issue 3，pp. 9 – 34.

② Chow，R.，*Writing Diaspora*，Bloomington：Indiana University Press，1993，p. 89.

③ Ibid.

④ Cheng，Xi，*A study of Contemporary China's Overseas Students*，Hong Kong：Hong Kong Press for Social Sciences Ltd.，2003，p. 183.

⑤ Thuno，M.，Introduction，Beyond Chinatown：Contemporary Chinese Migration，in Thuno，M. ed.，*Beyond Chinatown*：*New Chinese Migration and the Global Expansion of China*，Malaysia：Nias Press，2007，p. 5.

⑥ Ibid.

国学生移民在激增"[1]。

司盖登（Skeldon）将中国移民分为"新"、"旧"两类。[2]"旧"移民指1978年中国改革开放前到其他国家的移民。"欧洲人是迁徙去他们掌控的地方，或是去了以后再从民族上和政治上统治新地方；但中国人总是在地理上和政治上边缘化，抱团离群索居。"那时候的中国移民往往被排挤和歧视，受到来自主流社会的羞辱。[3]

1978年之后，由于中国积极参与全球化，中国移民日增。[4]通过研究，司盖登[5]认为今天的华人移民"已经不再是边缘群体，而成为多文化社会的一部分"。那么，他们和后代是怎样从社会影响力、经济、文化等方面融入所在国的？

华人移民一直都是东南亚人口的一大组成部分。在研究菲律宾的华人移民时，思[6]将大规模的华人迁徙定义为：中国人试图逃离本国的人口压力，转而侵占其他国家。在对华人的移民动机的研究中，有两个对立的观点：一方面，庄国土[7]和 朱慧玲[8]都认同"推拉理论"。他们都提到，由于

---

① Thuno, M., Introduction, Beyond Chinatown: Contemporary Chinese Migration, in Thuno, M. ed., *Beyond Chinatown: New Chinese Migration and the Global Expansion of China*, Malaysia: Nias Press, 2007, p. 5.

② Skeldon, R., The Chinese Overseas: The End of Exceptionalism? in Thuno, M. ed., *Beyond Chinatown: New Chinese Migration and the Global Expansion of China*, Malaysia: Nias Press, 2007, pp. 35 – 48.

③ Wong, B. P., *Patronage, Brokerage, Entrepreneurship and the Chinese Community of New York*, New York: AMS Press, 1988, p. 48.

④ Skeldon, R., The Chinese Overseas: The End of Exceptionalism? in Thuno, M. ed., *Beyond Chinatown: New Chinese Migration and the Global Expansion of China*, Malaysia: Nias Press, 2007, p. 38.

⑤ Ibid, p. 44.

⑥ See, T. A., Influx of New Chinese Immigrants to the Philippines: Problems and Challenges, in Thuno, M. ed., *Beyond Chinatown: New Chinese Migration and the Global Expansion of China*, Malaysia: Nias Press, 2007, pp. 137 – 162.

⑦ 庄国土：《对近20年来华人国际移民活动的几点思考》，《华侨华人历史研究》1997年第2期，第1～6页。

⑧ 朱慧玲：《21世纪上半叶发达国家华侨华人社会的发展态势》，《华侨华人历史研究》2002年第2期，第28～34页。

“世界经济的不平衡”，中国人倾向于移民到发达国家。[①] 另一方面，又有大批中国人选择了欠发达国家，因为这些地方更容易谋生。[②]

很多研究都强调了移民的适应性、来自其他族群和当地主导文化的歧视以及其他各种困难和问题。

在意大利，华人移民在商业活动中极具竞争力。故而这个国家利用一些经济限制来约束中国的经济扩张和市场拓展，从而控制华人移民。[③] 异地落脚的难易程度取决于很多因素，诸如语言、歧视、就业、失业、家庭分离以及种族身份的重塑。[④]

斯卡诺（Ceccagno）[⑤] 指出，早期的华人移民在意大利起家，靠的是迎合了“同族人的需求，他们经营专为华人服务的项目，比如餐馆、百货、旅行社等”。根据斯卡诺的研究，意大利的华人移民已经建立起了“强大的种族网”，这种联系增强了“种族缔约和次级缔约的商圈”；[⑥] 华人商圈的重要地位和广阔市场威胁了当地人。[⑦] 同理，其他国家也因为华人移民和中国商品的涌入，产生了更多的竞争。[⑧]

通过研究德国的华人移民（尤其是香港移民），梁[⑨]总结出了三大主要特点：第一，华人移民不管在国外待了多久，乡愁都很难消散，比如，他

---

① See, T. A. , Influx of New Chinese Immigrants to the Philippines: Problems and Challenges, in Thuno, M. ed. , *Beyond Chinatown: New Chinese Migration and the Global Expansion of China*, Malaysia: Nias Press, 2007, p. 154.

② 葛剑雄等：《中国移民史》（第六卷），福州：福建人民出版社 1997 年版，第 131 页。

③ Ceccagno, A. , The Chinese in Italy at a Crossroads: The Economic Crisis in Thuno, M. ed. , *Beyond Chinatown: New Chinese Migration and the Global Expansion of China*, Malaysia: Nias Press, 2007, p. 116.

④ Lee, M. , A. Chan, H. Bradby, and G. Green, Chinese Migrant Women and Families in Britain, *Women's Studies International Forum*, 2002, Vol. 25, Issue 6, pp. 607 – 618.

⑤ Ceccagno, A. , The Chinese in Italy at a Crossroads: The Economic Crisis, in Thuno, M. ed. , *Beyond Chinatown: New Chinese Migration and the Global Expansion of China*, Malaysia: Nias Press, 2007, p. 117.

⑥ Ibid, p. 131.

⑦ Ibid, p. 132.

⑧ Ibid, p. 133.

⑨ Leung M. W. H. , Rethinking “Home” in Diaspora, A Family Transnationalized? A Lace of Nostalgia? A Commodity for Sale?

们会一直怀念家乡的食物；第二，中国和所在国，如德国，都发了“乡愁财”，如海外华人归国要买往返机票、家人跨国探亲等；第三，华人移民大都建立了种族商业，如语言机构、中国百货、中餐馆等。

但是，“当代的移民经济已经超越了狭隘的同族市场，而且开展了新的市场”①，比如伦敦的孟加拉镇②、纽约的中国城、悉尼的小意大利③和曼彻斯特的印度街④。他们不光在打“同族牌”，还在打“异域牌”。

霍夫斯戴德（Hofstede）⑤ 曾做过一个全球价值观调查。调查显示，巴基斯坦文化和英国文化处于两个极端。“英国文化强调个人主义，而巴基斯坦文化强调集体主义。”⑥ 但是，根据芬尼（Phinney）等人⑦的研究，父母和孩子，即第一代和第二代移民，在对当地文化和民族文化的同化上，存在明显差异，这个差异取决于他们对两个文化的融入程度。

艾瑞克森（Erikson）⑧ 提出，青少年将会遭遇身份危机，也就是身份困惑。确实，大多数生长在英国的华人，他们的社会行为、个人兴趣等，

---

① Dwyer, C., Diasporas and Economies, in Knott, K. and McLoughlin, S. eds., *Diasporas: Concepts, Intersections, Identities*, London: Zed Books, 2010, pp. 87 – 90.

② Mavrommatis, G., The New Creative Brick Lane: A Narrative Study of Local Multicultural Encounters, *Ethnicities*, 2006, Vol. 6, Issue 4, pp. 498 – 517.

③ Collins, J., Ethnic Diversity and Ethnic Economy in Cosmopolitan Sydney, in D. Kaplan and W. Li. eds., *Landscapes of the Ethnic Economy*, Lanham, MD: Rowman and Littlefield, 2006, pp. 135 – 48.

④ Barret, G. and D. McEvoy, The Evolution of Manchester's Curry Mile: From Suburban Shopping Street to Ethnic Destination, in D. Kaplan and W. Li. eds., *Landscapes of the Ethnic Economy*, Lanham, MD: Rowman and Littlefield, 2006, pp. 193 – 208.

⑤ Hofstede, G., *Culture's Consequences*, London: Sage, 1984, p. 45.

⑥ Cressey, G., *Diaspora Youth and Ancestral Homeland: British Pakistani/Kashmiri Youth Visiting Kin in Pakistan and Kashmir*, Boston: Leiden, 2006, p. 2.

⑦ Phinney, J. S., A. Ong, and T. Madden, Cultural Values and Intergenerational Value Discrepancies in Immigrant and Non-immigrant Families, *Child Development*, 2000, Issue 71, pp. 528 – 539.

⑧ Erikson, E. H., *Identity, Youth and Crisis*, New York: Norton, 1968, p. 101.

都更倾向于“英式文化”。[①] 根据古曼（Ghuman）[②] 的研究，在接受调查的亚裔英国人种，超过74%认为他们的祖国是英国，超过50%的人认为自己是英国人。

丁（Din）[③] 在书中写到易卜拉欣（Ibrahim）在1998年曾提出，语言是表示身份的一个重要的方面。同书中丁还提到，汤林森（Tomlinson）在1984年建议：

> 在犹太人、东欧人、印度人、巴基斯坦人和孟加拉人的补充教育中，对于母语和宗教身份的教育占据着很大的比重，可以说，这种安排背后的动机就是重获文化（和语言）身份的渴望。

克里斯（Cressey）[④] 在研究中发现：

> 在英国，很多巴基斯坦孩子的父母和他们自己都为了保护母语做出了有意识的努力。巴语课很流行，而且举家去巴基斯坦寻根旅游也是很好的保护语言文化的方式，还有助于家族在语言上的团结。

事实上，让这些第二代移民具备双语能力，不仅意味着他们能离自己的族裔文化更近，还意味着他们在今后的生活中更有竞争力。[⑤]

---

① Modood, T. et al., *Ethnic Minorities in Britain: Diversity and Disadvantage The Fourth National Survey of Ethnic Minorities*, London: Policy Studies Institute, 1997, p. 31.

② Ghuman, P. A. S., *Asian Adolescents in the West*, Leicester: The British Psychological Society, 1999, p. 90.

③ Din, I., *The New British: The Impact of Culture and Community on Young Pakistanis*, Hampshire: Ashgate, 2006, p. 181.

④ Cressey, G., *Diaspora Youth and Ancestral Homeland: British Pakistani/Kashmiri Youth Visiting Kin in Pakistan and Kashmir*, Boston: Leiden, 2006, p. 183.

⑤ Skutnabb-Kang, T., *Bilingualism or Not—the Education of Minorities*, Clevedon: Multilingual Matters, 1984, p. 34.

第二节 中国移民的家庭教育

关于中国移民家庭的教育，泰勒（Monica J. Taylor）① 曾就“英籍华裔家长对待子女教育”的议题做过一些研究。她在著作《在英国的中国学生》中写道：“中国家长的态度会受到他们自身的期望、自己的经历和对教育体制的理解的影响。”② 她也提到，中国家长把教育当作一种进步的方式，受到过良好教育的和对教育感兴趣的家长们会在孩子的家庭教育中扮演积极的角色。③

英国的华人社区由来自华夏各地的中国人组成。他们拥有不同的地方特色、生活经验和文化水平，其中有些是过上了中产阶级生活的中国知识分子。能够和这些人交谈，分享他们的人生故事，是一段非常难忘的回忆，也让人们对英国的华人社区有了更深的了解。

在卡迪夫一家以火锅著称的中餐馆，四位中国妈妈在一起畅谈教子经。她们的态度中多了一些怀柔政策，少了很多铁拳待遇。而以蔡美儿为代表的“虎妈”式教育显然没有受到她们的认可。“她的孩子们快乐吗?”这是她们抛出的一个质疑，另一个就是：“她想没想过孩子们怎样锻炼交际能力?”

纪晔是一个 9 岁孩子的母亲，她说：“我完全能够理解虎妈的教育方式，理解她女儿的成长，因为我就是被这样教育大的。我父母都是非常传统的中国家长，从小他们就不准我看电视，总是给我布置很多家庭作业和课后练习。”

“但是，人生的前 20 年里不应该只有学习。一个人能有多少个 20 年?对于很多孩子来说，本应充满快乐时光的第一个 20 年，却被压力和管束塞满了。”

---

① Taylor, Monica J., *Chinese Pupils in Britain: A Review of Research into the Education of Pupils of Chinese Origin*, Philadelphia: Nfer-nelson, 1987, p. 59.

② Ibid.

③ Ibid.

安吉拉·袁有一个8岁的儿子和一个4岁的女儿，她也觉得“中国的母亲们过于看重考试成绩了”。

在中国，学校更看重作为一个学生的全面发展，而不是作为一个人的全面发展。高考让学生们背上了巨大的压力，他们要和上千万的同龄人为了好大学里有限的名额比拼。重点中学可能离家很远，这就让一些学生不得不住校，或者为了没有熄灯的限制而在学校附近租房。他们生活的主题就是作业和练习。

严酷的竞争环境自然而然地催生出了虎妈们。有一些人即使移民到了国外，仍然保留了这种教育方式，但这些卡迪夫的妈妈们没有。

袁说：“课本里的知识远远不能满足一个人的全面发展。我就很鼓励我儿子看电视和上网。但是我会限制节目内容——只准看教育类的节目，不准看卡通。因为经常看《探索·发现》，他现在就很喜欢爬虫。孩子们需要学习和知道太多有意思的事情，看电视就是很好的方式。你只要设定界限就好——不准看成人片，不准看那些充斥着愚蠢笑话的卡通片。”

“说到上网，我儿子问我作业问题的时候，我会告诉他：‘自己去上网查，不要老是依赖我。’但是，现在中国孩子课后都不准看电视，唯一的伙伴就是作业。最令人匪夷所思的是，我在这边有一个韩国朋友，她儿子和我儿子同岁，居然从来没吃过麦当劳，而且他们家也没有电视机。这个小孩被管得太严了。他要如何扩展自己的知识面？”

还有的家庭只允许孩子看新闻，袁不仅反对这种限制，而且反对孩子看新闻：“孩子小的时候，我不让他们看新闻。因为这里的社会新闻都是讲黑暗面：每天都有他们这个年龄段的小孩被绑架或者被杀了。他们会不相信社会阳光的一面。”

教子观相对放松并不意味着对孩子的期望低。这些妈妈也都希望自己的孩子可以考上名校，找到好工作，有个好的伴侣。和全世界每个家长一样，她们希望孩子过上好日子。

“但是也不能说没考上牛津、剑桥就是失败者，”纪说，“有多少人能考上名校？虎妈式的教育又能增加多少上名校的可能性？千分之一？如果被虎妈教育了20年最后还是没考上名校怎么办？我希望我女儿是快乐的。即使她考不上牛津这样的学校，她依然可以过上快乐成功的日子，那我也会以她为傲。”

谁说虎妈的铁血政策是把孩子送到名校的唯一方式？饭桌上的一位母亲庞丽娜，她的儿子今年 18 岁，就读于剑桥；她还有个 13 岁的女儿在准备 A-levels 的考试。

她说：“我更重视我儿子的通识能力。所以大多数情况下，只要他感兴趣的事物，我都会支持。比如看电视，我就完全没有限制——新闻、科教、肥皂剧，只要是非成人影片都成。”

“首先，他可以扩大知识面，这是我们给他安排的练习达不到的效果。一次，他和我老公在看一个知识竞答。之后，我老公说：‘你儿子的知识面比我还要广。’我想这就是看电视的结果，也是他能被剑桥录取的原因。”

“第二就是培养交际能力。孩子需要和同龄人有共同语言，一些电视节目就是他们之间的热门话题。有好几次，我儿子回到家会主动要求看某一个节目，因为他的朋友都感兴趣。他需要看，这样才能加入讨论；不然的话，他就被孤立了。”

纪对此也深有感触：“没错，比如《神秘博士》，小孩子都喜欢。我女儿每天都看，然后再和同学讨论。这样很好，这就是他们的社交生活。”

但是也有家长不同意放纵孩子看电视。魏小芊就限制她 9 岁的儿子看电视：“科学研究说，看电视会影响小孩子的智力发育，所以我儿子每天看电视的时间不能超过半小时。”

“我对虎妈限制小孩子看电视没什么反对的，但我真的很反感她缺少对孩子的鼓励和尊重。我看到报道上说，她女儿小时候给她做过一张生日卡，她不但没夸奖她们，还斥责孩子。这个太残忍了。每个孩子都值得被尊重和鼓励。”

但蔡美儿并不是“斥责教育”的始作俑者。这个理念来自她的家庭传统。蔡美儿的父亲蔡少棠是加州大学伯克利分校电气工程与计算机科学系的教授，在自己的领域建树颇多。她至今还记得，八年级那年，自己在历史考试中得了第二名，学生和家长都参加了颁奖仪式。仪式结束后，父亲只对她说了一句话：“千万千万不要再让我像这样丢脸了！”

绝大多数人都会承认他是一个成功的父亲，把女儿们都培养成各自领域的佼佼者——二女儿美夏是耶鲁大学的教授，三女儿美文是哈佛大学的博士，连患唐氏综合征的小女儿美音也两次摘得残奥会游泳项目的金牌。

他的大女儿蔡美儿是哈佛大学的优秀毕业生，还是耶鲁大学的教授。更重要的是，他的教子理念被自己的女儿认可和传承。

蔡美儿正是用同样的方式教育自己的女儿索菲亚和路易莎。幸运的是，在索菲亚身上，她取得了成功，索菲亚同时接到了哈佛和耶鲁的通知书。但这能是一个不败定律吗？

“可能对他们家有用吧，还是不要滥用。每个孩子都是不同的，”庞说，“比如，我的一双儿女性格就截然不同。如果我想让儿子接受什么事，就可以通过劝导甚至强迫，让他尝试。试过一两次之后，他再做决定，而且多数情况他会同意我和他爸爸的建议。但是如果我女儿从一开始就不愿意，那就不用费心费力了。所以，你不能用同样的方法对待所有的孩子。”

同样，在2008年奥运会上为中国人所熟知的少年骑手华天，他和弟弟华明的性格就截然不同。父母的教育方式也因人而异——对华天会施加一些压力；而对华明，看到他眉头紧缩的时候，就连话都不敢说了，生怕给他增加压力。

纪也认为应该因人而异：“有的孩子就需要压力派的父母；而有的孩子就会反抗，比如我女儿。你越严格，她就越反抗。我自己就是在严苛的家教中长大的。所以我非常反感这种方式，更不愿这样对待我女儿。”

其他的母亲也觉得，蔡家的“斥责政策”之所以能成功，恰恰因为他们家的人适合这种教育方式。但教育没有万能的公式，就像庞说的，每个孩子都不同。

纪认为，对于很多孩子来说，这种教育方式是伤自尊的，最坏的结果是，他们可能会自暴自弃。

“即使她女儿现在很成功，也不代表她们之后没有独立生活和社交上的困难。因为她们的前20年都是在母亲精确的设计下度过的，而且没有自由的社交生活。她不满意女儿为她做的生日卡并训斥她们的事儿，我永远无法理解。我们必须尊重孩子。”

羞辱确实很令人沮丧，在压力中成长的孩子们通常会更敏感。严格是一回事，而羞辱是另一回事。

另外，即使家长们再怎么干预孩子的社交生活，也不能让他们完全脱离。完全没有社交经验的孩子进入环境相对轻松的大学时，会很容易感到迷茫，迷失在久违的放松中，或是放纵在自己垂涎了很多年的“新鲜事物”中。

还有一个流传甚广的轶事。虎妈又一次强迫女儿不停地练钢琴，期间不许喝水或去厕所。这种“听话”的代价是什么，是和母亲的关系还是和音乐的关系？这四位母亲都有自己的疑惑。

“我当然希望女儿可以上名校，”纪说，“但我更重视两件事——她是快乐的，而且她不会放弃生活。名校属于少数人。她可能以后上不了名校，但她仍然可以活得快乐。快乐是人生最重要的事。而且我要求她不准放弃，不管发生了什么，都要继续尝试，并自己创造机会。”

袁又加了几句：“所有的家长都希望自己的孩子可以进名校，但是尖子生是少数。而且能进名校只能证明他是个好学生，并不能证明其他的素质。我老公没进过什么名校，但他仍然很成功，并且过着很快乐的生活。学校不是整个世界，也没法给未来以保障。一个人的个性更重要。”

不仅蔡美儿要求女儿学习钢琴和小提琴，很多孩子都在家长的安排下学习了不止一种乐器。在座的有 3 位妈妈的孩子都在学习乐器：钢琴、小提琴和笛子。有些孩子是自愿自觉，有些开始并不感兴趣。

魏分享了她老公的引导方式：“我老公是个德国人，他有一些欧式的教子方式是我非常欣赏的。他在我儿子很小的时候就带他去听各种音乐会和歌剧，希望在孩子和艺术之间建立联系。他成功了。我儿子被《唐璜》中的笛子独奏深深地吸引，回到家就要学吹笛子。而且他是那种一旦决定了，就会付出全部热情和努力的孩子。”

袁用的则是利诱的方式。她解释说：“我儿子开始的时候一点也不喜欢钢琴。但是我不想他立刻放弃，所以我就拼命找他的优点，用‘你很有节奏感’之类的话鼓励他。而且我会在他表现好的时候奖励他一个棒棒糖。现在他真的喜欢上弹钢琴了。”

“不管你多想让孩子做哪件事，千万不要逼迫得太紧。我以前有个朋友，就是因为家长整天逼着她学习，自杀了。”

一些中国妈妈在西方的环境下会不那么严厉，是因为她们嫁了外国人。这些非华裔有自己的理念，而且有时候和中国传统的理念完全相反。在此，有两个妈妈都嫁给了欧洲人，一个是英国人，一个德国人。她们都承认，不同的文化背景让他们在教育孩子的时候产生了诸多分歧和矛盾。但没有人像蔡美儿那样和丈夫签一个育儿协议，让对方不要插手。她们都尝试说服丈夫，并在双方的妥协中达成共识。

袁说："中国的小孩就是朝着顶尖级培养的。但在我看来，英国的家长更关心孩子的健康，保护他们远离压力。"

"我在 Newport（威尔士的一座城市，毗邻卡迪夫）的一所小学教书。有时候，我会布置一些作业，要求学生在家长的监督之下阅读文章。而我班上 70% 的学生都不会做这个作业。在我眼里，这些英国家长真是不太关心孩子的课业。"

"我自己的丈夫也是其中一员，他非常反感给孩子布置课后练习。他认为孩子上了一天学，回到家还要做课外作业，太不人道了。但是我告诉他，我的教育经历不允许我的孩子回到家不做作业。我们不仅要做各种作业和练习，还要上很多辅导班。这种教育方式已经流淌在我的血液里了。现在他完全理解了我，而且相信我的方式是有益于孩子的。他不仅不再和我吵架，还帮助我监督他们。"

"让我吃惊的是，英国的孩子们睡觉实在太早了。我老公认为我们的孩子应该 7 点半就睡觉。而这里的孩子最早的就寝时间是晚上 6 点半。到了 8 点，几乎所有的英国孩子都进入了深度睡眠。所以，即使我给自己的孩子布置一些作业，也从不会让他们像中国孩子那样熬夜。我老公和我终于在家庭教育上达成了共识。"

魏的儿子和袁的儿子同岁，他们的故事却不尽相同。"我老公是德国人，比英国人要严肃得多，但我们之间还是有区别。他也认为课外作业太过分了，所以每次我一让儿子学习，他就让他快去玩。但后来，儿子的老师找到我们，要求我们在家里做一些辅导。这下我老公才意识到家庭作业的重要性，开始配合我。"

这些母亲们都承认，她们的教育方式无可避免地受到了当地文化的影响。但她们发现，英国的教育也融入了越来越多的中国元素。很多家长都想把孩子送到私立学校，接受更好的教育。

袁说："所谓私立学校的优质教育其实就是中国式教育。那里的学生每周都会多上 7 个小时的课。'越努力越成功'就是真理。"

纪住在英格兰，她在分析英格兰和威尔士的教育时说："通常英格兰的教育质量是超过威尔士的。这里存在一个明显的差别：威尔士的学生们没什么家庭作业，而英格兰的学生每天都会有 1 个小时的家庭作业，和中国学生一样。”

虽然她们聊得不亦乐乎，但都声明仅仅是一家之言，绝对不代表任何华裔母亲。她们甚至指责，自称代表中国妈妈是让人不能忍受的无礼行为。

“谁允许她代表了？每个人都有不同的文化背景和生活经历，所以自然有不同的人生理念和教育方式；再加上每个孩子都是不同的。虽然中国家长的教育方式有共通之处，但绝对没有标准模式。”庞说。

在回家的路上，袁邀请魏和纪的家人去参加她儿子的生日聚会：“你们不知道他多喜欢爬虫，所以我专门请了一个收集爬虫的人来表演。他会带很多奇怪的爬行动物，什么百岁乌龟、巨型蜥蜴啊。带你们的孩子来吧，一定很好玩。”

魏盘算了一下最近的日程安排：“我们那天要带儿子去听音乐会，尽量吧。”

第三节 中国移民在居住国的调适

西蒙·于来自广东的一个小村庄，十五六岁时就到了英国。从到英国的第一年起，他就一直待在中餐馆工作。“中餐馆的工作，每天都特别漫长、辛苦。”在一次回国探亲中，于遇到了现在的妻子。现在他们一起在卡迪夫的一家中餐馆打工养家。来了十几年，于仍然觉得讲广东话比英语或普通话都要舒适自如。

“如果我可以在家乡谋生，我绝对不会出国。在这里，我生活得孤独寂寞。我所有的努力都是为了给我的妻儿建立舒适的生活。我希望可以在女儿长大独立以后回中国。”西蒙·于说。

他的妻子温蒂·于说：“我老公在这里有一些亲戚，但我们很少有家庭聚会。在这个国家，只要你努力工作，就能靠自己生存，甚至过上小康生活。工作已经累死人了，所以我们大部分空闲时间都在家休息。即使在春节，也是小家庭各自庆祝。”

于的一家，是一大批移民的典型。他们大多来自香港或广东的农村，家里有亲戚早年移民英国。他们在十几岁的年纪来到英国，此后便一直从事餐饮业。到了适婚年龄，就回老家找个老婆，一起到英国来生儿育女。他们的工作不太需要与人交流，社交圈都相对较小。尽管到了英国十几年，仍然觉得孤独。

下面要讲的三段故事用第一人称叙述，三个主人公在不同的年代来到英国。他们当初都是留学生，因为各自的原因留了下来，情愿或者不情愿地过上了现在的生活，成为别人眼里的成功人士。

威廉·王一家住在北爱尔兰的首府贝尔法斯特，是北爱尔兰首家中国连锁自助餐厅 China-China 的老板，几乎是第一个将自助餐带进贝尔法斯特的人。他的成功不仅一路跌宕，更是上帝给他的人生开的一个大玩笑。

我从未想过要在这个国家开餐馆，现在回过头看看，这一路就是一场噩梦。

2001 年，我到英国读硕士。在我们来之前，我和妻子在北京都有很好的工作。我在一家港资企业，我太太在一家美资公司，都需要用英语和上司交流。渐渐地，我们感到英语不够用，而且这将成为我们升职路上的障碍。所以我们决定出国留学，而且计划一毕业就立刻回国，继续在外企工作。

当时我们的经济基础根本不足以支付两个人同时上学，所以我先读，在杜伦（Durham），我妻子在中药店打工；之后她在纽卡斯尔（Newcastle）读书的时候，我主要在中餐馆打工。这是华人打工的两个热门行业。等到我们都毕业了，我妻子也怀孕了。那时就更急着回国了，我们希望在中国生孩子。但那年是 2003 年，国内在闹 SARS。我们去找社区医生咨询，他建议孕妇最好不要上飞机。我们只好多待了一年。

等孩子生下来，长得稍微大一点，我又开始急着回国。但我们一到家，女儿就开始生病。而且我们一直都没有找到满意的工作。我接到的唯一一个看起来不错的录用要求我到上海工作。但我们整个大家庭都在北京，我推掉了那份工作，开始考虑是不是回英国。

正好，当初我在纽卡斯尔打工时遇到一个中餐馆的老板，他在苏格兰开了餐馆，给了我一份工作邀请。我曾考虑过是不是放弃，因为他的合伙人背景都比较杂，还有的人有过犯罪记录，但是工资真的挺高。

我一直都不喜欢这份工作，但我要养家。所以我是个反面教材——没有坚持自己的理想，却屈服于命运。这些年我也觉得无助。我实在不甘心一辈子就是个开餐馆的，但我也无法保证自己可能从事更好的职业。

我为他工作了5年，这5年间，他拥有了3家餐厅，包括在威尔士的卡迪夫也有一家。但我们还是分开了，一个是因为钱，一个是因为他们的为人处世。其实纠葛的根源是我们从一开始就没签合同。我赌的是交情，不过我输了。

按照当初说定的，我是餐馆的合伙人。5年后，我和他斩断一切关系，拿着钱出来单干。当初我们唯一没涉足的地方就是北爱尔兰。除了这个原因，我也做了一番市场调研，最后决定来北爱尔兰开始我自己的生意。现在我已经有了4家餐馆。

(尽管生意成功，王并不愿意在华人圈或者北爱尔兰的商圈有任何影响。之前的经历，让他不愿意涉足任何协会或圈子。)

大部分的协会都是由香港人发起的，主要成员也是香港人。我是大陆人。两类人之间的文化差异非常明显。而且我也不想再找麻烦。餐馆刚开业的时候，生意很好，立刻惹来了同行的不满。其实我从未想过和他们竞争，选的也是之前没有的自助餐形式。但他们还是觉得自己的生意受到了影响。我是真的在躲是非。可是哪怕到了今天，我仍然能听到一些闲言碎语，诸如“你来了之后，隔壁又有一家餐厅倒闭了”。实在无聊。

(王不仅和华人商圈疏远，和华人圈、当地人都保持距离。)

我也有自己的社交圈，主要是员工和我的合作商。当地社会的不公平始终是存在的。那些当地人的歧视虽然不明显，但从他们对待我们的态度，你能感受得到。我不是个敏感的人，这种歧视千真万确。

比如，每个星期，都会有人在我们这儿“吃霸王餐”。有的人故意把头发放在盘子里，以此拒绝付账；有的说脏话、举止粗鲁。这些在西餐馆都很少发生。每次我们都会叫警察，但每次都不了了之。当然，大部分的客人都是好的，不然生意也没法做了。

虽然这一路走来不顺利，但我有一个信念——我相信在英国，只要我工作努力，有一副好心肠，我就能过上好日子。这是一个公平、讲道德的社会。我对这里的社会体制没有任何抱怨，很知足。

只是我很不满他们对中国人的普遍评价，但这很难改变。这里的媒体没有给华人树立正面的形象，而且有少数国人也一直在做不争气的事。所以我才过得相对离群索居一些。

现在我的整个生命都扑在我女儿身上。我希望她将来能够做和自己专业相关的工作，不要像她爸爸，做和理想、专业完全无关的事情。既然她生长在英国，我也希望她能够很好地融入这里的社会。

我很难融进去。在这里我的社交圈比在北京小得多。这样也有好处，生活变得安静、简单，质量提高了。我现在就是努力工作，给家里买新房子，给老婆买新车，送女儿去最好的私立学校。这对于一个男人来说，已经很满足了，不是吗？

托马斯·陈：对一个男人来说，让自己的家庭过上好日子就足矣。但对于在英的华人社会来说，独善其身则远远不够。太多的华人选择远离主流社会，过自己的小日子。但这个庞大的少数民族需要自己的代言人。英国首位华人市长托马斯·陈就是这样一个人。他是保守党议员，曾任伦敦红桥区（London Borough of Redbridge）的市长。

1977年，我从香港到英国读本科，在米都色大学学习社会科学。毕业以后，我在坎登区（Camden）的接待中心找到了工作，专门为越南难民提供社会服务。两年半以后，我从坎登搬到了哈克尼（Hackney），作为一名联络官帮助华人社区建立了一个救助中心。到了2001年，我开设了一个“多样化和公平性培训咨询中心”，给那些需要处理多种族事务的工作者提供咨询服务。

除了做社会工作，我也做生意，但和别人不同的是，我在政治上很积极。1989年，我就加入了保守党。从1990到1994年，我是伦敦红桥区的议员。之后，我离开了议会。12年后，我回来了，一直任红桥区议员至今。

很多华人在这边都融入得很好，但他们对政治不感兴趣。我们区有63个议员，亚洲人本来就是少数，其中有20个都是印度裔或者巴基斯坦裔。1990年，进入议会时，我就是唯一的华人；到了2006年我回来，还是唯一的华人。

其实做议员不是个讨喜的工作，比别人工作的时间长，报酬还更少。

这是个兼职。我们经常晚上7点开始开会，有时11点才能结束。工资在1万英镑左右。除了议员工作，我还在做食品安全培训和国际贸易生意。2008年北京奥运会之后，我带领一个伦敦商务团到北京考察。

我从政和自己的经历是相关的。在大学，我学的是社会政策，毕业后从事的是社会工作。那时候我就发现自己对社区工作很感兴趣。这个工作让我和很多家庭有了交流，并在他们之间拴上了纽带。我们从方方面面帮助他们，比如为他们找住所、帮助孩子找到合适的学校、建立老人院、为需要帮助的人募款等。我们的工作让成百上千的人受益了。所以我决定从社会工作转向社区工作。当我加入政党之后，就顺理成章地进入了当地的政治圈。有意思的是，虽然华人自己不愿意站在台上，却很支持我。他们更喜欢在幕后，然后由我做他们的代表，所以代表在英的华人社区成了我的责任。

我选择保守党也是同样的原因。对我而言，大多数的工党成员都是社会主义者，但我不是。我觉得保守党能更好地改善民生，这正是华人社区所需要的。

我们要先参与，才有机会发出自己的声音。给你举个例子。

1998年，工党为改善英国的种族关系，举办了一个30人的种族关系论坛。我作为保守党成员，是那次论坛上唯一一个代表华人的人。2000年6月多佛（Dover）惨案发生。58个来自中国福建的非法移民在去多佛的路上，闷死在一辆卡车的后车厢里。年关将至，他们的遗体都还没有下葬，我对此非常担心。于是我联系了移民局和中国总领事，发现他们竟然还在英国。中英双方为了谁该付钱送遗体回国争执不休。一方面，当时的外交大臣罗宾·库克（Robin Cook）认为，中国应该为自己国家的受难者付款；另一方面，中方则坚持，不为非法移民买单。

在那一年的论坛上，我见到了内政大臣（Home Secretary）。我在午休的时候和他讨论了这件事，并建议他为这58个受难者负责。如果这些人到了春节还不能入土为安，那么这件事势必会被舆论推到风口浪尖。最终，英国政府在2001年1月，将受难者送回了故土。

你看，我们不必是大人物。只要能有机会开口，就可以有所影响。我甚至没有在会上发言。现在你可以理解华人参政的重要性了吧。只有你的声音被听到，你的需要才能被满足。中国的大使馆是很有帮助，但对和当地人休戚相关的地方政策也爱莫能助。所以在英的华人们要积极加入当地政坛，为自己说话。

（尽管陈自己活跃在英国政坛，并且鼓励别人也不要总是躲在幕后，他的孩子们却都有不同的目标。和很多第二代中国移民一样，他的一双儿女生长在英国，都从事着主流社会的工作。）

我的儿子在IT业，女儿做销售。他们和我一点也不一样。他们已经是主流社会的一部分了，并不觉得自己和当地其他的英国人有多少分别。

谷师垠：一个在英国小有名气的摄影师，和BBC、《国家地理》等知名媒体多有合作。他是一个社交高手，融入当地社会对他来说似乎没什么难度。

1999年，我在湖南的一所重点高中毕业后，来英国读了一年“高四”(A-levels)。一年后，我考上了曼彻斯特大学。在读书期间，我就发现自己喜欢摄影。毕业后，我为中国的《体坛周报》做欧洲的摄影记者。工作了4年，我有了自己的工作室。

我有很多朋友都不是中国人。尤其是刚到英国的那几年，我做了很多努力，尽可能地远离中国人。我看到太多的中国同学，在英国几年了，还是留在中国圈子里。最常见的就是几个中国人合租一栋房子。他们是在浪费生命。如果这么想讲中国话、和中国人过日子，来英国干什么？

大学3年，我都住在学校宿舍里，和来自不同国家的同学交朋友，参加各种活动。我从中了解了各种文化，自己的人生也更加多彩。

通常我们是不允许在一个宿舍连住3年的，但每栋楼都有学生宿舍委员会，根据规定，委员们可以保留自己的宿舍。我非常喜欢自己的宿舍，为了不搬出去，我参加了委员会的竞选。当时我就想找一个竞争最不激烈的职位，就是宿委会主席——只有前主席一个人竞选。所以我就选了这个，然后我赢了。

任宿委会主席的那些年非常难忘，它对于我的社交能力和社交圈的扩展都很有帮助。每一个委员会每年都会分到一笔基金，用于宿舍活动。如果委员会没能很好地利用这笔钱，那么下一年就分不到了，所以我们就要想方设法地组织一些集体活动。

在我所有组织过的活动中，最成功而且最有影响力的有两个。第一个是我们在委员会办公室开了一个小超市，这样同学们就可以足不出户买到日用品，尤其在晚上和阴雨天，宿舍超市的优势就显现出来了。很快，其他宿舍楼的同学也来光顾我们的超市。另一个是我们定期组织同学去大型超市购物。这些超市一般都在离宿舍很远的郊区。我们和超市合作，租了一些大巴，每隔一周就接送同学去一回。这个活动更火，其他的宿委会纷纷效仿。

（不管是出生在英国的或是留学过来的，很多中国人一开始都会主动和白人做朋友。但时间一长，他们又回到了华人群体。他们厌倦了酒吧文化，开始想念中国食物，想念和中国朋友亲密地聊天。谷是个例外，他喜欢体验多元化的生活。）

来英国10多年了，我现在的交际圈是一半对一半。对于我来说，来自哪个国家都一样，我对文化背景没有特殊偏好。关键是我们在一起的时候做些什么。和中国朋友聚会的时候，大都是下了班吃个饭，打个麻将；和其他国家的人，就会有不同的乐趣，泡吧比较常见。我在大学有个英国好友，我曾经连续3年在他们家过圣诞节。现在我的房东是个印度朋友，他有两个兄弟，他妈妈说我就是他第四个儿子。我们相处得非常好。

对于任何人来说，融入另一个文化都需要做出一番努力。当然这不是必要的，融不融入由自己决定。每个人都致力于扮演好自己的社会角色，尽量过得平和，知足常乐。他们有遗憾，也有梦想。他们中有的刻意和主流社会保持距离，有的积极融入，还有的试图参政议政。

第四节　英籍华裔的自我身份认同

生在中国、长在英国的人，是撷取了两国之精华，还是遭遇了身份危机？听听“过渡的一代”如何直面这些矛盾。

谷师垠的父母可能会后悔在他未成年的时候就让他独自一人来到英国。他辜负了父母的期望，没有成为一名建筑师，先是在大学学了计算机，最后成为一个摄影师。在中国，这算得上是忤逆了；但在英国，这根本不算越轨。对于当时的谷，这个从湖南来到曼彻斯特的18岁大男孩来说，这是在大声宣告自己独立了。

中国的孩子们习惯了父母为他们做一些重大的人生决定，比如读哪所学校，从事什么职业，甚至选择什么样的伴侣。

谷希望过另一种人生，一种独立思考的人生。

1999年，谷毕业于湖南的一所重点高中，来到曼彻斯特。大部分的高中毕业生都会直接考大学，然后读一年预科，但是他选择读一年“高四”(A-levels)。

他解释道：“从国内考过来，一般都不能上什么好学校。所以我决定再上一年高中，对当地环境和学校、学科有了更全面的了解以后，以本地学生的身份一起高考。既然都要过一年才能正式上大学，为什么不让这一年过得更值呢?”

谈起父母的期望，谷笑了笑：“我爸妈快要气死了。我父亲是国内的建筑学教授，他希望我可以子承父业。可是我一点都不喜欢建筑，我喜欢计算机，所以本科学了这个。但大三的时候，我发现自己对数码相机和摄影着了迷。毕业前，我们要实习一年。我去了一家金融公司，实际的工作更坚定了我想成为摄影师的信念。这个职业有趣，而且符合我的人生哲学。我非常享受现在的工作和生活。我的上一单活是去西班牙，我在那个国家生活了一个星期，体验了当地人的生活，圆满地完成了工作。”

“我的父母也经常向我唠叨谁谁升值了、加薪了、买车买房了。恭喜他们。但是我也可以自给自足，而且我不用朝九晚五地困在格子间里，也不用因为有限的假期一再推迟自己的旅行计划。”

高中选学科、大学选专业，都是人生早期面临的重大抉择。这时候，父母的意见很有分量。而且这个决定可能决定一个人之后的人生方向。谷是完全自己做主，而他的朋友史蒂芬·赖和妻子米歇尔·王则试图用选择一个不讨厌的职业来取悦自己的父母。

29岁的史蒂芬，在1995年的时候全家移民到英国。他回忆起10年前：“我爸爸没有受过多少教育，所以他非常羡慕那些学识渊博的人。带着陈旧的观念，他希望我可以成为一个医生，一个享受较高的社会地位的知识分子。但我实在不擅长医学，他勉强让步，改为让我学习药剂学。”

“不幸的是，药剂学对我来说是世界上最无聊的学科。大三的时候，我顿悟了——如果我继续学这门课，要么无法毕业，要么后半辈子都以自己讨厌的事情为生。所以在毕业的前一年，我退学了。然后我直接申请了金融学的硕士。现在我是一个会计，这个工作意味着高薪和舒适的生活。更重要的是，尽管我也不怎么喜欢它，至少我不讨厌它。我做了一个勇敢的决定，挽救了自己。”

他的妻子米歇尔·王当初也面临同样的困境，但她在大方向上并没有偏离父母的期望。米歇尔来自江苏省，2006 年到英国读硕士。“我爸爸是位艺术家，但他却不让我学习任何和艺术相关的专业。他觉得如果我从事这个行业，会活不下去。所以我按照他们的要求选择了经济学。”

“我一点儿也不喜欢经济学，所以来英国的时候，我申请了法学硕士。但是想成为一个合格的律师太难了，我只好再次放弃。现在我也是个会计。这个工作不错，对我来说不讨厌。”

当然，也有的人对父母的安排甘之如饴。贺世奇，25 岁，来自苏州。9 年前，他被父母送到英国读 A-levels（相当于中国的高中课程）。现在他已经从卡迪夫大学的会计与金融硕士专业毕业。

他说：“在中国初中毕业后，我到了英国，先读了一年语言学校。第二年我面临 A-level 专业的选择，这个选择可能直接影响今后的人生方向。那时候还太年轻，是妈妈帮我选了会计专业。幸运的是，我不但不讨厌，而且学得不错。”

这四个人很有代表性。他们都是 80 后，已经在英国生活了 10 年左右。虽然都是第一代移民，和其他直接来读硕、工作的不同，他们在英国都经历了一个成长阶段。

比起第一代移民，他们多了一些西方的思考方式。在做决定的时候，他们更多地考虑了自己的兴趣。多年的独立生活，让他们比起国内的同龄人更加成熟。

从另一个角度看，他们又和第二代移民不同。BBC 们（British-born Chinese，指在英国出生的中国人）从出生就在英国，他们和“过渡的一代”之间的区别，不仅在于对母语的掌握，还在于流淌在血液里的中国的价值观和文化传统。可以这么说，“过渡的一代”是带有英国特征的中国人，而 BBC 们则是有中国特色的英国人。

史蒂芬夫妇和谷是密友，他们的圈子里都是中国人。这种小圈子在英国很常见。很多中国人和来自其他国家的人共事、交友，但最亲密的死党还是中国人。不仅是“过渡的一代”，很多第二代移民也是如此。

克里斯·梁是个 BBC，他是社区医生。很少有中国人从事这个职业，但他的朋友圈里主要是中国人。他说：“小的时候，除了家人，我几乎没见过几个中国人。但当我进了大学，就不一样了，我开始和这些长得和我相像的人交往。我发现，我们喜欢同样的食物、同样的活动——相聚在其中一个人的家里，做中餐，边吃边聊。这比泡吧更能让我放松。渐渐地，我开始学说广东话。可见不管我在哪儿长大，我都是中国人。”

“这样的英籍华裔很多，”史蒂芬说，“除了这种血脉联系，还有一个原因促使我们交中国朋友——很多父母坚持，孩子必须和华裔结婚。比如我的一个表姐，就因为男朋友不是中国人，被家里逼着分手了。”

庞丽娜，是一个现居于卡迪夫的中国妈妈，有一个 18 岁的儿子。她也表示，虽然自己的儿子不讲中国话，对中国也不感兴趣，她仍然希望以后可以有个华裔儿媳妇。“我不打算强迫他，但已经开始慢慢向他灌输：华裔女孩才是最佳选择，因为我们有相同的文化背景和生活习惯。”

魏小芊，也在卡迪夫工作、生活。虽然儿子只有 8 岁，她已经有同样的考虑：“虽然儿子还小，我也希望以后能有个华裔媳妇。因为我们自己是中国女人，更了解中国女人——温柔、孝顺，是最佳媳妇。”

安吉拉·袁，嫁给了一个英国老公，虽然家庭幸福，她竟然心存后悔：“如果重来一回，我会嫁个华人。虽然我和老公过得很好，但我老公和我父母一点交集都没有，语言障碍没法交流，饮食习惯也不同。每次父母来看我，家里的气氛就非常尴尬。”

中国文化又被称为“食文化”，所以这些人在谈论社交的时候，一再提及饮食因素就理所当然了。很难想象无法一桌吃饭的人，坐在一起亲密地聊心事。

“这和我们的国籍无关。”李萌萌说。他来英国十几年了，现在在曼彻斯特开了一家公司，从事进出口业务。“我可以和英国朋友一起泡吧、喝酒，但我不喜欢，单纯地不喜欢这种娱乐活动。但这就是他们的生活。”

“在英国做生意的美妙之处就在于我们不必应酬。有些合作伙伴，我甚至见都没见过，远程通讯即可。在这个社会，工作和生活分得很开。工作时间之外，我可以尽情享受家庭生活，和中国朋友一起吃饭、打麻将。”

李的妻子伊娃·刘，在曼彻斯特做博士后项目。她2003年来到英国读医学硕士。回忆起刚来英国的日子，她笑道：“先读了一个月的语言，那时和中国同学一起住。很快，我意识到，在英国和中国人一起学英文，就是浪费生命。语言课结束后，我立刻搬出来，住进了一个没有中国人的宿舍，把自己完全浸没在英语的环境中，主动参加欧洲人举办的各种派对。”

“差不多两年的时间里，我几乎没讲过中文，英语突飞猛进，人完全融入了欧式的生活中，甚至和一个英国人订了婚。后来，我受邀参加了一个华人聚会。在那里，我重拾中文。那天我讲了很多话。忽然间，我发现自己那么怀念中文，怀念中国的朋友，怀念和中国人在一起的生活。现在我也有很多其他国家的朋友，但说实话，我还是觉得和中国朋友在一起最亲近。”

很多中国人在到了英国的头一两年，为了学英文、了解当地文化，都会有意地疏远中文环境。很多中国的家长强迫自己的BBC孩子学中文。一些父母因为孩子拒绝讲中文头疼不已。还有一些BBC们只能说支离破碎的中国话。

但几年以后，这些“过渡的一代”和BBC们又会重拾他们和中国的联系。可能因为厌倦了泡吧，可能因为想找几个能一起享受中餐的朋友，也可能只是因为想说中文了。即便他们和中国的交集少之又少，但和中国的联系始终割不断。

安娜·陈是中英混血儿。她的父亲是新华社首位驻外分社的社长，母亲是伦敦人。安娜是英国文化圈的名人，除了撰写专栏、为BBC做广播节目，她还是英国华人剧院的演员。她一句中文都不会说，只在少年时到过中国一次，但她经常在文章和戏剧中表达对中国的关心。

“很遗憾，我不会讲中文了，”她说，“小时候爸爸教过我，但我一直是社区和学校里唯一的中国人，没有多少机会练习中文，就渐渐忘了。但以后我有了孩子，一定会让他们学中文。”

“我和中国的联系是与生俱来的。虽然对中国的印象已经淡了，但是我在英国的舞台上表现中国文化，尽最大的努力在文章中客观地介绍中国。我还曾因为公开斥责《卫报》对中国的不公正评价，被他们封禁。希望有一天，我可以重回中国。”

通常人们可能假设中国移民很难融入主流的英国社会，但历时半年的调查研究表明，大部分的中国移民都能够很好地适应在当地的工作、生活和社交。之后，他们会有选择地留在或退出英国的社交圈。

从社会地位和职业的角度看，知识分子移民几乎全部都能够融入当地主流社会，甚至成为中产阶级。虽然很少有人能进入上流社会，但至少他们全都是白领阶层。

即便不是知识分子，这些中国移民也都成功地过上了自给自足的生活。他们的经历证明，只要努力工作，就能在英国过上小康生活。而知识分子们可以走得更远，他们已经在学术界、金融界、商界甚至主流媒体和政坛占据了一席之地。

当谋生不成问题之后，中国移民开始致力于让英国的华人社区有影响力。他们开始走上舞台发出自己的声音，为自己争取更多的权益。他们也为中英两国的文化交流搭建了桥梁。同时，自己也因两国的贸易而获益。

从社交生活的角度看，由于语言、文化和民族特性与英国人相去甚远，中国移民很难彻底融入当地社会。即便是自小生长在英国的中国人，很可能也会因为和中国的天然联系，在接触了一批中国朋友后，重新定位自己并重组自己的社交圈。

从家庭教育的角度看，尽管中国妈妈仍然保留了很多中国的教育理念，比西方家长更加严厉，但很少有人会选择虎妈的教育方式。相反她们会利用英国相对宽松的竞争环境，让孩子的成长少一些压力，多一些乐趣。

总的来说，融入当地主流社会，并在中国的民族特征和英国文化之间取得平衡，对于中国移民来说并不困难；反倒是和中国的血脉联系，让他们主动选择了中国的社交圈，保留了中国的文化传统，延续了华裔家庭传统。

第十一章

全球化与中华医药

文化全球化并不是什么新鲜事物，早在哥伦布踏上美洲大陆的那天起，坚船利炮和血腥的资本原始积累就为欧洲文化的长驱直入扫清了道路。这就注定文化全球化一开始就有浓重的火药味，并且和殖民主义有着千丝万缕的联系。所以，文化全球化概念中有个重要的维度就是文化帝国主义，它让躲在“全球化”这个看似互惠互利的名词后面的权力推手站到前台。《全球化百科全书》这样解释文化帝国主义：“庞大的、占主导地位的、在经济上发达的强势文化常趋向于以一种殖民的方式推广和散布它们的文化产品、习俗以及价值观，最终造成了对较小的、经济上较弱和处于弱势的文化的压制。”①

20世纪初的中国，文化全球化便是以一种单向度的傲慢姿态展开的。如果说新文化运动前，中国的精英群体对自己的文化身份还非常明确、有根可寻，并且还带点和西方叫板的民族情绪，诸如“师夷长技以制夷”、“中学为体，西学为用”、“保国、保种、保教”之类的口号，到了1915年的新文化运动，就只剩下供奉“德先生”、“赛先生”的全盘西化的路数了。新文化运动的“新”不在于引进了什么西学新理念（相反，他们推崇的科学主义在同时代的西方正被批判和反省），而在于试图用一种殖民者的文明对被践踏的中国进行一次大换血。这本应该出现在西方列强的文化扩张计划书中，却不想被中国的文化精英自告奋勇地担当了。这种文化自戕在世界上也怕是绝无仅有的了。当年的激进甚至到了灭汉字的程度，不惜声讨汉字为“结核病菌”、“愚民利器”，甚至斥之为“最龌龊最恶劣最混蛋的中世纪的茅坑”，并要求全体改用拉丁文，一副不整死中华文明不罢休的架势。取缔中医事件也就在那种疯狂浪潮下被推到了风口浪尖。

第一节　近代中华医药的衰微

1871年，日本开始推行全面西化的医药政策，于1895年成功废除了

---

① ［英］罗兰·罗伯逊编，王宁编译：《全球化百科全书》，南京：译林出版社2011年版，第149页。

汉医。这为新文化运动消灭中医提供了成功的范例。中医成了“旧”医，成了需要砸掉的旧瓶中的一个。众所周知，新文化运动主将集体对中医不感冒。鲁迅因为中医治不好他爹的鼓胀病又耗财拖累家境，每每在杂文和小说中诋毁有加，“中医不过是一种有意或无意的骗子”。虽然在鲁迅的经历中，我们有必要为清末庞大的庸医队伍反思中医师的管理体系，不过留学日本学西医的鲁迅不会不清楚当年西医对鼓胀病也是束手无策。傅斯年曾说：“我是宁死不请教中医的，因为我觉得若不如此便对不起我所受的教育。”[①] 这个奇怪的逻辑解释了当年文化精英普遍对中医深恶痛绝的原因。废弃中医和中医本身的好坏无关，关键在于它属于中国“旧”文化。也就是说，在当时，西方文化和中国文化是你死我活的二元对立，西医中医之间有着斩钉截铁的分界，选择西医便是站在新派的阵营，代表科学、现代、先进。这点在胡适身上表现得淋漓尽致。

胡适没有傅大炮的爱之欲其生、恨之欲其死的刚愣。他比较圆滑，他曾为争得更广泛的同情和支持而温和地撤去“全盘西化”口号中的“全盘”二字。1920 年秋天，他得了一种病，“一用脑脚底就痛，说是脚气病，但据西医诊断为心脏病”[②]。百般治疗多有恶化，性命攸关的问题迫使他决定去看落后的中医。在中医陆仲安处，吃了三个月的药之后，病好了。第二年 3 月，胡适在“陆仲安秋室研经图”上题了五百余字，叙述了治病经过，“我自去年秋间得病，我的朋友学西医的，或说是心脏病，或说是肾脏炎，他们用的药，虽也有点功效，总不能完全治好。后来幸得马幼渔先生介绍我给陆仲安先生诊看。陆先生有时也曾用过黄芪十两，党参六两，许多人看了，摇头吐舌，但我的病现在竟好了”[③]。因此，胡适当年对中医的感恩戴德有凭有据。他在 1925 年还曾亲自劝说孙中山接受陆仲安的诊治。不过，在中西医大是大非的问题上他是不肯为中医辩解的，并且晚年他还巧妙地否定了陆仲安为他治愈疾病的事。“陆仲安是一位颇读古医方的中医，我同他颇相熟。曾见他治愈朋友的急性肾脏炎，药方中用黄芪四两，党参三两，白术八钱。（慢性肾脏炎是无法治的，急性肾脏炎，则西

---

① 傅斯年：《所谓国医》，《大公报》“星期论文”，1934 年 8 月 5 日。

② 白吉庵：《胡适传》，北京：人民出版社 1993 年版，第 156 页。

③ 魏邦良：《隐痛与暗疾》，桂林：广西师范大学出版社 2006 年版，第 199 页。

医也能疗）……造此谣言的中医，从不问我一声，也不问陆仲安，竟笔之书，此事真使我愤怒!”① 被中医治愈一事怕是因为和自己的思想主张格格不入而不得不作事实的调整，这似乎不符合胡适自己提倡的“科学精神”。于是，我们也不得不反思那场全盘西化潮中引进的“科学”究竟是什么。

科学是西方文明的有机组成部分，起源于古希腊的理性知识，有兴盛有沉沦，有标榜有批判，有各种学术门派之争，但在输入中国的时候，它的复杂性在从它的文化背景中切割出来的那刻丧失了。也就是说，此科学非彼科学。这便是文化传播途中产生的差异性。正如托尼·斯巴比在他的《全球化和国际社会》中所言：“一旦一种社会规范卷入全球化，没人能保障它仍受源头的控制，也没人能保障它会被原封不动地复制。”② 新文化运动推崇的科学局限在科学主义。科学主义鼓吹科学价值至上，并且认为宇宙万事万物，包括人生观、价值观都可以通过科学方法来认识。其对技术的狂热和在人文领域的泛科学化遭到西方本土学者、特别是后现代学者的反思和批判。而恰恰是这种质疑和反思的科学精神，被胡适有意或无意地忽略了。林毓生先生曾一针见血地指出胡适的毛病：“他是如此狂热地相信科学的普遍有效性及科学方法的万能，以至认为科学的力量无处不在，可以渗透一切，所以，事实上，他是把科学当作宗教来崇拜。”③ 只有宗教才能让人们为了维护偶像的权威而不合常情，只有宗教情结才能让胡适受了中医的恩惠反而声讨中医，也只有宗教情结才能让梁启超在西医错误的割肾治疗后，于弥留之际，仍在病榻著文维护西医脸面。

在中西医的口舌之战打得不亦乐乎的民国前期，中医在政府的行政和教育层面还是一片空白。民间该诊脉的继续诊脉，该抓药的继续抓药，有资金实力拥护国医的，也跟着西医办学热开办了几所中医学堂，但是无论行医还是办学都无法获得体制内的点头承认。正当各地中医行会、社团为取得合法性而四处奔波的时候，西医派也不甘沾点口舌的便宜，想方设法让政府表个态，将中医从行政上赶尽杀绝，一劳永逸，于是就爆发了气势

---

① 罗尔纲：《师门五年记·胡适琐记》，北京：生活·读书·新知三联书店 2006 年版，第 30 页。

② Spybey, Tony, *Globalization and World Society*, Cambridge: Polity Press, 1996, p. 25.

③ 林毓生：《中国意识的危机》，贵阳：贵州人民出版社 1986 年版，第 327 页。

汹汹的“废除中医案”。1929 年 2 月 23 日至 26 日，新任卫生部副部长刘瑞恒主持召开了“全国中央卫生会议”。虽挂名全国会议，总共到场的不过 18 人，无一名中医出身。会上通过由余岩发起的提案《废止旧医以扫除医事卫生之障碍案》。此提案规定现有中医必须登记方可行医，一年后不接受新的中医登记，中医师须经过西医改造，禁止中医学校教育等。显然，此提案意在渐进式地消灭中医。此消息见报后，中医界一片哗然，新一轮中西医论战又见硝烟。不过这次论战和以往的不同之处在于，对阵双方都自觉地在“科学”这面大旗下搭好堡垒。西医派标榜自己的纯正血统自然无人敢质疑；中医倒也往科学上靠，中医的疗效有目共睹，至于玄妙的理论，欢迎大家对其进行科学整理和探讨。可见新文化运动几十年的工夫全没白费，“科学”这个承载着沉甸甸的异国文化的词已经取代了儒家伦理，成了中国人心中的现代常识。言必称科学，否则无论如何站不稳脚跟。虽然随后中医界的抗议游说最终使政府于第二年的 3 月 17 日取消了该提案，中医界特设此日为纪念节，但是从长远来看，中医并未胜利。自那以后，中医就再没有脱下“伪科学”这个枷锁的束缚。

西医、中医和科学，三者的关系到底有多微妙？首先，我们可以大胆地问一句，西医是科学吗？哲学教授罗纳尔德·缪森曾在《医学与哲学》杂志上发表了一篇题为《为什么医学不是一门科学》的文章。在他看来，“医学不可能成为科学，医学也不应该成为科学，一旦成为科学，就会出问题，就会遮蔽、偏离医学本真的职业愿景、职业价值、终极关怀以及它的目的和职业精神”①。虽然现代西医的发展史看起来更像是高科技医疗器械史和生物化学史，但它本应该容纳更多的学科并且更有人情味。医学的科学化的代价是“医学人文性的失落，消费主义盛行，我们似乎已经习惯于用缺乏温情的数字来命名病人，35 床、42 号标本……人的疾苦顿时变成了冷冰冰的病理切片和影像，置身医院，到处是充满机器的房间，外加毫无表情的陌生面孔”②。如果我们要给医学框定一个比较精确的范围，那应该是什么？王一方画了一张通俗易懂的示意图，西医学是自然科学、社会科学、人文科学以及玄学四个圈的集合区。乍一看，这么多和科学搭边

① 王一方：《医学是科学吗》，桂林：广西师范大学出版社 2008 年版，第 11 页。
② 王一方：《医学是科学吗》，桂林：广西师范大学出版社 2008 年版，第 11 页。

的学科岂不正好说明了医学的大头仍是科学？其实不然，只要将人文和社会科学细分下去，就会发现诸如文学、哲学、史学、艺术、伦理，这些领域和科学并没有关系。实际上，人文科学只是英文中 Humanity 一词的翻译，原意只涉及人文，至于硬要搭上科学两字才能为其合理性正言，只能说全盘西化中的泛科学化已经超出了文化输出国的掌控。

在王一方的示意图上，笔者觉得至少还可以增加一个圈：宗教学，这样医学和科学的差异就拉得更大了。考虑到宗教和科学曾经经历漫长的厮杀史，罗伯特·门德尔松博士在他轰动一时的《一个医学异教徒的自白》的序言中谈到了他一度信任的激素、射线疗法和抗生素的无效性和危险性。医学在他看来不过是在科学名分下供奉的神位：“现代医学依赖信仰而生存，所有宗教都是依赖信仰而生存的。现代医学教会过分地依赖信仰，以至于只要某一天人们不知怎么忘了相信它，那么，整个体制就会崩溃。哪个机构能像现代医学这样，让人们深信不疑呢？若人们没有信仰，他们怎么会允许别人给自己施行麻醉，然后在昏迷中任人切割呢？若人们没有信仰，在完全不了解药物效果的情况下，他们怎么会每年吞下成千上万吨的药丸呢？”[①] 一百多年来，现代医学凭着各种常人无法理解的神秘药丸和精密仪器塑造出冰冷的权威，剥夺了患者的质问权。即使有数据显示，美国医疗误诊率高达 40%，英国占 50% 左右，日本百年来治愈率始终在 20% 停滞不前，医院里仍然人满为患。很少有人会质疑现代医疗究竟是杀人多还是救人多。也许，在医院死去会离上帝比较近，这大概也算得上是现代医学的宗教关怀吧。

王一方在他的《医学是科学吗》一书中，也给中医画了个示意图。和西医示意图不同之处在于，他增添了两个圈：一个是不可知，一个是现代医学。中医的神秘是举世公认的。谁也不知道中医的开源之作《黄帝内经》从何而来，为何人一出生就手脚健全、成熟老到，以至后世中医理论无论如何逃不出它的手掌心；谁也不知道为何中医着迷于皇帝的身体，上面布满了看不见、摸不着的经络，而不是盖伦的身体，血管脏器经解剖即可见。中医源头的迷雾重重，以至于李卫东大胆地假设中医的成因可以追

---

① 转引自［澳］罗斯·霍恩著，姜学清译：《现代医疗批判》，上海：上海三联书店 2005 年版，第 139 页。

溯到外星文明中藏象生命体的介入。

而另一个圈，现代医学，即现代的西医，如果说它和中医有交集的话，那么王一方所指的中医应该偏重于近现代中医。翻开市面上寥寥可数的几本中医史，我们可以发现其基本思路是将中医分成古代中医和近现代中医。史书不论厚薄，古代中医的部分总是占去九成，从远古到明清，从治疗理论、草药汇集到验方成效、医师管理制度，发展脉络清晰明了，案例著说颇为丰富，起承转合历历在目。而到了近现代中医的部分，笔锋急转，一头栽进了西化的大潮中。1937 年商务印书馆出版的陈邦贤的《中国医学史》可谓中医史的扛鼎之作，也是民国中医史科目的指定教科书。陈老先生在《现代的医学》一章开篇写道："中国的医学，从神祇的时代，进而为实验的时代；从实验的时代，进而为科学的时代。又可说从神话的医学，到哲学的医学；从哲学的医学，到科学的医学。欧风东渐，中国数千年来哲学的医学，一变而为科学的医学：在最近三十年中，新医学的蓬勃，有一日千里之势，推原其故，中国自从西洋及日本医学输入以后，国人之思想为之一变。"[①] 字里行间文化大裂变的气息扑面而来，我们得以窥见清末民初西医横扫一切的气焰和中医一夜间城池不再的悲哀。陈邦贤的《中国医学史》因为成书时间较早，言及民国段即戛然而止，但根据近些年来的史书，中医发展脉络到此处也似乎气数已尽，再下去难免写成西医史，对不起书名。

于是笔者觉得有必要问个问题，中医的消亡或者中医的西化是否有其必然性？根据王一方的示意图，我们发现中西医汲取的元素有部分重合，只不过组合和分量的差异造成了相去甚远的整体。它们时而平行，各说各的理；时而相交，相互印证。这至少说明没必要将中西医对立起来，也没必要硬是把中医糅进西医的面团里去。中医甚至有可能帮助西医走出科学主义的误区，因为古中医作为中国古文化的重要部分，"从未经历过后文艺复兴的科学主义。…… 从未认真地将自然科学看做人类认知的唯一途径"[②]。李约瑟先生热情地呼吁未被基督教的教条主义和驯服自然的狂妄所

① 陈邦贤：《中国医学史》，上海：商务印书馆 1937 年版，第 257 页。

② Needham，Joseph，*Science and Civilization in China*，Cambridge：Cambridge University Press，2004，p. 53.

污染的中国文化，以其阴阳五行说构建的宇宙整体观，“是时候帮助我们（西方）重返真实人文主义地带”①。但事与愿违，还没等中医去解放别人，新文化运动狠狠补上的科学主义一课，已经让中医自个儿先沦陷了。虽然清末民初并没有发生大的瘟疫让中医束手无策，中医本身也没出现大倒退使百姓怨声载道，但是一夜之间它必须接受陌生语境中的西医的改造。凭什么？要知道中西医之间并没有进行过正面的交锋，没有在众目睽睽下打过擂台，即使中医并不总能起死回生、药到病除，西医也不能在实效上证明自己技高一筹。即使西医标榜自己的理论多么先进、多么科学，也只是沾了既做裁判又做运动员的光而已。一来，玄学、不可知和科学并没有可比性；二来，在医学上，治疗效果才是比科学更有普世性的评判标准。因此，本质上说，中医没必要被历史淘汰，更没必要被治疗效果上或许稍逊一筹的西医所替代。

既然如此，我们有必要借杜威·福克马的话问一句：“为什么要去费力学习另一些成规？”“如果人们费力去学习另一种文化的成规的话，他们将指望得到何种益处呢？”他在思考文化跨界的意义时认为，如果学习异质文化得不到明显的成果，“人们就将停留在原有的自己熟悉的环境中”，并且即使“拥有另一套成规并非意味着我们将失去自己的个性特征”。② 这话如果放在两种文化平等沟通交流的背景下是没错，中国历史上医学上的对外交流也是常事，各国好的药材、好的治疗手段都有吸收利用的先例。但在文化帝国主义的单向度输出的高压下，对强势文化的整体模仿跳开了局部孰优孰劣的理性判定，换句话说，中医成了中国被迫再次热烈拥抱现代性过程中的牺牲品。而这种现代性又是如此可疑，它被西方强权巧妙地伪装成了普世价值。

中医大溃退直接也最强有力的推手是政治，即行政和教育体制的全盘西化。中医派在生死存亡的关头，各地行会、药商、老字号抱成一团，不可谓不竭尽所能，为什么总也扳不倒对手，反而自己一再地让步？很简单，卫生部和教育部捂在西派人士手上。根据陈邦贤《中国医学史》记

---

① Needham, Joseph, *Science and Civilization in China*, Cambridge: Cambridge University Press, 2004, p. 81.

② 王宁编：《全球化与文化》，北京：北京大学出版社 2002 年版，第 192～193 页。

载，1916 年，“政府颁布文官高等考试令，凡在国内或国外大学高等专门学校，修习各项专门学科，三年以上毕业，得有文凭者均得与考”[①]。当时官方没有设立中医学校，民间寥寥几间中医学校并未受到教育部承认，有资格参加卫生部官员考试的基本为西医出身。考试分为第一、二、三、四试，试题内容诸如解剖学、生理学、医化学、病理学等，完全照搬西医的学科分类和理论知识。有趣的是，其中第二试第 11 项考试科目为“外国文”，[②] 可见中国当前不论大小、中西考试都得过英语这关的奇怪惯例一直可追溯到西方体制内化的民国时期。除了官员以外，卫生部行政人员的考试也基本雷同。也就是说，卫生部从中央到地方，上上下下均由西医人士把持、运作，要在医师从业资格、医学院的设立、教学科目安排、医院筹建等方面扬西抑中只需令从己出。

教育部同样也是西派人士的重镇。民国期间几乎所有任命的教育部长都是海归派，其在教育思想上多推崇美国教育家杜威的实用主义，在学制体系上多沿用日本模板，而日本医学教育则仿照德国体制。自教育部于 1912 年首次颁发《中华民国教育新法令》起，中医教育在教育系统内一直缺席。虽然中医团体再三请愿提交议案，前后二十多年，始终得不到该有的名分。虽说教育部推脱纳中医入教育体系没有西方的模板可以复制，“此次本部所订医学专门学校课程，借备各种科学，原为解剖化验，非具有完全科学知识，无从入手”[③]。但实际上教育部缺乏中医代言人才是中医教学受歧视的关键。最有力的证据便是陈立夫就任教育部长的 1938—1944 年间，袒护中医教育的政策出台明显提速。陈立夫先生是当时少数知晓西学之利，也不避讳科学之弊的人物之一。他主张中西医“道并行而不相悖”，肯定中医治病救人的成效，也坦言西医动物实验和提取中药化学成分的荒谬。在他的支持下，1938 年，教育部正式颁布了《中医学校通则》，1939 年又公布了《中医专科学校暂行课目时数分配表》，1940 年在教育部医学教育委员会内成立了中医教育专门委员会。至此，中医终于名正言顺地迈入了国家教育系统。不过，取得中医教育权的路途过于艰辛和漫长，

---

① 陈邦贤：《中国医学史》，上海：商务印书馆 1937 年版，第 322 页。

② 陈邦贤：《中国医学史》，上海：商务印书馆 1937 年版，第 324 页。

③ 邓铁涛：《中医近代史》，广州：广东高等教育出版社 1999 年版，第 23 页。

其间为消除敌意难免削足适履、妥协退让，导致课程设置上和研究方法上的过度西医化。后世纯中医人才的断层也可追溯至此。

在体制内丢失话语权，是中医甘受西医挑剔摆布并百般奉迎以求生存的关键。中医派又何尝不想夺回话语权？继 1930 年中医界反对“废止中医案”胜利，1931 年中央国医馆突破重重阻碍于 3 月 17 日宣告成立。中医界都巴望着通过中央国医馆这个体制内的合法机构，获得自己该有的行政和教育管理权。但事实证明，中央国医馆在这场话语权争夺战中显然是力不从心，受制于人。国医馆一成立，中西医论战中中医的核心领导力——全国医药总会就被卫生部找了个借口强行解散。势单力薄的国医馆随后被限制在整理、研究中医药学术的职能范围，甚至连自家的家规被人篡改也不得吭声。《中央国医馆组织章程》原本规定：“本馆为便利病家治疗及养成医学人才，得附设医院及医药学校。”看起来国医馆行使其职权，为中医学堂正名，于是广东中医药专门学校于当年即恢复原名，不再称“学社”。谁知，1932 年 10 月南京政府行政院下令，“除各省中医学校仍应改称学社外，对于《中央国医馆组织章程》第八条及《各省市国医分馆组织大纲》第六条，规定得附设医药学校者，亦须修正为学社”。此令发布，国医馆忍气吞声，不发一词。国医馆有职无权，一味追求中医西化而明哲保身，让中医派心灰意冷。湖南医药建设委员会等七个团体联合通电痛斥：“教卫部消灭中医之主张，在中馆自应反抗，今不特不与反抗，转为教卫代庖，实施其消灭国医之工作，则国医之亡，不亡于教卫两部，实亡于中馆诸公也。”① 其痛心疾首溢于言表。

中医派人士当年在全盘西化的思潮和体制下，千方百计力保中医，不仅为了保住自己的饭碗，也为了不想看到中华文化的传统精髓断送在他们手上。正是因为中医派人士的存在，中医不像古文一样被贴上个“古”字，永远地沦入了历史的尘封；也正是因为他们，中国当代还残留了些中华文化元素，时不时地兴起重构中国文化身份的呼吁。从这层意义上讲，20 世纪上半叶文化全球化长驱直入中国，虽然有新文化运动精英团体自告奋勇担当压制传统文化、复制西方文化的任务，还是受到了带有明显的民族主义色彩的反抗，至少在中医领域如此。那么中医的民族主义斗争对西

① 邓铁涛：《中医近代史》，广州：广东高等教育出版社 1999 年版，第 141 页。

方文化霸权是否采取完全对抗的姿态？萨义德在他的《文化与帝国主义》一书中，从文学作品和社会运动中探讨了各种形式的民族主义运动。并不是所有民族主义运动都像甘地领导的印度解放运动一样，将本土和殖民霸权划清界线，很多时候，民族主义带有或多或少的殖民帝国文化的印记。他说："真正的民族主义反帝运动永远具备自我批评精神。"[①] 而抵抗运动"必须在某种程度上恢复帝国文化已经确立的，或者至少影响过或渗透过的形式"。也就是说，民族主义运动的目的不再是不加辨别地全盘保存本土文化，而是在殖民帝国这个"他者"的镜像中反观自身，对本土文化作出适当的取舍。这点在中医界维护中医传统方面得以体现。一方面，它是自我反省的，并接受"他者"文化中的"科学"逻辑。在肆虐的西方进化论和西医眼见为实的医理面前，很少有中医人士死守中医纯正血统。力挺中医科学化的陆渊雷指出："国医所以欲科学化，并非逐潮流，趋时髦也。国医有实效，而科学是真理。天下无不合真理之实效，而国医之理论乃不合实理。"[②] 他的意思很明确，要保护中医传统，但是医理要移植西医。这在当时流行"中医科学化"的中医界很有代表性。但是其间的逻辑明显有问题，不合理的中医理论又如何能够碰巧取得实效？无论如何，中医界忙着讨论，忙着组织学术团体如"中医科学研究社"，创办《中医科学》杂志，创建"中医科学书局"等，并借用科学的名义争取中医的权利。利用"他者"的标准来维护本土的文化，这个策略不错，但是也许最后会发现，费尽周折坚守来的东西已经失去了原本的面目。

另一方面，维护中医传统的抗争在视觉上比较开阔，较之西方文化霸权的单向性，它更强调中西文化的交流和融通。萨义德在诠释民族主义的胸怀中提到："文化永远不只是拥有的问题、绝对的债务人与债权人之间的借与贷问题，而且是不同文化间的共享、共同经验与相互依赖的问题。"[③] 陆渊雷曾想象一个中西医汇通从而促进世界医学进步的美好图景："今用科学以研求其实效，解释其已知者，进而发明其未知者，然后不信

---

① ［美］爱德华·W. 萨义德著，李琨译：《文化与帝国主义》，北京：生活·读书·新知三联书店 2003 年版，第 312 页。

② 邓铁涛：《中医近代史》，广州：广东高等教育出版社 1999 年版，第 103 页。

③ ［美］爱德华·W. 萨义德著，李琨译：《文化与帝国主义》，北京：生活·读书·新知三联书店 2003 年版，第 309 页。

国医者可以信，不知国医者可以知。然后国医之特长，可以公布于世界医学界，而世界医学界可以得此而有长足之进步。”而1925年在全国教育联合会上，请求政府开办中医教育的《浙江省教育会议案》中第四点理由为“我国社会信仰中医，彼邦人士有信仰中医者，是以不惮千里来学”①。他们放眼全人类的胸襟和视野是值得肯定的，只是中医不再卑下、西医不再高傲的未来究竟会不会有呢？

第二节　现代中华医药外传

20世纪70—80年代，随着日本、东亚和拉美加入到世界经济和金融体系中来，全球化开始朝着多元化的方向发展。大规模生产、大众传媒、大众消费似乎一夜之间席卷了整个世界，以至于“我们无法在我们当中指出任何一个领导、一个中心、一个起源，或者一个权威。我们也无法验证权利的出处，无法找寻出责任的归咎或怨愤的起因”②。全球化的洪流中，曾经文化帝国主义的单向性输出变得双向互动起来，但这未必意味着沟通的平等和互惠。当时的中国，经历了几十年的战乱和对传统文化再次践踏的“文革”，对外的大门又吱吱呀呀地打开了。一方面，本土文化的失落导致了中医在西化的道路上越走越远；另一方面，中医里的针灸在这时漂洋过海传到欧美和澳大利亚，并引发了一股针灸热。1971年，在“回归自然”运动的影响下，针刺麻醉在联邦德国盛行开来，并先后在莱比锡大学外科中心、慕尼黑心脏中心、海德堡大学门诊部等知名的医疗机构得到应用。实际上，早在全球化刚开始的16世纪，中国的针灸便受到德国医生的格外青睐，只是因为后来的现代医学日渐蓬勃而被冷落。同样，中医和针灸术也较早传入英国，但不及在德国受欢迎，直到20世纪70年代方得到较为广泛的推广。而热捧中国古代文化的李约瑟博士无疑在英国的针灸传播上功不可没。1969年，澳大利亚人在悉尼市建立了该国的第一所针灸学

---

① 邓铁涛：《中医近代史》，广州：广东高等教育出版社1999年版，第58页。
② 王宁编：《全球化与文化》，北京：北京大学出版社2002年版，第123页。

院，并在维多利亚州、墨尔本市等地相继设立了分院。“1978 年，澳大利亚自然疗法学院增设东方医学课程，其后改为四年制传统中医学。”[①] 美国比较晚才接触中医。1972 年，尼克松总统访问中国，随行记者雷斯通因为阑尾炎在协和医院接受治疗，其间使用了针灸，止痛效果明显。他回国后，将针灸见闻登载《纽约时报》，引起了医学界的关注，慢性疼痛患者争相尝试。当时传播至西方各国的中医属于近现代意义上的中医，不论是医理还是治疗方式都有科学化的倾向。这在雷斯通的医案中就很明显，针灸只是起到了辅助西医开刀治疗的作用，而对于古代中医来说，急性和慢性阑尾炎统称肠痈，或用针刺、艾灸，或煎服草药，也即刻痊愈，并不劳动刀大伤元气。

一向被现代医学一统江山的西方各国，为何会忽然接受曾经的文化殖民地的针灸呢？显然刚打开国门的中国还没顾得上推销中医，那么针灸的需求应该源自现代医学的某些弱点。事实上，现代医学的种种缺陷已经让曾经拜倒在它权威下的人们开始怀疑和反思。1979 年出版的《一位医学异教徒的自白》一书中，伊利诺伊州立大学预防医学副教授门德尔松述说了他行医 30 年中的态度转变。“我原来并非医学异教徒，我一度相信过现代医学。”然而经过多年的临床，他发现一系列的问题。比如激素 DES 导致新生婴儿畸形，母亲患阴道癌；设备先进的婴儿室导致 90% 的早产婴儿部分或完全失明，而附近条件落后的医院不到 10%；十几年前使用“绝对无害”的射线疗法的病人患上了甲状腺肿瘤。他开始禁不住地想问：“你们为什么要回来就诊？第一个给你施行照射治疗的医生到哪里去了？”在他看来，“现代医学不仅对疾病没有多大疗效，而且比疾病还危险”[②]。

令门德尔松失望的是西医不确定的疗效和让人后怕的副作用，而让伊恩·肯尼迪不满的是冰冷如机械般的医患关系。他在 1980 年 BBC 演讲中提到：“现代医学已走向了错误的道路……医学教育要求学生在进入医学院以前，具有科学方面的高技能，包括经过数年的一个又一个科学学科的严格训练，这样培养出来的学生是一个把自己看作科学家的医生，而不是

① 徐保国：《当代国外中医》，武汉：湖北科学技术出版社 1990 年版，第 20 页。

② 转引自［澳］罗斯·霍恩著，姜学清译：《现代医疗批判》，上海：上海三联书店 2005 年版，第 135 页。

病人通常所需要的能关心人的医生。”[①] 其实呼吁视病人为人的运动由来已久，早在1882医学教授诺瑟格尔就在就职讲演中强调：“我再次重申，医学治疗的是有病的人而不是病。”[②] 但这方面似乎一直没有改观，很重要的一点在于西医的自我定位的偏差。维也纳学会会员迪特尔（Joseph Dietl）于1841年声称：“医学作为自然科学，其责任不是发明取消死亡的万能药和奇迹治疗，而是发现病人在何种条件下生病、恢复、死亡。”[③] 这种自我定位让人不寒而栗。换句话说，对于医生来说，病人的生死并不重要，病人痛苦地死去反倒给他们增添了一份研究样本。这就难怪纳粹医生能够活活地把人烘干来做“纯科研”——计算身体的水分含量。而中医在这点上恰恰相反，合格的中医师眼中只有整体的人，不可或缺的望闻问切四诊方法保证了和病人的亲密接触。所以，在美国城市中医兴起的调查报告中，玛莎·海尔（Martha Hare）发现，非亚裔患者对中医褒扬有加的重要理由之一便是“他们从中医师那里获得了时间、关怀和照料”[④]。

当然，除了西医本身的失职以外，当时西方工业文明带来的环境问题、技术泛滥等也让西方人动了回归自然的念头。1962年，一本《寂静的春天》声讨了生化科技引以为傲的成果DDT，将人们从对生化技术的现代医学的沉迷中唤醒。学界后现代主义和人文主义批判日渐盛行，矛头直指自然科学对整个社会规范的僭越。哲学家理查德·罗蒂对科学自诩的普世性有一段经典的剖析：“科学并不具有特别的认识论地位，它只是话语的一种形式而已。科学与其他文化部门之间的分界不足以构成一个独特的哲学问题，因此，科学与其他学科之间的对立是可以取消的。科学活动既然并不高明于其他人类活动，科学就不应该成为其他学科的典范。正如哲学

---

① ［英］罗伊·波特主编，张大庆主译：《剑桥插图医学史》，济南：山东画报出版社2007年版，第235页。

② ［英］罗伊·波特主编，张大庆主译：《剑桥插图医学史》，济南：山东画报出版社2007年版，第90页。

③ ［英］罗伊·波特主编，张大庆主译：《剑桥插图医学史》，济南：山东画报出版社2007年版，第87页。

④ Hare, Matha L., The Emergence of an Urban U. S. Chinese Medicine, *Medical Anthropology Quarterly*, 1993, Issue 7, pp. 30–49.

不是未来文化的基础一样，科学也不是未来文化的基础。”[①] 虽然当时的反思潮并未激烈到将现代医学赶下神坛，但是抹去科学头上的少许光晕就足以给自然疗法的引入腾出空间。

那么，中医特别是针灸是如何移植进西方各国的医疗领域的呢？这个过程，如果仔细看，就会让人觉得又好气又好笑。也许研究全球化中本土化影响的学者应该换换口味，不再纠结麦当劳全球连锁店的细微差异，而来反观下第三世界输出的弱势文化在西方强国是如何改头换面纳入它们的价值体系的。本土化或者罗伯逊的球土化（glocalization）经常被用来为全球化带来多样性而非同质性文化正言。一般来说，我们都会同意“世界文化永远不会趋向于同一性，而一定会具有内在的文化分歧”[②]，但这句话并无多大意义。因为同一性是很难界定的，即使看两个美国人，有相似的文化背景，也无法证明他俩是一模一样的，更何况去评判纷乱无常的文化。用1%的差异和99%的趋同来证明全球化带来的文化多样性只是穿凿附会的狡辩，所以研究本土化应该着重于本土和外来文化的分量对比。安东尼·史密斯（Anthony D. Smith）这样解释本土化：“大体上，这种对西式和文化产品的欣赏和同化是经过调整的：第三世界国家的受众倾向于从他们的观念和理解出发来解读这些产品和经验。”[③] 同样的，我们有必要来看看发达国家的受众如何从它们的观念和理解出发来解读针灸。

英国半岛医学院的安德烈·怀特在他的《西方针灸医学入门》中介绍了中国的针灸传入英国后的大致发展过程。20世纪70年代，菲利克斯·曼（Felix Mann）医生特意学习了中文，经过一番理论研究和临床试验后，他宣布“经络不存在，穴位也不存在”[④]。70年代中期，现代西医发现了镇痛荷尔蒙——内啡肽，随后，能够止痛的针灸就和这种荷尔蒙挂上钩，针

---

① 邢润川：《后现代主义消解科学主义的策略》，《科学技术与辩证法》2005年第22期，第41~46页。

② ［英］罗兰·罗伯逊编，王宁编译：《全球化百科全书》，南京：译林出版社2011年版，第147页。

③ Spybey，Tony，*Globalization and World Society*，Cambridge：Polity Press，1996，pp. 156－157.

④ White，Adrian，Mike Cummins，and Jacqueline Filshie，*An Introduction to Western Medical Acupuncture*，Amsterdam：Elsevier Science，2008，p. 22.

刺释放内啡肽成了提高针灸信用度的理论框架。1980 年，英国针灸医学会成立，致力于“在科学框架内理解针灸，寻找证据，将治疗方式理性化”[①]。接着出现的针灸理论诠释主要有五种，如神经纤维刺激、神经区域传输、脑髓疼痛抑制的激活、大脑中央控制效果等。针灸理论的重构必然导致临床的变异，西方针灸师有些小心翼翼，只照搬数量很有限的几个穴位；有些根据神经学的理论，选择某些神经分布区域、痛点、敏感点等；还有些走中西结合道路，致力于传统穴位和神经分布结合点。

显而易见，英国普遍施行的不是中国的针灸，而是在西医的神经治疗范畴增添了几枚银针，这几枚银针碰巧产自中国。正如其书名所标，这是“西方针灸医学”，而非中国的针灸。这是个值得玩味的书名，尽管菲利克斯·曼在开篇中用一两句话澄明了西方针灸的源头来自中国，但是通篇都在整理西医的新的诠释。这便是严格意义上的本土化，本土西医的大厦吸收了一些中国针灸的元素为其所用。很难想象，抗生素传入中国的事例能够写出题为“中医抗生素”的书，因为抗生素不能纳入中医体系进行重新诠释。没人会致力于研究抗生素促进气血运行云云，当然十有八九是阻碍。所以西医输入中国，理论框架和实践基本上是原封不动，抓住诸如用药量大小的差别而称其为本土化不免小题大做。不过，英国在针灸本土化过程中似乎走得太远，不由分说地将针灸传统的阴阳五行、气血经络理论改头换面，把看不见的经络偷换成解剖学上的经脉加以扩展发挥，并没存留多少源文化的精华。

那么，在中国针灸传入英国并成为西方的针灸之前，为何缺乏一个消化吸收源文化的过程？在菲利克斯·曼医生为中国针灸的理论和操作的“胡言乱语”抓狂以后，英国医学界似乎就失去了继续探讨传统的兴趣和热情，转身就去西医的工具箱拿起熟悉的家伙开始针灸的改造工程了。这和西医传入中国时的景象天差地别。新建卫生部打压中医而为西医传播开道，老中医不得不拿起西医理论深究其妙，更别说当代的医生跟前跟后地向西医虚心讨教。造成这种文化待遇不平衡的关键不在于中西医的孰优孰劣，而在于中西医背后的国家实力对比悬殊。西医当年以现代文明的姿态输入中国，给愚昧的中国人带来了进化的火种，虽然它是以野蛮的杀戮为

① Ibid, p. 14.

文明的火炬传递开道。而中医西传，不过传入了些“迷信的”、“落伍的”（怀特语）的知识夹杂了些还算有用的雕虫小技。简单地说，中国的针灸并不值得英国医学界花费太多的时间来解读。

怀特甚至怀疑针灸并非起源于两千多年前的中国，很有可能是五千多年前欧洲的原创。支持他的猜测的便是1991年德国业余登山家赫尔穆特·西蒙在阿尔卑斯山海拔3 000米的冰山顶上发现的一具木乃伊奥茨，他身上有47处文身，其背部和腿部的文身接近于或就在缓解背疼或腿疼的针灸位置。X射线分析表明奥茨的骨关节炎曾对针灸有过反应。先不论这个考古的假设可不可信，怀特将其单独列出一节来解释欧洲针灸的起源，似乎想说中国针灸并非如它炫耀得那样神秘，大概也不过是个舶来品。而完全套用西医的理论也没有什么不好，因为它本来就是土生土长的欧洲文化。我们再仔细看看这个所谓的欧洲针灸起源，奥茨身上的条形码式的文身接近或在针灸位置这种说法很有意思，试想中国的针灸铜人，想在上面划几十处杠杠而不碰到密密麻麻的经络和穴位还真有难度。至于X射线能证明奥茨的针灸反应，我们也应该拜托X射线查查针灸如何通过经络起作用，这样中国的针灸也能在科学界获得通行证了。其实怀特将这个孤零零的例证拿来说事并没多大意义，一来研究奥茨的专家已经莫名地死了6个，科学界正束手无策；二来欧洲如果真发明了针灸，是否因为技术太差而湮没了几千年，我们不得而知。

西方对中国针灸的俯视态度还在于中国人自己也曾抛弃针灸，而投靠西医。“17世纪以来，人们对针灸的兴致减退，和西医比较起来，它被认为是迷信的和非理性的”，而到了1929年针灸则和“其他中医一起被取缔，标志着针灸的奇耻大辱”。[①] 除了将针灸没落史提前了两个世纪，怀特所言大致不错。不过，他有意忽略了当年逼迫中国文化自戕的是西方帝国主义，而非自然的优胜劣汰。在他看来，古老的针灸甘拜下风，所以并无多少可学之处。不过针灸这种方式可以被西医所用，完成其现代化的转变。“我们相信西医针灸肯定是针灸发展史上的最新篇章。”[②] 也就是说，

---

① White, Adrian, Mike Cummins, and Jacqueline Filshie, *An Introduction to Western Medical Acupuncture*, Amsterdam: Elsevier Science, 2008, p. 80.

② Ibid, p. 78.

落后的针灸只要经过西医的点金石就跟上时代了。

中国的针灸到底落后在什么地方？怀特大致列出三条罪状：其一，经络至今没能证明其物质的存在。其二，疾病名目繁复，针灸怎么可能凭小小的几枚银针包揽百病？（言下之意，针灸必有它的局限。所以在国外的实践中，针灸基本局限在疼痛治疗范围）其三，每个穴位据说有各自的治疗功用，这从解剖学和生理学上解释不通，神经刺激或者脑发射的释放这些才对西方的路数。第二、第三条只需在临床上多加试验便可知真假，如果临床证得其有效性和经络感传现象，那么第一条也无须钻牛角了，何况科学界对无法直接证明物质存在的东西并不陌生，暗物质、弦理论中的闭合弦、超弦理论中的九维时空，都占据着科研的顶峰。不过，西医人士似乎并没有耐心在临床上验证落后的中国针灸，还没来得及消化源文化，就忙起了本土化。他们觉得针灸这活很简单、很浅显，“从西方科学的角度看，在我们对身体结构和功能的理解内，针灸似乎是比较直接的治疗手段。没有必要用详尽的理论将它搞得复杂”①。在他们看来，针灸源头的知识其实都在科学能力范围内，用科学重构中国针灸可以让它脱离繁琐落后的古典话语。可事实上，重构后的针灸疗法明显单薄，“较之针灸源头它显得过分简化，局限在针对症状治疗”。但怀特马上站出来为西方的针灸本土化辩解，他辩解的技巧是给源文化泼冷水，“古典针灸则声称能‘调理深层的失调’，但所有证据都让我们坚信，所谓的深层失调的调理只不过是脑中心的总体效果外加患者自己的疗效期待心理”②。也就是说，针灸本土化并没因为不了解源文化导致最终疗效的差异。

当然，针灸在西方的本土化并不是铁板一块，怀特过分推崇西医对传统针灸的改造有一定的代表性，不过，就英国而言，也并行着诸如沃斯理（J. R. Worsley）带头的五行针灸派以及子午流注派，此二者走的是中西结合之路，对中医的阴阳五行和天干地支等精华有所传承。如果我们换个角度，不拘泥于医学精英的指手画脚，而从患者的叙述中来看看西方的平民百姓如何接受针灸，也别有一番风味。玛莎·海尔的《美国城市中医兴

---

① White, Adrian, Mike Cummins, and Jacqueline Filshie, *An Introduction to Western Medical Acupuncture*, Amsterdam: Elsevier Science, 2008, p. 90.

② Ibid, p. 90.

起》一文便是对20世纪90年代非亚裔患者接受中医治疗的情况调查。其中有一章谈到了患者接受非中国针灸师治疗的体验。大部分患者用上了各种西学科目的知识来解释针灸如何起作用，例如“身体的电路”，“刺激肌肉促进血液循环”，“我们自身有某些化学物质，当插入针，它就释放这些药物把你治好”，“类似身体能量场和能量分布的东西。”[①] 虽然他们与自己的针灸师多有沟通，并没有人提到传统针灸里的概念，可见源文化在国外针灸师中并未产生广泛影响，西医本土的思维仍是主流。一位接受整形治疗的患者这样说：“我问了医生，他说针灸促进康复。它大概作用在肌肉和神经上。”也许针灸师自己对针灸如何起作用也只是一知半解。有趣的是，患者自身的身体体验似乎更接近针灸古老的源头。一名接受戒毒治疗的患者述说他的感觉：“当他们插入针，有东西被打开了，我不知道这东西叫什么，反正它释放了能量后你的身体能够更好地吸收。”另有患者道：“显然，针灸加速了循环，通开阻塞。……把所有污秽清扫出去。”[②] 他们的身体述说和《内经》里的虚实补泻倒有几分相似：“实则泻之虚则补之，可见泻是泻的实邪，补是补的虚精。”也许倾听身体的语言才能跨越文化阻隔，才能判定针灸的本土化是否需要走得那么远。

21世纪以来，随着全球化的推进，以针灸为首的中医在西方各国愈来愈流行。主流西医的地位固然无法撼动，不过补充和替代医学已经占据了可观的份额。“2006年6月在瑞士日内瓦举行的世界卫生组织（WHO）传统医学战略研讨会上发表的最新资料显示，在英国约有50%的全科医生同时提供补充替代医学治疗。澳大利亚有69%的国民在过去的一年中使用着17种不同形式的补充替代医疗方法，在临床实践中有93%全科医师设计一次补充医学疗法，82%的全科医师临床涉及多次补充医学疗法。2005年6月，澳大利亚医学会和澳大利亚皇家全科医师学会发表联合声明称‘循证补充替代医学是主流医学临床的一部分’。”[③] 而在补充医学范畴内，中医

---

① Hare, Matha L., The Emergence of an Urban U. S. Chinese Medicine, *Medical Anthropology Quarterly*, 1993, Issue 7, pp. 30 - 49.

② Hare, Matha L., The Emergence of an Urban U. S. Chinese Medicine, *Medical Anthropology Quarterly*, 1993, Issue 7, p. 38.

③ 赵英凯：《补充替代医学发展现状与趋势分析》，《中国中医药信息杂志》2007年第14期，第1~2页。

所占的份额不可小觑。在针灸影响颇久的德国，根据2004年德国大学医院住院部数据显示，除西医治疗外的替代医学中，“常用疗法为体育锻炼21%，食疗19%，按摩19%，维生素19%，草药13%，针灸10%以及顺势疗法7%”①。而在2011年，对5 830位老人取样调查5年内补充替代医学的应用情况表明，“最常用的方法为针灸/中医21%，顺势疗法21%”②。

面对中医在西方各国的蓬勃发展，西医界作何感想？文化帝国主义的长驱直入曾在中国受到一定的民族主义抵抗，而当我们审视走民间渗透路线的中医在西方的遭遇，同样发现民族主义的回敬。如果说第三世界国家常常检讨“狭隘的民族主义情绪”，那么西方发达国家的民族主义也不见得博爱，甚至有过之而无不及。西医史的权威著作《剑桥插图医学史》，整本书三百多页，补充医学这一节占了一页。在这一页中，西医史的精英对这种非正统的医学恨之入骨，不惜上纲上线。“这些模式所依据的哲学基础与西方医学的不同（译者注：如中医学、顺势疗法、瑜伽等）。在某种程度上，这是人们渴望抛弃被认为是错误的正统医学的一种反应。但是，在另一方面，它又代表了一种试图使医学逃避科学并带入非理性的愿望。这是一种不祥之兆。……他们抛弃了科学经历的艰难论证而提出的解释世界的严密框架，企图用一种伪科学的、神秘主义的观点取代之。”③ 这是西医史的精英们在1996年的观点。他们将西医和补充医学对立起来，并且站在西医正统的角度，感觉到了补充医学的威胁，试图拿起科学的扫把将其清扫出局。2006年，该书再版，并在末尾增加了《展望未来再审视》一文，文中不可避免地提到了近几年的补充医学热。“替代医学获得了正统医学的宽容或者是接受。这个过程继续着，但有理由对未来有些担忧。……在一些尚未确定或者是土著的治疗方法上，我认为可增加合作，正统医学和替代医学由此可相互补充。医生主要通过直接改变身体的生理来为病人提供特殊治疗，而替代治疗将继续调动病人的自我治愈能力，从

---

① Büssing, Arndt, et al., Usage of Alternative Medical Systems, Acupuncture, Homeopathy, and Anthroposophic Medicine, by Older German Adults, *Journal of Chinese Integrative Medicine*, 2011, Issue 9, pp. 847 – 856.

② Ibid, p. 847.

③ ［英］罗伊·波特主编，张大庆主译：《剑桥插图医学史》，济南：山东画报出版社2007年版，第235～236页。

整体上让病人对自己和疾病感觉更好。我担忧先前科学医学的知识傲慢，有向相反方向走得太远的倾向。面对大众的无理要求，太多的正统医生现在似乎倾向于采取一种过分的相对主义观点，甚至采取一种知识投降的姿态。或许正统和边缘之间的关系是一种继续不确定的交替变化关系。”① 我们可以看出10年后西医史专家不再一副苦大仇深的样子，之前两者的对立抗衡已经消解成主流和边缘的互利互补。但是，我们丝毫没有感觉到他们对大众治疗选择多样化的欣喜，倒是生怕补充医学越界，西医一夜之间城池不再。这便是西医界精英的民族主义情结，似乎和当地普通百姓的意愿逆向而行。

精英和大众的较量中总是略胜一筹的关键在于他们操控着政府。所以我们再一次看到，医学的问题归根结底不过是政治的问题。精英阶层的民族主义情结在政策上得以落实。2007年2月27日，美国FDA新发布《补充和替代医学产品及FDA管理指南》草案。与以往内容相比，“该草案的一个重大调整是对补充和替代医学涵盖的内容进行重新划分，将替代医学体系（Alternative Medical Systems）从CAM中分离出去，称为‘整体医学体系（Whole Medical Systems）’。传统中草药（Traditional Chinese Medicine，TCM）与阿育吠陀印度草药医学（Ayurvedic Medicine）都隶属这一范畴。……整体医学体系是‘有完整理论和事件体系、与对抗疗法（传统疗法）独立或平行发展而来’的，有着独特的文化传承背景”②。这的确是个好事，中医第一次从补充和替代医学范畴独立出来，获得了和西医平起平坐的名分。不过，和这个名分不相符的是中药仍然以食品、膳食补充剂、化妆品形式存在。“根据《联邦食品、药品和化妆品法案》201（g）（1）（B）条款的规定，如果植物产品旨在用于诊断、缓解、治疗、治愈或预防疾病，该产品就是药品；根据201（p）（1）条款的规定，该植物产品还有可能被认为是一种新药，除非它‘被具有科学培训和经历资质、能够判断药物安全性和疗效的专家广泛认同且在标签处方、推荐或建议使用的情况下是安全、有效的’。若被视为新药则需进行售前调研并向FDA

---

① ［英］罗伊·波特主编，张大庆主译：《剑桥插图医学史》，济南：山东画报出版社2007年版，第246页。

② 美国FDA：《〈补充和替代医学产品及FDA管理指南〉草案》，《美中医学》2007年第4期，第63~64页。

提出申请，获得批文后方可上市。”① 但至今没有一种中药在美国获得新药的资格。也就是说，除了少数常见的草药当食品或化妆品出售，其他的草药、动物药和矿物药无法在市场上流通。这就导致了中医在美国只能靠针灸单脚独行。欧盟的情形也大致相同。欧盟委员会于2011年4月29日发布新闻公报，宣布欧盟《传统植物药指令》从5月1日起全面实施，届时未经注册的中药将不得在欧盟市场上作为药品销售和使用。结果费尽周折，仍然没有一例中药通过注册。尝试注册的中药企业主要困在两个关卡上：过去15年的欧盟药用史证明以及数百万元的注册费用。

历经几千年考验的中药竟然栽在15年的欧盟药用史上，这实在是欧盟西医界对传统药物的特殊礼遇。在中医的全球推广潮中，欧美各国推出以上政策，究竟是出于中药安全性考虑还是本土制药公司的利益考虑?

我们可以先来考察下美国的西药安全性和有效性是如何验证的。FDA认定新药是否安全和有效一般要经过三个阶段的临床试验。“第一阶段要求将药品分发给少数正常的志愿者，以确定药物的安全剂量并且研究药品的新陈代谢及其副作用（不过，治疗癌症和艾滋病的药物例外，即使第一阶段也要用患者来进行测试）。如果该药物看起来还不错，就进入第二阶段，这阶段要求有数百名患相关疾病的人参与。按照不同的剂量将该药物分发给患者服用，并将测试结果与另一些没有吃这种药的患者相比较。最后，如果前面都进展顺利，就实施第三阶段。让更多的患者参与实验，以检测药物的安全性和有效性。这个阶段通常需要成百上千的患者参与，并且总是有一个对比组。”② 当然，并不是所有新药都要完成三个阶段的测试，比如所谓的拯救艾滋病病人的AZT药丸从实验室到审批通过，前后不过4年，这让欧盟对中药设置的15年用药史看起来扎眼。事实上，临床测试占用了制药公司对新药的20年专利期，所以大家都不择手段地尽早结束临床试验。为了在最短的时间内凑够试验的对象，它们把任务外包给“合同研究组织”（Contract Research Organizations），这种盈利性的组织通过各种渠道的广告、传单、邮件招徕想治病或者想赚辛苦费的患者。“2001年，

---

① Ibid，p. 63.

② ［美］玛西娅·安吉尔著，续芹译：《制药业的真相》，北京：北京师范大学出版社2006年版，第50页。

全世界大概有 1 000 家这样的组织，它们从制药公司那里得到大约 70 亿美元的收入。”① 其实临床试验中的“临床”两字难免误导人，让人联想起医院住院部的医生长年累月地记录病人的病情，最终汇总得到可信数据。事实上，参加试验的庞大的志愿者队伍中并不乏凑数的、不吃药的、只想赚钱的、谎报病情的，同时吃别的药而错报病情的人。但不管是制药公司还是合同研究组织，都没有动因去严格筛选志愿者，监督他们的用药，从而放缓临床试验的进度。相反，它们会想尽办法遮掩对它们不利的数据，因为合同研究组织不想得罪自己的衣食父母，而制药公司更不想自己前期的研发费用打水漂。

至于向 FDA 证明新药的有效性，由于法律上的漏洞，制药公司“并不需要向其证明这些新药与市场上的同类药物相比更加有效或者至少同样有效的。它们需要做的仅仅是证明服用新药比什么药都不吃强”。也就是说，一种新药摆上各个药店的柜台，很可能比几十年前的药效差一截，而毒性则大几倍。例如阿斯利康生产的治疗胃溃疡的洛赛克（Prilosec），当专利到期时，阿斯利康就用此药的一半成分炮制了耐新（Nexium），并成功获得 FDA 批准，然后发动广告攻势说服患者新药的效力更强。“从 1998 年到 2002 年被 FDA 批准的 415 种新药中，只有 14% 的药物是真正算得上创新的，还有 9% 是在旧药基础上做了改进……77% 制药业生产的产品都是剩菜。”② 就是这些剩菜也能轻而易举地申报新药上市。所以，当 FDA 正襟危坐，忽然关心起中药的安全性和有效性的时候，我们觉得受宠若惊。

国内国外搞两套标准，FDA 到底图什么？据《今日美国报》报道，FDA 2000 年的听证会记录中“92% 的会议中至少有一名委员存在利益冲突的问题，并且 55% 的会议中一半或者一半以上的委员存在利益冲突问题”③。利益冲突便是 FDA 委员和制药公司之间的微妙的利益关系，比如股份分成和咨询费。据《华盛顿时报》的报道：“这些建议委员会的成员

---

① ［美］玛西娅·安吉尔著，续芹译：《制药业的真相》，北京：北京师范大学出版社 2006 年版，第 78 页。

② ［美］玛西娅·安吉尔著，续芹译：《制药业的真相》，北京：北京师范大学出版社 2006 年版，第 81 页。

③ ［美］玛西娅·安吉尔著，续芹译：《制药业的真相》，北京：北京师范大学出版社 2006 年版，第 110 页。

获得咨询工作的方法简直就是‘敲诈’，因为如果公司拒绝满足他们的要求的话，就可能使已经花费了上千万美元开发的药物毁于一旦。”① 如果说FDA和美国各制药公司已经结成了利益网，那么，它们没理由将药品市场的一小块蛋糕拱手让给外来的中药。所谓的用化学成分检验的方式无法证明中药的安全性和有效性只是哄人的借口罢了，因为既然FDA承认中医和西医平行发展，就无须以西药的检测标准来衡量中药。中医的进一步渗透美国市场遭遇政治经济和文化各路精英的民族主义抵触，其前途不容乐观。

第三节　中华医药应对全球化

近年来，关于中医如何全球化的讨论如火如荼，各个领域的专家争相献计献策。大部分的思路都围绕着“改革”两字，诸如中医理论和操作的科学化、配方剂量标准化、掌握国际游戏规则和抢占专利权等。简单地说，中医必须迎合国际标准才能打入国际市场。这话貌似没错，不过，西医输入中国有没有问过中国人的口味呢？显然没有。坚船利炮开路，体制大换血，没有任何中国用药史证明和注册起步价，西医就逼得中医下野。那么，中医全球化有无必要一味迁就西医的标准，而将自己整得面目全非？国际医药标准是欧美定的，它不是什么公平的游戏规则，它带有明显的民族保护色彩。我们一片苦心削足适履又能在制药公司盘踞的西方市场捞得多少好处？与其低声下气分得一些国外的残羹冷炙，不如将全球扩张的雄心壮志先放一放，回头看看被西方各国觊觎的国内市场。国内中药的市场份额大致停留在三成，并且大多数专家认为中药市场已经饱和。本土市场不过如此，又何谈中医的国际化？所以，当务之急在于振兴中医，在中国恢复它的主流地位。

如何为中医平反？其实不难，中医当年如何被打压，也便以同样的手

---

① ［美］玛西娅·安吉尔著，续芹译：《制药业的真相》，北京：北京师范大学出版社2006年版，第90页。

段给它平反回去。假设教育部将七成的西医学校换成纯中医学校，将七成的西医教科书换成纯中医书籍，培养出纯中医人士送往卫生部，替换自上而下七成西医官员和行政人员，同时送往大大小小所有医院，替换七成的西医生，那么，中医的城池一夜可复得，国人至少可减七成的医疗费。这并非胡言乱语、痴人说梦。这只是对西医入侵手段心平气和的复制。日本近年来为中医平反走的也是教育行政路线。2009 年香港《亚洲周刊》报道，一百多年前禁止中医的日本因为西医治愈率停滞不前，以及老年人群的保健需求，开始重振汉医。“本文部科学省最近正式给长期被打入冷宫的中医药‘平反’并‘恢复名誉’：‘中医学概论’开始被规定列入全国 80 所专业或综合性大学医学部的必修课程，2006 年起作为日本医生临床考试内容之一，2008 年开始纳入日本医生资格考试的试题范围。20 多万当代的日本医生中，九成五以上没有系统学习过‘中医学’的‘历史断层’，终于被新时代中医迸发的恒久魅力所‘焊接’。”[①] 这让我们见识了日本教育部的雷厉风行，也让我们看到了收复中医失地的实践可能性。

但是，日本所谓的汉医并不是传统意义上的中医，而是中医西化。日本的富山县建立了大型中药科学研究基地“和汉药研究所”，自诩通过中草药的遗传因子研究“从根本上为中草药的免疫性提供科学依据，也为制药厂开发对现代病有疗效的新的日本中药提供科学保证”[②]。所谓新的日本中药，不过是把西药的化学元素提取方法用在植物药材上，其用药原则、药性功效和中药截然不同，所以不妨更正为“植物提取西药”。不仅在日本，早在 1990 年，跨国医药巨头葛兰素史克就开始在中国投资研究植物的化学物提取方法。最近，诺华公司又与上药集团所开展中草药中的天然活性物质项目的合作。这便引起国内中医同情派的担忧，继民国开始的废医存药到当前的中药西化，中医或许到了生死存亡的关头。

西方强国一而再、再而三地将中医逼到死胡同里，意在何处？采访显示，与和汉药研究所试图通过中药科学化来实现市场化一样，诺华公司计划注册新药，抢占中国医药消费市场。显而易见，中药西化意在将中药商业化。如果中医的用药习惯停留在上山采药、药材原料买卖、自行煎服的

---

① 毛峰：《日本终为中医药平反》，《亚洲周刊》2008 年 8 月 1 日。

② 毛峰：《日本终为中医药平反》，《亚洲周刊》2008 年 8 月 1 日。

阶段，药商的腰包何时才能鼓起来？但是，如果药品必须经过高新科技的高深处理，附加值的分量就体现出来了，那时药商吆喝个天价，大家也得乖乖掏腰包。问题是掏这腰包到底值不值？植物提取西药似乎从来不屑和中药汤剂或者成药作正面比较，找来诸多借口譬如中药复方化学成分不清、难以下咽、不方便、落后等，但始终对药效缄口不言。只要按 FDA 审批准则，比不吃药效果好、能上市捞金就行了。事实上，中医用药从来都是一人一方，即使同一种疾病，也根据个人体质、入病深浅来辨证施药。而西药一向千人同药，甚或百病同药，便于大规模生产、市场化操作。谁又负责地考虑过药效？当美国制药公司提取了麻黄碱合成新药投入市场，导致诸多患者头晕呕吐的不良反应，FDA 便禁止中药“麻黄”的使用和销售（无法得知它在新药审批阶段收了多少贿赂）。张仲景的验方“麻黄汤”并无罪，提取某个化学成分，破坏中药材的整体结构，这才是西药的炼化毒品的根源。如果中药提取物的种种毒性和无效性还不能让西医放弃对中医的同化，那么，我们有必要反思西医的道德底线到底在哪里。

纵观中医百年沉浮，不论是西医越界同化中医，还是中医在海外的重构，都无法逃脱西方文化帝国主义的阴影。这大概便是殖民地文化在全球化语境中的悲哀吧。中医在未来是夹缝生存还是行将就木，我们不得而知，不过我们似乎应该问一句，中国的文化自戕还会走多远？

第十二章

全球化与主题公园的“迪斯尼化”

作为全球第一家主题公园，美国洛杉矶迪斯尼乐园于20世纪50年代正式面世，随即，这一文化主题乐园引起巨大轰动。据统计，50多年来迪斯尼乐园已接待游客达10多亿人次，平均每天的门票收入就近百万美元。更为重要的是，迪斯尼乐园的意义已经超出了经济或休闲范畴，已经成为美国人文化生活的一部分，与“美国梦”密不可分。有学者指出，在对美国流行文化有诸多贡献的显赫人物当中，沃尔特·迪斯尼（Walt Disney）尤为引人注目，因为他的迪斯尼乐园被认为是美国文化的大观园，它表征和宣扬了美国精神。20世纪80年代，随着世界经济一体化以及大众旅游在世界范围内的蓬勃兴起，迪斯尼公司开始将乐园项目的开发目标投向海外。1983年，日本东京迪斯尼乐园开幕；1992年，迪斯尼开拓了欧洲市场，迪斯尼乐园在巴黎开业；2005年，中国香港迪斯尼乐园建成迎客；2011年4月8日，上海迪斯尼乐园项目正式动工——这是世界第6座、亚洲第3座、中国第2座迪斯尼主题公园。全球主题公园的“迪斯尼化”已见端倪。

迪斯尼乐园在世界范围内取得的成就为世界所关注，隐藏在它成功背后的原因究竟是什么？面对中国传统文化和美国消费文化的冲击与碰撞，上海迪斯尼乐园能否像其他海外乐园一样取得成功？站在全球化理论的角度，分析“美国化”的内涵，揭示美国迪斯尼主题公园成功的深层次原因是颇有意义的。

第一节　全球本土化趋势

全球文化不可能也不应该是一元文化或同质文化，更不是某种文化中心的文化，而是多元文化构成的全球文化。今天，人们赖以生存的文化环境已经超出了民族和国家的界限。一个地球人从诞生起，就处在来自全球的文化信息的包围中，在享受和接收着属于整个地球的物质文明和精神文明。这个全球的社会化过程，使得一个人首先成为一个地球人，然后才是中国人、美国人、法国人等。每个国家和民族的文化在保持其各自的相对特性的基础上，又进行了部分融合，全球文化正是这种融合的产物。

在全球化的过程中，任何单纯的效仿和复制都是行不通的，社会活动的再生产必须以全球文化和当地文化的平衡为基础。文化的发展是一个动态多元竞逐的过程，每一个国家的文化都在变化之中，尤其在全球化时代，没有任何一种文化可以独善其身。当一种外来文化被吸收后，它就被视为本土文化的一部分。合成的文化无可否认依然是本土的，并成为继续演化的新起点。

全球本土化（glocalization）是全球化（globalization）和本土化（localization）的集合，意在强调全球化与本土化的辩证关系。在全球本土化（glocalization）的框架下，全球化和本土化之间相互渗透，力图达到在融合世界文化的同时，抵御文化冲击，保持自身文化特性。杜维明先生就曾经提出："这一种复杂的互动的现象，就是 global 和 local 之间的关系，英文世界里用一个特别的名词来形容它，叫作 glocal，就是说既是 global（全球的），又是 local（地方的），因此同时是全球的又是地方的现象。"① 罗兰·罗伯森也指出，在一个越来越全球化的世界里坚持多样性和差异性是全球化理论不可或缺的一部分。② 因此，全球本土化并不是一个脱离于全球化的独立的概念，因为所有全球化的过程最终都会归结为全球本土化。毫无疑问，在传播的过程中，全球化的力量必然会被本土文化修改和融合。本土与全球二者共同构成了全球化，全球化将会不断增加本土性的创造性，而这些过程本身也会将世界压缩成一个整体。

全球化背景下文化发展最重要的一个特征就是全球与本土的和谐共处。当今世界，文化的全球化已经表现得非常明显。比如虽然居住在上海，依然可以品尝到美味的土耳其美食，购买到巴黎最新款的服装，观赏到好莱坞最热门的影片。这种全球化的现象随着社会的不断进步会持续下去。而在全球化的过程中，文化的本土化是必不可少的，因为这是本民族文化发展的基本条件。我们在享受全球化带来的成果的同时，始终尊崇和歌颂本民族的传统文化。虽然近些年圣诞节等西方节日在中国的氛围很强烈，但是大部分西方节日只不过是商家为了促销而采取的一种手段而已，

① ［美］杜维明：《东亚价值与多元现代性》，北京：中国社会科学出版社 2001 年版，第 33 页。

② ［美］罗兰·罗伯森著，梁光严译：《全球化——社会理论和全球文化》，上海：上海人民出版社 2000 年版，第 105 页。

中国的传统节日依然是最受人们重视的。由上海市文明办、上海市民俗文化学会等多家单位所做的一项调查的结果显示，在现代化大都市上海，普通市民最重视的节日还是中华民族传统节日。在回答“如果您比较喜欢过中国传统节日，主要是因为什么”这一问题时，56.6%的受访者选择了“我们是中国人”，39.4%的人选择了“能了解中国传统文化”。

文化的全球化与文化的本土化是辩证统一的关系。文化的全球化以民族文化的多样性为基础，为本土文化的复兴提供了指导；文化的本土化是对文化全球化的回应，是文化民族性对全球性的反弹。为了使自己的民族文化能够实现创造性转换化，重新适应新的全球化环境，本土文化的复兴作为一种回应出现了。总之，正如约翰·奈斯比特所说：“我们越是承认全球化并在经济上相互依存，我们就越是做着符合人性的事情；我们越是承认我们的特性，我们就越想紧紧依靠我们的语言，越想紧紧抓住我们的根和文化。”因此，本土和全球并不是相互排斥的，它们之间构成了一种看似矛盾、但实际上既彼此互补又相互渗透的关系。

第二节　“美国化”的内涵

“美国化”并不是一种新的现象，从英国学者威廉·斯特德1901年出版的《世界的美国化》一书算起，至今已有100余年的历史了。[①] 但真正意义上的“美国化”应归结于20世纪第二次世界大战以来，美国大众文化风靡世界。肯德基、麦当劳、迪斯尼、可口可乐等品牌流行世界，随着美国国力的强大，这一趋势也在日益加强。

以好莱坞电影在全球的扩张为例。据统计，从1918年到1921年，好莱坞影片（在欧洲）的出口增长了300%。在好莱坞影片的冲击下，欧洲许多国家的电影业出现了不景气的征兆。赫伯特·胡佛在20世纪20年代任美国商业部部长，他当时谈道：“电影出口的意义，一方面作为一种直

---

① 毛露敏：《探析“文化全球化”与“文化美国化”》，《社会科学家》2007年第S2期。

接的商品贸易，另一方面代表美国商品的生活习惯产生强有力的影响。”好莱坞电影对中国市场的冲击也从未停止过。从最初的《廊桥遗梦》开启谈情说爱之心，到1997年的《泰坦尼克号》唱响纯爱忠贞之美，再到2010年的《阿凡达》掀起的3D热潮，一部部大片带来的精神“轰炸”大抵要比内容远远来得富足。1896年电影首次在中国放映，从那以后的50多年里，大量美国电影被引进，在电影院上映的篇目中，占到了80%～85%。早在20世纪30年代就有人说过，好莱坞已经“取代了传教士、教育家、炮舰、商人和英语文学，成为中国学习西方工业社会文化和生活方式的最为重要的途径”①。谢里夫·海塔塔是埃及的一位医生，目睹了美国大众文化在埃及的扩张，他本人是一个信守传统的“激进保守派”，看不惯当地年轻人对外来事物的模仿。然而，他最终还是没有抵制住美国大众文化的强烈“诱惑”。用他本人的话来说：“过去我认为根本不可能的一些事居然在我身上发生了，要抵抗它们甚至比坚持左翼运动更难。在我71岁时，我居然习惯了穿牛仔裤和耐克鞋，也开始听摇滚乐、牙买加节奏音乐，有时甚至听说唱乐。我也开始喜欢光顾迪斯科舞厅，有时我还会有其他的一些欲望，尽管在此之前我成功地抵御了它们的侵袭。我知道这些东西已悄悄进入了我们的生活，通过传媒，通过电视、电影、广播、广告、报纸，甚至小说、音乐、诗歌。这就是文化，它正四处伸展，席卷全球。”②

美国从好莱坞影片在世界上风行获得的并不单单是丰厚的利润，更重要的是美国社会价值理念的推广，在接受这些观念的人的意识中重塑了美国形象。因此，电影不只是一个收入的来源，它还会引诱观众去购买其他美国的产品，学习美国的生活方式。③ 现在，生活在全球每一个角落的人们都会感受到美国大众文化的无处不在。好莱坞的大制作电影、FOX的电视新闻、MTV频道的流行音乐、《时代》杂志封面、ESPN的体育直播、广告形象和包装设计、牛仔裤风……都被打上了“美国制造”的商标。

由此可见，“美国化”的载体主要是美国大众文化。在全球化的时代，

---

① http://wenku. baidu. com/view/2b8d9c84bceb19e8b8f6ba5b. html.

② 王晓德：《关于“美国化”与全球多元文化发展的思考》，《美国研究》2003年第3期。

③ 王晓德、张晓芒：《历史与现实——世界文化多元化研究》，天津：天津人民出版社2007年版，第201页。

美国的大众文化能够在全球传播是有一定的客观因素的。第二次世界大战之后，美国的文化产品比战前更加丰富多彩，诱惑力和吸引力更强，很大程度上给生活在竞争激烈的现代社会的人们提供了放松的渠道。像肯德基、麦当劳这样的快餐文化适应了城市中紧张工作的上班族；好莱坞电影等娱乐产品则迎合了现代化进程中人们的价值观，它们包含的文化内涵虽然来源于美国，但是它们风靡全球的原因恰是因为它们能够适应现代社会发展的需要。“美国化”总是意味着好莱坞电影、广告、主题公园、购物中心、快餐文化等，这些都是为老百姓而不是为贵族创造的文化，所以“美国化”才能够如此迅速地占领全球市场。其他国家的消费者在享受这些产品的同时总是不自觉地趋向于美国消费和生活方式。美国大众文化对传统社会具有极强的穿透力，会潜移默化地转变人们的思维定式和行为方式，而且受到人们的欢迎，所以美国大众文化一直都保持着难以遏制的扩张势头。

但是，我们不能简单地把全球化看作是世界上的其他国家向美国消费方式的屈服。全球化的进程是相当多样化的。安东尼·吉登斯曾经说过：“全球化是美国化吗？更广泛地说，全球化是西方国家为他们自身利益而实施统治的过程吗？对每一个问题我将很确定地说：‘不’。”美国文化对其他国家的发展有很大的影响，但是任何国家的传统文化都是在与美国大众文化的交流中不断发展壮大的，并没有失去其原本的价值。而且代表美国大众文化的产品，如电影、主题公园、快餐等进入其他地域的时候，为了迎合当地消费者的需求，相对于在美国本土的形式，它们已经发生了很大的改变。比如，麦当劳几乎所有的海外分店都经常变换菜单，以适应当地人的口味：印度的麦当劳根本不卖牛肉，日本的麦当劳出售“海菜汉堡包”。麦当劳被“亚洲化”的程度大于亚洲被“大国化”的程度①。然而，一个国家的文化涉及多个方面，不能单纯地把文化等同于物质的消费。去麦当劳吃汉堡包不会使欧洲人像美国人，就像吃紫菜包饭不会使美国人像韩国人一样。在全球化背景下的现代社会中，消费品的传播是必然的，而且不会改变当地的基本生活方式和文化。人们去肯德基、麦当劳吃快餐的

---

①［美］R. 巴尔科：《全球化与文化：美国化还是文化多样性?》，《国外社会科学》2004 年第 2 期。

同时并没有放弃本国的美食市场，相反，本国餐饮企业在这些“洋快餐”面前会有危机感，会在这些交流碰撞中不断发展壮大。因此，“美国化”会给本土文化带来挑战，也会造成本土文化的某些明显的变化，但其对人们最担心的年青一代的影响并不足为惧。它在短时间内可能会造成人们思想观念的混乱，但要动摇本身具有丰厚积淀的文化基础并取而代之几乎是不可能的。在人类文明史上，一种文化的消失，根源往往在内部，即失去了适应外部环境变化的创新意识；而一种文化的发展很大程度上是在不断汲取外来文化的有益成分所致。①

“美国化”的确给其他国家的文化发展造成了很大的冲击，但它带来的不是全球文化发展的单一化或同质化，而是促进受冲击的国家通过加强对“美国化”的回应来更加适应社会现代性的需要。因此，“美国化”不会改变全球文化多元发展。“迪斯尼化”便是在这种大背景下提出来的。在全球主题公园中，迪斯尼无疑是最知名的品牌。在很多美国人和其他国家的人看来，迪斯尼公园与美国文化紧密联系在一起，甚至有到了美国不去迪斯尼乐园就不算去过美国的说法。有学者将“迪斯尼化”看成是“美国化”进程中重要的一步，因为迪斯尼公园在全球的扩张中潜移默化地宣传了美国文化和美国精神。同时，迪斯尼公园在海外建设主题公园时，为了吸引更多的消费者，总是尽可能加入当地的文化元素，使之与当地文化融为一体。

第三节 “迪斯尼化”及其特征

这个社会有越来越多的方面正呈现出一些与迪斯尼主题公园密切相关的特征。著名学者艾伦·布里曼（Alan Bryman）提出了“迪斯尼化”的概念：迪斯尼主题公园的原理正在逐渐向美国社会以及世界其他地区的越

① 王晓德、张晓芒：《历史与现实——世界文化多元化研究》，天津：天津人民出版社2007年版，第86～89页。

来越多的领域渗透。[①] 迪斯尼化是一种系统，而且并不局限于个别企业和品牌。尽管迪斯尼化是一种全球性力量，但它并不是创造同质性和标准化的力量，而是一种鼓励多样性和差异化的系统景象。迪斯尼化正在全球范围内传播，但就像其他一些全球性趋势一样，它未必能原封不动地移植到其他国家。在来到异国他乡的时候，迪斯尼化的模式也必须和当地文化相融合并进行适应性修改，东京、巴黎和香港迪斯尼乐园的地方化就是典型的例子。

其实，早在提出“迪斯尼化”这个概念之前，迪斯尼主题公园原理就已经存在于社会的不同领域中了，但是由于迪斯尼主题公园在此理念指导下取得的巨大成功和在全球的巨大影响力，就将迪斯尼主题公园作为典范并用“迪斯尼化”代表这一原理。迪斯尼化和乔治·里泽（George Ritzer）曾经提出的麦当劳化不同。所谓麦当劳化，是以麦当劳餐厅为代表的商业模式，以同质性、高可复制性、流水线为其特征。[②] 而迪斯尼化，是以迪斯尼主题公园为代表的商业模式，以多样性、人性化为其特征。麦当劳化的理论基础是经济理性、福特主义以及科学管理，在麦当劳化的世界里，所有消费者都是一副面孔，没有个性，没有选择。迪斯尼化则来源于后福特主义的多样性理念，在迪斯尼化的世界里，消费者是中心，商品和服务提供者的目的是为消费者奉上一次激动人心的娱乐体验。

迪斯尼化理论根植于后现代主义。后现代主义是一种起源于 20 世纪 60 年代的西方的反文化思潮，它所具有的反传统、反本质、反主流、反理性、多元化等特征在一定范围内已经形成某种共识。[③] 随着社会逐渐进入后现代时期，消费社会已经到来，标准化的商业模式已经不能满足消费者的个性化需求。后现代主义促使我们转变以往僵化、封闭的思维方式。人们追求的是在消费过程中的享受，而不再只注重结果；购物不再仅仅是买东西，而是一种感官的享受，是一种物质和精神的双重消费。

---

① ［英］艾伦·布里曼著，乔江涛译：《迪斯尼风暴：商业的迪斯尼化》，北京：中信出版社 2006 年版，第 50 页。

② ［美］乔治·里泽著，容冰译：《麦当劳梦魇——社会的麦当劳化》，北京：中信出版社 2006 年版，第 89 页。

③ 曾杨、杨雪：《后现代主义影响下的消费文化评析》，《经济师》2007 年第 1 期。

迪斯尼化可以说是现代商业社会发展模式和趋势的一个隐喻。它是一面我们据以看清现代社会本质的透镜，也是思考与消费和全球化有关的种种问题的一种方式。迪斯尼化的特征体现在四个方面：

第一，主题化。主题化就是用特定主题包装一个对象，借此赋予它某种有吸引力的特殊意义和氛围，使消费者能整体感受到主题的思想，达到吸引他们的效果。作为主题化的典范，迪斯尼主题公园的主题化体现在三个不同的层面上。第一是公园的主体本身，迪斯尼乐园实际上是对美国历史的纪念和对其进步的赞歌。斯蒂芬曾经说过，迪斯尼乐园是美国中产阶级朝圣者的乐园，以家庭为主题的迪斯尼乐园使中产阶级忘掉现实的残酷，沉浸在公园营造的怀旧氛围中。沃尔特·迪斯尼也强调过，在迪斯尼公园，老一代人可以重新体验往昔岁月，而新一代年轻人可以品味未来挑战。① 第二种主题是公园内部的不同主题化区域。比如美国大街、荒野地带、未来世界等等。第三种是一种极其特殊的主题化，艾伦·布里曼用"反身主题化"来描述这一现象。② 也就是说迪斯尼公司由于太有特色和知名度，本身就构成了一个主题。公园中随处可见的与游客合影的卡通人物比如米老鼠、唐老鸭等就是典型的例子。

主题化原理已经渗透到了很多领域中，现代生活的越来越多的领域已经主题化，中国也有各种各样的主题公园，比如世界遗产博览主题公园——深圳世界之窗；中国两宋文化活态遗产主题公园——杭州宋城；中华大唐文化复活遗产主题公园——西安大唐芙蓉园等。主题化餐厅也成为一个特殊的行业，比如在日本非常流行的女仆主题餐厅、海贼王主题餐厅等。除此之外，酒店、商场、动物园和博物馆等机构的主题化趋势日渐强烈，它们都尝试着用统一的主题赋予自身特殊的意义，以吸引更多的消费者。

第二，混合消费。所谓混合消费，是指与不同商业领域的各种消费形式彼此连锁，越来越难以区分。迪斯尼主题公园中围绕主题，不光是游客休息娱乐的场所，还结合了购物、餐饮和住宿等消费形式，让游客尽可能

---

① Wasko, Janet, *Understanding Disney*, London: Polity Press, 2001, pp. 87 – 89.

② ［英］艾伦·布里曼著，乔江涛译：《迪斯尼风暴：商业的迪斯尼化》，北京：中信出版社 2006 年版，第 55 页。

表1　迪斯尼主题公园的主题分布

主题公园名称	地点	景点	创建时间	主题区域
迪斯尼乐园娱乐中心(Disneyland Resort)	加利福尼亚州阿纳海姆市	魔幻王国(Magic Kindom)	1955	探险世界、拓荒世界、明日世界和幻想世界
		加利福尼亚冒险乐园(California Adventure)	2001	和平码头、慷慨的山谷广场、神鹰台和好莱坞电影外景地
沃尔特·迪斯尼世界娱乐中心(Walt Disney World Resort)	佛罗里达州奥兰多	魔幻王国(Magic Kingdom)	1971	探险世界、拓荒世界、明日世界和幻想世界
		艾波卡特中心(Epcot Center)	1982	未来世界、世界之窗
		迪斯尼—米高梅影城(Disney-MGM Studios)	1989	分为不同区域，各区采用电影和好莱坞主题：日落大道、好莱坞大道、摄影场大院和外景地
		迪斯尼动物王国(Disney's Animal Kingdom)	1998	非洲、亚洲、探险村、绿洲和美国恐龙大道过去和现在的动物
东京迪斯尼中心(Tokyo Disney Resort)	日本东京	东京迪斯尼乐园(Tokyo Disneyland)	1983	探险世界、西部土地、明日世界和幻想世界
		迪斯尼海洋乐园(Disney Sea)	2001	港口探险、美国海滨、美人鱼礁瑚、神秘岛、地中海港口等以航海为主题的区域

（续上表）

主题公园名称	地点	景点	创建时间	主题区域
巴黎迪斯尼乐园娱乐中心（Disneyland Resort Pairs）	法国巴黎	迪斯尼公园（Disneyland Park）	1992	探险世界、拓荒世界、探索世界和幻想世界
		沃尔特·迪斯尼影城（Walt Disney Studios）	2002	各区均采用电影和好莱坞主题：外景地、制片厂大院和动画庭院
香港迪斯尼乐园（Hong Kong Disneyland）	中国香港	香港迪斯尼乐园第一期（Hong Kong Disneyland）	2005	美国小镇大街、探险世界（2007 年 5 月 4 日至 9 月 2 日为海盗世界）、幻想世界、明日世界
		扩建中（三个主题区）		野矿山谷、迷离庄园、反斗奇兵历奇地带
上海迪斯尼乐园（Shanghai Disneyland）	中国上海	上海迪斯尼乐园（Shanghai Disneyland）	2014	围绕“神奇王国”的主题，计划建设五个主题化的游乐区域（包括“小熊维尼历险记”、“太空飞碟”等景点）

资料来源：［英］艾伦·布里曼著，乔江涛译：《迪斯尼风暴：商业的迪斯尼化》，北京：中信出版社 2006 年版，第 7～8 页。

长时间地待在公园里。迪斯尼主题公园甚至被描绘为商品和食物的销售工具，“欧洲迪斯尼乐园”招股说明书中这样介绍与“迪斯尼主题公园理念”相关的主要管理方法之一：“迪斯尼已经学会了将其主题公园中的商店的商品组合最优化，因此这些商店利润极高，而且多次创造了美国零售商店的每平方英尺的最高销售额记录。”[1]

以香港迪斯尼乐园为例，园区内一个重要的主题区“美国小镇大街”就是代表。它的主要用途就是供游客购物，大街两边的商店里琳琅满目。主大街是进入香港迪斯尼乐园的第一站，如童话般的建筑会吸引我们进入，其实里面就是一个变了形的超级市场，消费者们完全参与其中，以为自己在玩，其实是在消费。但是迪斯尼主题公园里的商店、餐厅和主题区的游乐项目是完美融合的。例如香港迪斯尼乐园里的另一个主题区“明日世界”，在这里游玩结束的游客想离开的话，必须要经过一家售卖迪斯尼公仔的商店。除此之外，迪斯尼酒店也是迪斯尼主题公园运用混合消费的一个重要环节。香港迪斯尼乐园中有两家主题酒店：香港迪斯尼乐园酒店和迪斯尼好莱坞酒店。迪斯尼酒店通过对住店游客提供特色服务来吸引客人。酒店特设免费巴士，每隔10~15分钟一班，载客人往返于乐园。在华丽的酒店大堂里，客人还可以与迪斯尼公主等卡通人物相会。酒店还提供米老鼠清晨叫醒服务和精彩的睡前迪斯尼电视节目等。香港迪斯尼乐园甚至还承办童话式婚礼，只要选择理想的婚礼套餐，就可以拥有一个童话般的浪漫婚礼。香港迪斯尼乐园的这些策略，其实都是消费的延伸，他们的宗旨和策略就是让游客尽可能长时间地留在乐园里。

沃尔特·迪斯尼公司前副总裁凯利·亨内威尔（Kerry Hunnewell）一针见血地道出了其中的关键：“奥兰多（迪斯尼乐园）的哲学就是让你去那儿，把你留在那儿，确保你把所有的钱都花在那儿……在阿纳海姆，我们需要给人们一个逗留不走的理由。”[2] 混合消费的原则已经被越来越多的商家使用，特别是大型商场和购物中心，已经变成了主要的混合消费场所。商场总是试图将所有的消费类型和功能结合起来，让消费者们没有离开的理由。这一类的混合消费方式有很多，而且被众人熟知。现在很多大型购物中心甚至更像是活动和娱乐场所而不是购物场所。商场里设置了各种各样的餐厅、电影院、儿童游乐中心，而且还有银行设施，比如ATM机。就像迪斯尼乐园一样，购物中心吸引消费者的，更在于它所提供的消

---

① ［英］艾伦·布里曼著，乔江涛译：《迪斯尼风暴：商业的迪斯尼化》，北京：中信出版社2006年版，第101页。

② ［英］艾伦·布里曼著，乔江涛译：《迪斯尼风暴：商业的迪斯尼化》，北京：中信出版社2006年版，第123页。

费体验，而不是单纯地贩卖商品。它们以服务为中心、以商品为素材，为消费者创造值得回忆的感受，抓住消费者的注意力。如表 2 所示，现在一般的购物中心都不再只是百货商店和专卖店，而是加入了许多其他的元素：服务、文化娱乐和餐饮设施等，最大限度地让消费者停留更长的时间。以广州白云万达广场为例，它是集购物、电影、电玩、餐饮、销售、文化、体育等多种享受于一体的“一站式”购物中心，包括万千百货、万达国际影城、沃尔玛购物广场、大歌星 KTV、大玩家超乐场、国美电器、万达希尔顿酒店、奇乐儿童游乐场、大椰丰饭大酒楼等主力店。除此之外，白云万达广场餐饮区涵盖了各种菜系，既有肯德基、星巴克、麦当劳、必胜客等国际品牌快餐，也包括汉拿山、味千拉面等日韩品牌，当然还有德庄火锅、芙蓉楼等中餐。他们的目的就是满足消费者的各种需求，实现“一条龙”服务。

表 2 独立式购物中心的基本组成

商业设施	零售设施	核心百货商店
		专卖店
	服务设施	银行、洗衣房、社区服务中心、医疗中心、园艺中心、汽车修理部
	文化娱乐设施	图书馆、溜冰场、影剧院、游泳池、体育中心、艺术画廊、儿童游泳中心
	餐饮设施	餐馆、咖啡屋、酒吧
附属设施		停车场
		旅馆

资料来源：刘念雄：《购物中心开发、设计与管理》，北京：中国建筑工业出版社 2001 年版，第 88 页。

第三，商品化。商品化就是利用迪斯尼品牌和著名卡通形象等优势出售各种各样的商品，它的基本原理就是利用受欢迎的形象赚取更多的利益。迪斯尼主题公园的商品化最明显的表现就是出售各式各样的迪斯尼公司的产品：文具、玩具、图书、服饰……煞费苦心的迪斯尼公司还设计生产了很多只有在主题公园内部才能买到的产品，通过这种方法吸引游客。

比如在香港迪斯尼乐园的主题区“明日世界”里，有专门出售各种太空主题的公仔和配饰，还有其中的人气游乐项目“飞越太空山”的主题服饰。

迪斯尼乐园的商品化的特点并不是独有的，现代社会已经越来越多地融入到商品化的大潮中，其中最明显的要数影视行业了。这些年来，一部电影在商品化和特许经销上赚的钱要比票房收入高已经不是秘密了。以2010年好莱坞的科幻电影《阿凡达》为例，电影的热度在上映初期就从大银幕扩散到了电影周边产品：手持弓箭的阿凡达人偶栩栩如生，印着“AVATAR”字样的T恤、U盘、背包、手表、钥匙扣等，甚至还有玩具商制造出一比一的机器装甲。而在香港，*Avatar*的片名已经赫然印在了可口可乐零度的饮料罐身上，仿佛片中的生活道具跳到了现实中一般。苹果公司更是在第二年就开发出了同名手机游戏，在美丽的潘多拉星球，玩家可以体验人类与纳美人之间的壮烈战争。据统计，这款手机游戏深受欢迎，仅仅在一个手机门户网站上，该款游戏的下载数已经高达36万人。

第四，情感劳动。尽管情感劳动在服务行业中的趋势越来越强烈，但却是迪斯尼化四个特征中最隐晦和不易察觉的一个，因为人们已经习惯了微笑服务，并不是每个消费者都能意识到这是一种表演。所谓情感劳动，是指在工作中通过适当的肢体动作、表情和语言等信息向顾客传达一种积极的情感，不管这种情感是不是发自内心的。迪斯尼主题公园处处为游客着想，表现出高度的人性化。永远面带微笑、不知疲倦的迪斯尼主题公园职员已经成为一种特殊的企业文化。迪斯尼主题公园员工要接受严格的情感劳动的培训，迪斯尼甚至创建了一个专事培训的迪斯尼大学。在迪斯尼乐园训练手册中有这样一段话：在迪斯尼乐园中，我们会累，但我们永不厌倦。即使在艰苦的一天中，我们也要表现得很快乐。你要有真诚的笑容，发自内心的笑容。为了做到这一点，你得培养自己的幽默感和对人的真正兴趣。如果其他办法都不管用，那你就牢记你的笑会换来薪水。[①]

另一方面，迪斯尼主题公园的情感化服务还表现在剧场演出活动上。在迪斯尼乐园，员工被称为“演员”。他们身着舞台妆，努力把自己想象成舞台上的演员，创造快乐的氛围，带动消费者的情绪，使游客可以暂时

---

① ［英］艾伦·布里曼著，乔江涛译：《迪斯尼风暴：商业的迪斯尼化》，北京：中信出版社2006年版，第10页。

忘掉现实生活的残酷，仿佛真的置身于童话世界中一般。被誉为亚洲第一游乐园的东京迪斯尼乐园里，园内的舞台和广场上定时举办丰富多彩的化妆表演和极富趣味性的花车巡演活动。在花车游行活动中，员工们都装扮成迪斯尼公司的卡通形象，努力模仿他们的样子，使游客身临其境。

“迪斯尼化”已经成为一种全球性力量，与它相关的原理正在逐渐向全球很多理论扩散。而且，有无数的机构将迪斯尼主题公园奉为典范并将其原理加以实际运用。就像米尔斯（Mills）所说：

迪斯尼所创建的新型娱乐中心大获成功，以至于迪斯尼乐园特别是迪斯尼世界不仅成为产品领袖，还成为人们（无论是开发商还是公众）据以评估直接与大众百姓接触的各类机构和设施的准绳。从购物中心、美术馆和博物馆一直到新一代世界博览会和会议中心，无一例外……不光是所有的游乐园开发商，所有的购物中心也必须认识到迪斯尼已经为大型综合场所的开发设定了标准，就像亨利·福特曾经为工厂生产设定标准一样。[①]

第四节　美国以外的迪斯尼乐园

迪斯尼乐园在美国本土取得巨大的成功之后，迪斯尼公司将目光投向了海外市场。从20世纪80年代起，迪斯尼公司继本土两个主题公园的成功运营后，开始了海外扩张之路。但是在迪斯尼乐园准备向海外扩展的时候，迪斯尼公司需要考虑的一个最主要的问题就是如何将迪斯尼乐园中的美国文化和当地本土文化相结合。因为游客们肯定对迪斯尼乐园中的美国文化很感兴趣，所以不想有太大的改变，但是他们也明白不能全盘移植美国本土的公园而对其他国家的传统文化不加考虑。在进入国际市场的过程中，究竟是采用全球化营销战略，还是还用本土化的适应性战略，这是迪斯尼公司需要面临的一个重要决策。迪斯尼公司把美国模式照搬到日本东

---

① ［英］艾伦·布里曼著，乔江涛译：《迪斯尼风暴：商业的迪斯尼化》，北京：中信出版社2006年版，第88页。

京，获得了成功；然而，同样的管理体制、经验及价值复制到欧洲，就出现了很多问题。有了这些经验教训之后，为了让香港迪斯尼在中国取得最终的成功，使迪斯尼公司和香港政府实现双赢，根据中国主题公园的经营现状，以及日本和法国巴黎迪斯尼的经验教训，迪斯尼公司在香港迪斯尼的运行模式上采取了“全球本土化”，即在保留迪斯尼乐园总体形象，经营理念等的基础上，辅之以本土化的营销策略和人才本土化来适应当地的市场环境和文化特色。那么，上海迪斯尼乐园应该采取哪种模式？在全球本土化的基础上，应该如何平衡美国文化和中国传统文化的碰撞与冲击呢？

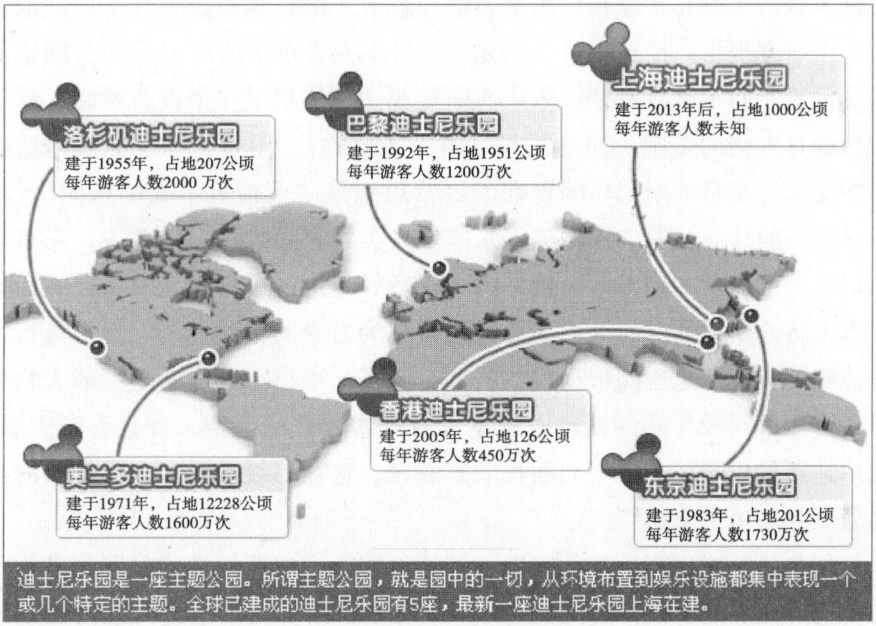

全球迪斯尼乐园分布图

资料来源：凤凰网。

1983 年，迪斯尼公司开始走出国门，把迪斯尼乐园的经营模式推向日本。在东京附近的千叶县浦安市建成了占地 200 英亩的东京迪斯尼乐园。东京迪斯尼乐园是迪斯尼公司海外扩展的第一站，也是最成功的海外迪斯尼乐园之一。当年游客就突破了预计指标，达到 1 000 万人次。到 1990 年，东京迪斯尼乐园的游客人数已经达到了每年 1 600 万人次，超过了美国加州迪斯尼乐园的游客人数。至今，东京迪斯尼乐园已经成为全球“迪斯尼乐园”中规模最大的一座，每年吸引1 000多万游客，年利润额超过1 500多亿元，被誉为亚洲第一乐园。①

东京迪斯尼乐园的巨大成功是由日本民族和美国文化的特殊关系决定的。日本的特殊优势表现在历史赋予日本的政治、文化、经济影响和自身的民族特性，这在一定程度上有利于增强日本人对迪斯尼乐园的社会认同感。“二战”后美国不遗余力地帮助日本重建，使日本经济迅速恢复，这形成了日本对美国文化的崇拜和认同，他们从心中对美国产生了一种推崇感和认同感。而迪斯尼所代表的正是典型的美国文化，在这种情况下迪斯尼进入日本也就非常顺畅。东京大学马萨卡·诺托基教授为日本迪斯尼做过一个研究报告。他在报告中写道：“日本人去东京迪斯尼是为了圆他们的美国梦，而不是日本梦。东京迪斯尼成功地体现了一个没有威胁、富于幻想的日本化的美国，而这正是日本人想要的！”不过，为了更好地适应日本文化，东京迪斯尼乐园现在的经营思想是“营造日本式的乐园”，而不是最初的建立一家纯粹的美国乐园。人类学家阿维德·拉兹说，东京迪斯尼乐园的成功一定程度上恰是因为它巧妙地进行了日本化改造，从而使日本人将迪斯尼的卡通人物和美国风格视为自身的文化传统。日本流行举行成年礼，迪斯尼乐园根据日本的这个习俗，推出了让迪斯尼卡通人物为日本青年举行成年礼的活动；日本人有观赏樱花的习俗，并且喜欢野餐，东京迪斯尼乐园就开设了大面积的野餐区，这在不鼓励游客自带食品的美国公园是不可想象的。

但是，不考虑当地文化因素，单纯地把东京迪斯尼模式复制到其他地方是行不通的。1992年4月，欧洲迪斯尼乐园在巴黎市郊马恩河谷镇开放。然而，开业后当年只有40%的法国游客来此参观，更让人惊讶的是其中很大一部分是到欧洲旅行的日本游客。至1994年底，欧洲迪斯尼乐园共亏损20亿美元。

欧洲迪斯尼乐园营业初期亏损的原因有很多，最重要的一点就是迪斯尼公司没有处理好美国文化和欧洲本土文化的关系。他们建造欧洲迪斯尼时忽略了法国人排斥美国文化的倾向。法国人具有极强的民族自豪感，他

---

① 樊五勇编著：《迪斯尼传奇》，北京：中国社会科学出版社2004年版，第55页。

们为本国文化感到骄傲并且竭力维护和发扬。法国人鄙视美国文化，认为同法国的悠久历史相比，美国的历史十分短暂，没有什么本土文化，即使有，也只是一种快餐文化或商业文化，丝毫没有艺术美感和哲学积淀。他们认为欧洲迪斯尼是一种文化帝国主义，害怕美国文化从此对他们的文化产生过大的冲击甚至取而代之，所以从心理上产生了排斥。最开始园内的工作语言是英语，这不仅导致员工和游客之间的沟通困难，同时也引起了法国人的不满，因为法国人一直认为法语是世界上最美的语言。在饮食设施方面，迪斯尼公司也出现了很大的失误，法国人有以酒佐餐的饮食习惯，所以公园内不准饮酒的规定引起了法国人极大的不满和排斥。

庆幸的是，面对失败，迪斯尼充分认识到文化因素的重要性。从 1999 年开始，公司对该乐园的经营进行了多项“文化调整”：将乐园更名为巴黎迪斯尼乐园，从心理上寻求法国人民的认同。同时，用巴黎这个代表浪漫和时尚的城市名称有利于人们产生美妙的联想，忘却欧洲迪斯尼曾带给他们的不快；增加法语为工作语言，同时配备多语导游为欧洲其他国家的游客提供服务；在项目上增加受法国科幻小说启发而建成的“探索岛”、可播放欧洲历史的影院和会说法语的白雪公主等具有当地特色的节目；餐间售酒。采取了上述措施后，巴黎迪斯尼乐园的经营状况有了极大改善。为了更好地融入当地社会文化，巴黎迪斯尼乐园开始走“精致风格”路线：无论是城堡的设计、街道、建筑物的雕饰，乃至树丛花圃的造型，都跟其他的迪斯尼乐园大相径庭，具有欧洲中古世纪宫廷花园的感觉。

经历了东京迪斯尼乐园的空前成功和巴黎迪斯尼乐园的“滑铁卢”之后，迪斯尼公司在香港建设迪斯尼乐园的时候充分考虑了中国和亚洲文化的影响，增设了许多独有项目和产品，通过因地制宜和本土化经营，把迪斯尼乐园打造成了一个具有独特魅力和带有中国及亚洲特色的游乐天堂。据香港《太阳报》报道，源自美国的香港迪斯尼乐园，虽然处处显露出美国文化，但入乡随俗，乐园内的设计及布局都是经过风水大师的精心设计，充满玄机。香港迪斯尼乐园及两间酒店的正门不仅面向有利方位，而且利用大量流水格局，希望“水为财”令乐园生意滚滚来；在从火车站到大门的走道上专门设计了一个拐弯，以确保气不会溜过入口而跑到东海里；每建好一座建筑，都会举行焚香仪式，甚至专门挑选被认为是黄道吉日的 9 月 12 日，作为首次开放时间；中国人自古信奉“民以食为天”，在饮食方面很有一番讲究。香港迪斯尼也在这方面实施了本土化战略——在香港迪斯尼的八个餐厅中，有两个是中式的正餐厅，还设计了多样化厨房，准备几种不同的菜谱，以适应多元化客源需要。

2011 年 4 月 8 日，上海迪斯尼乐园正式开工建设，投资规模约 250 亿元，首期开发建设工程计划用 5 到 6 年时间完成，最早于 2014 年开园迎客。但是，作为美国生活方式、价值观念的文化符号，迪斯尼进驻上海时依然遭到了人们的质疑。有人担心，迪斯尼之所以横扫世界，就是在美国文化的包装下，宣扬真善美的价值观，轻而易举地占领各个国家的市场。上海建立迪斯尼乐园，势必会对中国的传统文化造成冲击。此外，迪斯尼不仅仅是公园，它代表的是一种文化，一个真善美的童话世界，孩子们或者成年人去那里是享受精神上的愉悦。东京迪斯尼乐园一流的人文服务，香港迪斯尼乐园高素质的环境，抑或美国本土原汁原味的文化创意，都是迪斯尼乐园成功不可缺少的因素，上海计划要建成亚洲面积最大的迪斯尼乐园，可是美国文化是否能被所有的人接受？服务质量能否达到标准？如果不能处理好这些问题，这样的迪斯尼乐园无非就是个形式而已。

不过就像法国巴黎迪斯尼项目中出现的谨慎、怀疑乃至对抗的态度一样，中国政府在迪斯尼项目上也经过了深思熟虑。迪斯尼乐园在海外建园，开设频道是必然的附属要求，但是在上海迪斯尼项目谈判的实际操作中，文化冲突的最大体现恰恰就在于政府并没有允许迪斯尼中文频道在大陆落户，主要原因就是担忧迪斯尼文化可能带来的冲击。[①] 而且，上海政府承诺，将中国传统文化融入到上海迪斯尼乐园中，以尽量减少可能出现的文化冲突和不良影响。

第五节　中国建设迪斯尼乐园

建设上海迪斯尼乐园的客观条件条件已经日趋成熟。首先，上海的经济实力为迪斯尼乐园未来的发展提供了基础保障。经国家统计局连审通

---

① 肖树青：《迪斯尼乐园经营现状的文化解读》，《商业时代》2010 年第 32 期。

过，上海市 2011 年全年实现生产总值（GDP）19 195.69 亿元，按可比价格计算，比上年增长 8.2%。上海交通大学公布的评价报告显示，长江三角洲都市圈在全国的都市圈中最有增长潜力，有望成为世界上第一大都市圈。而作为长江三角洲都市圈的核心城市，上海聚集了长三角地区的市场优势、区位资源优势、资金优势、人力优势，将服务于整个长三角，所以迪斯尼主题公园在上海有广阔的发展空间。

客流量成为影响迪斯尼乐园收益的决定因素。上海优越的地理位置以及惊人的客流量是迪斯尼决定落户上海的重要原因之一。历史上，上海曾深受西方思想影响，生活习惯被潜移默化地烙上了西方休闲文化的影子。随着生活水平的提高，上海市民更加注重休闲与娱乐的体验。2010 年上海世博会成功吸引了 7 308 万人次前来参观，单日 103 万人次的客量流更是创下了世博会历史之最。这无疑为迪斯尼落户上海吃下了一颗“定心丸”。沃尔特·迪斯尼公司总裁兼首席执行官罗伯特·艾格在新闻发布会上表示，上海世博会的成功举办让他很震撼，中国这么大一个市场，完全可以容纳香港和上海两个迪斯尼乐园。

根据上海及周边市民对迪斯尼乐园态度的调查（表 3），可以看出上海迪斯尼乐园对游客的吸引力很大：有 86.49% 的居民表示上海迪斯尼乐园建成后，一定会去游玩；另外 79.44% 的居民认为上海建成迪斯尼乐园之后会有更大的吸引力。此外，调查结果表明，上海及周边市民对于迪斯尼乐园的交通、周边环境等要求很高，有 15.40% 的居民表示迪斯尼乐园周边配套的酒店、交通等一定要尽早完善，13.01% 的居民希望上海的环境能治理得更好，天更蓝水更清。

迪斯尼乐园落户上海，有助于推动上海现代服务业的发展。浦东发展改革研究院院长万曾炜表示，迪斯尼项目不仅仅是上海国际旅游度假区的核心项目，而且还要承担更为重要的责任。万曾炜解释说，浦东新区在开发之初，就被赋予了带动长三角、长江流域联动的使命。今后，上海服务长三角、服务全国的功能将被强化，对这些区域的产业推动也将提速，而这也是选择在此建设迪斯尼的重要目的。

迪斯尼乐园落户新浦东，带来的不只是一只“米老鼠”，在品牌效应和配套建设预期下，当地房价、地价会暴涨；其次，迪斯尼项目建成后，将为与此有关的产业带来较大商机，随着“米老鼠”的入驻，相关的酒

表3 上海及周边市民对迪斯尼乐园的态度

是否去过迪斯尼乐园	去过	9.2%
	没去过	84.3%
上海迪斯尼乐园建成后，是否考虑游玩	一定会去游玩的	86.49%
	很可能会去	10.01%
	可能不会去	1.75%
	我对迪斯尼乐园不感兴趣	1.57%
建成迪斯尼乐园后的上海是否有更大的吸引力	一定会更好，我一定会去上海	79.44%
	我觉得不会有区别，但因为迪斯尼乐园，我可能去	5.60%
	看情况，可能会去看看	4.78%
迪斯尼乐园建成后对上海经济发展的影响	肯定很有帮助	88.07%
	可能会有帮助	9.15%
对上海即将建设迪斯尼乐园的看法和建议	中国大陆可以有自己的迪斯尼乐园，是国力强大的标志，我很自豪	84.38
	能在自家门口游玩迪斯尼乐园，我举双手赞成	16.63%
	迪斯尼乐园周边配套的酒店、交通等一定要尽早完善	15.40%
	上海的地铁、公交车等设施需要尽早步入国际先进行列	14.02%
	希望上海的环境能治理得更好，天更蓝水更清	13.01%
	其他建议	0.51%
对迪斯尼乐园的看法	迪斯尼乐园是我梦想中的天堂	79.78 %
	我一定要去至少一次迪斯尼乐园	15.10 %
	我喜欢迪斯尼乐园的童话氛围	15.53 %

资料来源：根据携程旅行网调查整理。

店、电视、纪念品行业等都会高度集聚，快速发展；最重要的是，迪斯尼落户上海可以带动当地旅游。迪斯尼项目建成后，预计将带动上海旅游产业总收入年均140亿~180亿元的增量，拉动旅游业增加值每年100亿~150亿元的增量，并将带动上海文化产业总产出年均近60亿元的增量，拉动文化产业增加值每年40亿元的增量。长期参与上海迪斯尼项目论证、研究的复旦大学旅游系夏林银教授提到迪斯尼乐园对员工的一项硬性规定：“如果遇到小朋友，乐园工作人员必须蹲下身子，以平视的方式与小客人沟通。”迪斯尼乐园引入后，旅游产业将得到提升，这种先进的管理理念可以使国内的旅游业有更大的提升空间。

迪斯尼是美国通俗文化的代表，是商业与娱乐成功结合的美国“文化航母”。纵观迪斯尼乐园在海外的扩展情况，特别是在巴黎建园时遭到的强烈反对，上海迪斯尼乐园在规划和监视时要重视美国文化同中国传统文化的关系。中国市场对以迪斯尼为代表的美国文化的接受程度以及迪斯尼乐园本身的文化管理水平，是影响上海迪斯尼乐园运营成败的重要因素。

首先，上海迪斯尼乐园的主题中须将迪斯尼主题文化同“海派文化”融合，树立上海旅游城市的整体形象，把主题公园纳入都市旅游整体形象之中。上海文化被誉为“海派文化”，建立在江南传统文化和欧美文化等基础上。它根植于中华传统文化基础上，融汇吴越文化等中国其他地域文化的精华，吸纳消化了一些外国（主要是西方国家）的文化因素。海派文化具有较大的开放性和包容性，使得上海人更易于接受外来的文化和思想。上海迪斯尼乐园在主题确定上，需要展现上海文化的“传统化”与“国际化”。不仅要体现迪斯尼主题中童话般的氛围，而且要借助主题的外在展现形式，从上海的建筑、饮食、生活习惯、风俗中汲取“海纳百川，兼容并蓄”的精神特质，让游客们从中体验到中国传统文化的魅力。比如，上海迪斯尼乐园的饮食方面，除了开设各国风味的餐厅和快餐店外，更应该加入在海内外享誉盛名的中国“八大菜系”，凸显中国的餐饮文化大国的地位。

其次，上海迪斯尼乐园须将迪斯尼文化活动和中国传统节日活动相结合。中国的传统节日丰富多样，是我们中华民族悠久历史文化的一个重要组成部分。2008 年，我国正式将端午节、清明节、中秋节等传统节日作为公共假期，上海迪斯尼乐园还应该根据每次节日的传统不同，创造不同的主题，使游客们能够感受到传统文化的熏陶。比如每年春节期间，中国香港迪斯尼乐园都会推出相应的主题活动来吸引游客。2010 年春节，香港迪斯尼公园的活动主题以“凝聚欢乐，将福气带回家”为主，其中也相应推出了舞龙舞狮、击鼓祝福等传统表演。在城堡前的 360 度圆形舞台上，米奇率领一众威风凛凛的鼓手及杂技演员，身穿闪耀夺目的新年服装，伴随着强劲的击鼓声热舞贺岁。这种方式将传统和梦幻很好地结合到一起，既满足了人们对梦幻世界的追求，也很好地展现了中国传统文化。

除此之外，上海迪斯尼乐园的经营管理，不但要重视设施设备等硬件的更新与提高，更要注意软实力的力量，应该充分借鉴和学习迪斯尼乐园还的企业文化，提供情感化服务。为了吸引大量的客流，迪斯尼乐园应该确定自己的目标，比如可以根据上海游客的特点，定位于“家庭式消费”等，让访客在不同的主题区域中玩得尽兴，体会到家庭出游的温馨与快乐。上海迪斯尼乐园还应该重视对员工的培训，使他们掌握为顾客提供及时、个性化服务的要领。当然，迪斯尼乐园带给上海的不仅仅是美国式的消费文化。譬如，上海交通大学媒体与设计学院教授姚欣保认为，迪斯尼乐园入驻上海具有标志性意义，它不仅显示了上海在全球化中的趋势和信息化进程，更重要的是不同文化的相互融合，无论是西方文化的主动调整，还是东方文化的改变，均可成为属地文化国际化的一个转折点。

文化全球化绝不是文化的同一化、一体化，更不是文化霸权主义或文化殖民主义，而是文化的多样化和多元化，它是指“文化艺术产品的消费从原先存在于不同地理空间的多样性，向着同一空间的多样性转变，使得一种又一种在特定地理空间、特定地域的特定民族文化中产生的文化艺术为全人类所共同享有”①。文化本土化，主要是指对外来文化的一种吸收方式，也就是说根据本民族的发展需要，取其精华，去其糟粕，以达到丰富和发展本民族文化的目的。由此，文化全球化过程中必然伴随着文化本土化，各个国家必须在坚守本民族文化传统的前提下，逐步融入到全球化浪潮中去。唯有如此，才能使本民族文化在世界民族之林中屹立不倒。

① 曾庆瑞：《守望电视剧的精神家园——电视剧理论·评论集》，北京：北京广播学院出版社2002年版，第86页。

后　记

值此《全球化与文化身份认同》付梓之际，首先我要感谢广东外语外贸大学外国文学文化研究中心主任栾栋教授，将本书纳入了由他主持的、由广东外语外贸大学承担的省“211 工程”重点学科建设项目“人文学中心建设——比较文化视野的文学通化研究”的系列成果。感谢该课题在立项评审论证过程中给予宝贵支持的各方面专家。我尤其要感谢本书的各位作者，他们有的是相关领域的专家，有的是从事学术研究的新生，正是因为他们的积极参与和富有成效的辛勤劳动，使本书有了前沿性和跨学科性，本书凝聚了他们的思想成果。当然，我还要感谢丛书的策划人暨南大学出版社总编辑史小军教授，还有本书的责任编辑陈绪泉先生，他兢兢业业，同我们反复往来交流书稿问题，提出了不少有益的意见。李瑛、孙亚玲为了本书的出版做了不少工作，在此一并表示诚挚谢意。本书的分工为：张平功（导言，第四、九章），蔡田明（第一章），刘琛（第二章），杨炯斌（第三章），管建明（第五章），张涵、张安琪（第六章），秦尹佳（第七章），朱蝶（第八章），王众（第十章），杨帆（第十一章），张丽君（第十二章）。最后由张平功负责本书的总体设计和篇章布局。如有错讹，欢迎各方专家读者不吝赐教，以待日后订正。

张平功

2013 年 9 月